《乡村振兴战略规划（2018—2022年）》辅导读本

张 勇 主编

中国计划出版社

图书在版编目（CIP）数据

《乡村振兴战略规划（2018—2022年）》辅导读本 / 张勇主编. -- 北京 : 中国计划出版社, 2019.4（2019.10重印）
ISBN 978-7-5182-1014-5

Ⅰ. ①乡… Ⅱ. ①张… Ⅲ. ①农村－社会主义建设－建设规划－研究－中国－2018-2022 Ⅳ. ①F320.3

中国版本图书馆CIP数据核字(2019)第060955号

《乡村振兴战略规划（2018—2022年）》辅导读本
张　勇　主编

中国计划出版社出版
网址：www.jhpress.com
地址：北京市西城区木樨地北里甲11号国宏大厦C座3层
邮政编码：100038　电话：（010）63906433（发行部）
新华书店经销
北京虎彩文化传播有限公司印刷

787mm×1092mm　1/16　24.25印张　320千字
2019年4月第1版　2019年10月第4次印刷

ISBN 978-7-5182-1014-5
定价：138.00元

本书编写人员

张　勇　吴　晓　丁　斌　马小风　马艺菲
马贱阳　马晓河　王树东　王悦现　尹　磊
石许朋　仝云岗　吕震乾　任锦雄　刘　涛
闫　振　关锡播　汤晋苏　许正斌　那春风
孙士林　孙长学　苏克敬　李小军　李　东
李伟国　李孝国　李明传　李　欣　李浩然
李常海　李　智　李瑞国　李　勰　杨凌志
杨　鹏　时晓璐　吴有红　吴奇修　邱天朝
何臻繁　邹　勇　汪泽英　宋　博　张宇翔
张金发　张祥伟　陆文捷　陈小军　陈永清
陈其针　陈学斌　陈　晓　陈　琳　陈越良
林凤刚　罗　川　周小棋　周　波　周锦秀
郑启辉　郑慧涛　赵　阳　赵　亮　哈增友
侯全章　姜长云　晏　斯　徐　林　徐海军
涂圣伟　黄建军　黄　艳　龚桢梽　康　敏
董　文　傅瀚霄　曾衍德　温　鹏　詹　玲
鲍家伟　蔡　平　裴东鑫　樊利楠　戴　革
魏百刚　魏劭琨

目　　录

乡村振兴战略规划

（2018—2022年）

目　　录

前　　言

党的十九大提出实施乡村振兴战略，是以习近平同志为核心的党中央着眼党和国家事业全局，深刻把握现代化建设规律和城乡关系变化特征，顺应亿万农民对美好生活的向往，对“三农”工作作出的重大决策部署，是决胜全面建成小康社会、全面建设社会主义现代化国家的重大历史任务，是新时代做好“三农”工作的总抓手。从党的十九大到二十大，是“两个一百年”奋斗目标的历史交汇期，既要全面建成小康社会、实现第一个百年奋斗目标，又要乘势而上开启全面建设社会主义现代化国家新征程，向第二个百年奋斗目标进军。为贯彻落实党的十九大、中央经济工作会议、中央农村工作会议精神和政府工作报告要求，描绘好战略蓝图，强化规划引领，科学有序推动乡村产业、人才、文化、生态和组织振兴，根据《中共中央、国务院关于实施乡村振兴战略的意见》，特编制《乡村振兴战略规划（2018—2022年）》。

本规划以习近平总书记关于“三农”工作的重要论述为指导，按照产业兴旺、生态宜居、乡风文明、治理有效、生活富裕的总要求，对实施乡村振兴战略作出阶段性谋划，分别明确至2020年全面建成小康社会和2022年召开党的二十大时的目标任务，细化实化工作重点和政策措施，部署重大工程、重大计划、重大行动，确保乡村振兴战略落实落地，是指导各地区各部门分类有序推进乡村振兴的重要依据。

第一篇　规划背景

党的十九大作出中国特色社会主义进入新时代的科学论断，提出实施乡村振兴战略的重大历史任务，在我国“三农”发展进程中具有划时代的里程碑意义，必须深入贯彻习近平新时代中国特色社会主义思想和党的十九大精神，在认真总结农业农村发展历史性成就和历史性变革的基础上，准确研判经济社会发展趋势和乡村演变发展态势，切实抓住历史机遇，增强责任感、使命感、紧迫感，把乡村振兴战略实施好。

第一章　重大意义

乡村是具有自然、社会、经济特征的地域综合体，兼具生产、生活、生态、文化等多重功能，与城镇互促互进、共生共存，共同构成人类活动的主要空间。乡村兴则国家兴，乡村衰则国家衰。我国人民日益增长的美好生活需要和不平衡不充分的发展之间的矛盾在乡村最为突出，我国仍处于并将长期处于社会主义初级阶段的特征很大程度上表现在乡村。全面建成小康社会和全面建设社会主义现代化强国，最艰巨最繁重的任务在农村，最广泛最深厚的基础在农村，最大的潜力和后劲也在农村。实施乡村振兴战略，是解决新时代我国社会主要矛盾、实现“两个一百年”奋斗目标和中华民族伟大复兴中国梦的必然要求，具有重大现实意义和深远历史意义。

实施乡村振兴战略是建设现代化经济体系的重要基础。农业是国民经济的基础，农村经济是现代化经济体系的重要组成部分。乡村振兴，产业兴旺是重点。实施乡村振兴战略，深化农业供给侧结构性改革，构建现代农业产业体系、生产体系、经营体系，实现农村一二三产业深度融合发展，有利于推动农业从增产导向转向提质导向，增强我国农业创新力和竞争力，为建设现代化经济体系奠定坚实基础。

实施乡村振兴战略是建设美丽中国的关键举措。农业是生态产品的重要供给者，乡村是生态涵养的主体区，生态是乡村最大的发展优势。乡村振兴，生态宜居是关键。实施乡村振兴战略，统筹山水林田湖草系统治理，加快推行乡村绿色发展方式，加强农村人居环境整治，有利于构建人与自然和谐共生的乡村发展新格局，实现百姓富、生态美的统一。

实施乡村振兴战略是传承中华优秀传统文化的有效途径。中华文明根植于农耕文化，乡村是中华文明的基本载体。乡村振兴，乡风文明是保障。实施乡村振兴战略，深入挖掘农耕文化蕴含的优秀思想观念、人文精神、道德规范，结合时代要求在保护传承的基础上创造性转化、创新性发展，有利于在新时代焕发出乡风文明的新气象，进一步丰富和传承中华优秀传统文化。

实施乡村振兴战略是健全现代社会治理格局的固本之策。社会治理的基础在基层，薄弱环节在乡村。乡村振兴，治理有效是基础。实施乡村振兴战略，加强农村基层基础工作，健全乡村治理体系，确保广大农民安居乐业、农村社会安定有序，有利于打造共建共治共享的现代社会治理格局，推进国家治理体系和治理能力现代化。

实施乡村振兴战略是实现全体人民共同富裕的必然选择。农业强不强、农村美不美、农民富不富，关乎亿万农民的获得感、幸福感、安全感，关乎全面建成小康社会全局。乡村振兴，生活富裕是根本。实施乡村振兴战略，不断拓宽农民增收渠道，全面改善农村生产生活条件，促进社会公平正义，有利于增进农民福祉，让亿万农民走上共同富裕的道路，汇聚起建设社会主义现代化强国的磅礴力量。

第二章　振兴基础

党的十八大以来，面对我国经济发展进入新常态带来的深刻变化，以习近平同志为核心的党中央推动“三农”工作理论创新、实践创新、制度创新，坚持把解决好“三农”问题作为全党工作重中之重，切实把农业农村优先发展落到实处；坚持立足国内保证自给的方针，牢牢把握国家粮食安全主动权；坚持不断深化农村改革，激发农村发展新活力；坚持把推进农业供给侧结构性改革作为主线，加快提高农业供给质量；坚持绿色生态导向，推动农业农村可持续发展；坚持在发展中保障和改善民生，让广大农民有更多获得感；坚持遵循乡村发展规律，扎实推进生态宜居的美丽乡村建设；坚持加强和改善党对农村工作的领导，为“三农”发展提供坚强政治保障。这些重大举措和开创性工作，推动农业农村发展取得历史性成就、发生历史性变革，为党和国家事业全面开创新局面提供了有力支撑。

农业供给侧结构性改革取得新进展，农业综合生产能力明显增强，全国粮食总产量连续5年保持在1.2万亿斤以上，农业结构不断优化，农村新产业新业态新模式蓬勃发展，农业生态环境恶化问题得到初步遏制，农业生产经营方式发生重大变化。农村改革取得新突破，农村土地制度、农村集体产权制度改革稳步推进，重要农产品收储制度改革取得实质性成效，农村创新创业和投资兴业蔚然成风，农村发展新动能加快成长。城乡发展一体化迈出新步伐，5年间8000多万农业转移人口成为城镇居民，城乡居民收入相对差距缩小，农村消费持续增长，农民收入和生活水平明显提高。脱贫攻坚开创新局面，贫困地区农民收入增速持续快于全国平均水平，集中连片特困地区内生发展动力明显增强，过去 5 年累计 6800 多万贫困人口脱贫。农村公共服务和社会事业达到新水平，农村基础设施建设不断加强，人居环境整治加快推进，教育、医疗卫生、文化等社会事业快速发展，农村社会焕发新气象。

同时，应当清醒地看到，当前我国农业农村基础差、底子薄、发展滞后的状况尚未根本改变，经济社会发展中最明显的短板仍然在“三农”，现代化建设中最薄弱的环节仍然是农业农村。主要表现在：农产品阶段性供过于求和供给不足并存，农村一二三产业融合发展深度不够，农业供给质量和效益亟待提高；农民适应生产力发展和市场竞争的能力不足，农村人才匮乏；农村基础设施建设仍然滞后，农村环境和生态问题比较突出，乡村发展整体水平亟待提升；农村民生领域欠账较多，城乡基本公共服务和收入水平差距仍然较大，脱贫攻坚任务依然艰巨；国家支农体系相对薄弱，农村金融改革任务繁重，城乡之间要素合理流动机制亟待健全；农村基层基础工作存在薄弱环节，乡村治理体系和治理能力亟待强化。

第三章　发展态势

从 2018 年到 2022 年，是实施乡村振兴战略的第一个 5 年，既有难得机遇，又面临严峻挑战。从国际环境看，全球经济复苏态势有望延续，我国统筹利用国内国际两个市场两种资源的空间将进一步拓展，同时国际农产品贸易不稳定性不确定性仍然突出，提高我国农业竞争力、妥善应对国际市场风险任务紧迫。特别是我国作为人口大国，粮食及重要农产品需求仍将刚性增长，保障国家粮食安全始终是头等大事。从国内形势看，随着我国经济由高速增长阶段转向高质量发展阶段，以及工业化、城镇化、信息化深入推进，乡村发展将处于大变革、大转型的关键时期。居民消费结构加快升级，中高端、多元化、个性化消费需求将快速增长，加快推进农业由增产导向转向提质导向是必然要求。我国城镇化进入快速发展与质量提升的新阶段，城市辐射带动农村的能力进一步增强，但大量农民仍然生活在农村的国情不会改变，迫切需要重塑城乡关系。我国乡村差异显著，多样性分化的趋势仍将延续，乡村的独特价值和多元功能将进一步得到发掘和拓展，同时应对好村庄空心化和农村老龄化、延续乡村文化血脉、完善乡村治理体系的任务艰巨。

实施乡村振兴战略具备较好条件。有习近平总书记把舵定向，有党中央、国务院的高度重视、坚强领导、科学决策，实施乡村振兴战略写入党章，成为全党的共同意志，乡村振兴具有根本政治保障。社会主义制度能够集中力量办大事，强农惠农富农政策力度不断加大，农村土地集体所有制和双层经营体制不断完善，乡村振兴具有坚强制度保障。优秀农耕文明源远流长，寻根溯源的人文情怀和国人的乡村情结历久弥深，现代城市文明导入融汇，乡村振兴具有深厚文化土壤。国家经济实力和综合国力日益增强，对农业农村支持力度不断加大，农村生产生活条件加快改善，农民收入持续增长，乡村振兴具有雄厚物质基础。农业现代化和社会主义新农村建设取得历史性成就，各地积累了丰富的成功经验和做法，乡村振兴具有扎实工作基础。

实施乡村振兴战略，是党对“三农”工作一系列方针政策的继承和发展，是亿万农民的殷切期盼。必须抓住机遇，迎接挑战，发挥优势，顺势而为，努力开创农业农村发展新局面，推动农业全面升级、农村全面进步、农民全面发展，谱写新时代乡村全面振兴新篇章。

第二篇　总体要求

按照到2020年实现全面建成小康社会和分两个阶段实现第二个百年奋斗目标的战略部署，2018年至2022年这5年间，既要在农村实现全面小康，又要为基本实现农业农村现代化开好局、起好步、打好基础。

第四章　指导思想和基本原则

第一节　指导思想

深入贯彻习近平新时代中国特色社会主义思想，深入贯彻党的十九大和十九届二中、三中全会精神，加强党对“三农”工作的全面领导，坚持稳中求进工作总基调，牢固树立新发展理念，落实高质量发展要求，紧紧围绕统筹推进“五位一体”总体布局和协调推进“四个全面”战略布局，坚持把解决好“三农”问题作为全党工作重中之重，坚持农业农村优先发展，按照产业兴旺、生态宜居、乡风文明、治理有效、生活富裕的总要求，建立健全城乡融合发展体制机制和政策体系，统筹推进农村经济建设、政治建设、文化建设、社会建设、生态文明建设和党的建设，加快推进乡村治理体系和治理能力现代化，加快推进农业农村现代化，走中国特色社会主义乡村振兴道路，让农业成为有奔头的产业，让农民成为有吸引力的职业，让农村成为安居乐业的美丽家园。

第二节 基本原则

——坚持党管农村工作。毫不动摇地坚持和加强党对农村工作的领导，健全党管农村工作方面的领导体制机制和党内法规，确保党在农村工作中始终总揽全局、协调各方，为乡村振兴提供坚强有力的政治保障。

——坚持农业农村优先发展。把实现乡村振兴作为全党的共同意志、共同行动，做到认识统一、步调一致，在干部配备上优先考虑，在要素配置上优先满足，在资金投入上优先保障，在公共服务上优先安排，加快补齐农业农村短板。

——坚持农民主体地位。充分尊重农民意愿，切实发挥农民在乡村振兴中的主体作用，调动亿万农民的积极性、主动性、创造性，把维护农民群众根本利益、促进农民共同富裕作为出发点和落脚点，促进农民持续增收，不断提升农民的获得感、幸福感、安全感。

——坚持乡村全面振兴。准确把握乡村振兴的科学内涵，挖掘乡村多种功能和价值，统筹谋划农村经济建设、政治建设、文化建设、社会建设、生态文明建设和党的建设，注重协同性、关联性，整体部署，协调推进。

——坚持城乡融合发展。坚决破除体制机制弊端，使市场在资源配置中起决定性作用，更好发挥政府作用，推动城乡要素自由流动、平等交换，推动新型工业化、信息化、城镇化、农业现代化同步发展，加快形成工农互促、城乡互补、全面融合、共同繁荣的新型工农城乡关系。

——坚持人与自然和谐共生。牢固树立和践行绿水青山就是金山银山的理念，落实节约优先、保护优先、自然恢复为主的方针，统筹山水林田湖草系统治理，严守生态保护红线，以绿色发展引领乡村振兴。

——坚持改革创新、激发活力。不断深化农村改革，扩大农业对外开放，激活主体、激活要素、激活市场，调动各方力量投身乡村振兴。以科技创新引领和支撑乡村振兴，以人才汇聚推动和保障乡村振兴，增强农业农村自我发展动力。

——坚持因地制宜、循序渐进。科学把握乡村的差异性和发展走势分化特征，做好顶层设计，注重规划先行、因势利导，分类施策、突出重点，体现特色、丰富多彩。既尽力而为，又量力而行，不搞层层加码，不搞一刀切，不搞形式主义和形象工程，久久为功，扎实推进。

第五章　发展目标

到 2020 年，乡村振兴的制度框架和政策体系基本形成，各地区各部门乡村振兴的思路举措得以确立，全面建成小康社会的目标如期实现。到 2022 年，乡村振兴的制度框架和政策体系初步健全。国家粮食安全保障水平进一步提高，现代农业体系初步构建，农业绿色发展全面推进；农村一二三产业融合发展格局初步形成，乡村产业加快发展，农民收入水平进一步提高，脱贫攻坚成果得到进一步巩固；农村基础设施条件持续改善，城乡统一的社会保障制度体系基本建立；农村人居环境显著改善，生态宜居的美丽乡村建设扎实推进；城乡融合发展体制机制初步建立，农村基本公共服务水平进一步提升；乡村优秀传统文化得以传承和发展，农民精神文化生活需求基本得到满足；以党组织为核心的农村基层组织建设明显加强，乡村治理能力进一步提升，现代乡村治理体系初步构建。探索形成一批各具特色的乡村振兴模式和经验，乡村振兴取得阶段性成果。

专栏1　乡村振兴战略规划主要指标

分类	序号	主要指标	单位	2016年基期值	2020年目标值	2022年目标值	2022年比2016年增加［累计提高百分点］	属性
产业兴旺	1	粮食综合生产能力	亿吨	>6	>6	>6	—	约束性
	2	农业科技进步贡献率	%	56.7	60	61.5	［4.8］	预期性
	3	农业劳动生产率	万元/人	3.1	4.7	5.5	2.4	预期性
	4	农产品加工产值与农业总产值比	—	2.2	2.4	2.5	0.3	预期性
	5	休闲农业和乡村旅游接待人次	亿人次	21	28	32	11	预期性
生态宜居	6	畜禽粪污综合利用率	%	60	75	78	［18］	约束性
	7	村庄绿化覆盖率	%	20	30	32	［12］	预期性
	8	对生活垃圾进行处理的村占比	%	65	90	>90	［>25］	预期性
	9	农村卫生厕所普及率	%	80.3	85	>85	［>4.7］	预期性
乡风文明	10	村综合性文化服务中心覆盖率	%	—	95	98	—	预期性
	11	县级及以上文明村和乡镇占比	%	21.2	50	>50	［>28.8］	预期性
	12	农村义务教育学校专任教师本科以上学历比例	%	55.9	65	68	［12.1］	预期性
	13	农村居民教育文化娱乐支出占比	%	10.6	12.6	13.6	［3］	预期性
治理有效	14	村庄规划管理覆盖率	%	—	80	90	—	预期性
	15	建有综合服务站的村占比	%	14.3	50	53	［38.7］	预期性
	16	村党组织书记兼任村委会主任的村占比	%	30	35	50	［20］	预期性
	17	有村规民约的村占比	%	98	100	100	［2］	预期性
	18	集体经济强村比重	%	5.3	8	9	［3.7］	预期性
生活富裕	19	农村居民恩格尔系数	%	32.2	30.2	29.2	［−3］	预期性
	20	城乡居民收入比	—	2.72	2.69	2.67	−0.05	预期性
	21	农村自来水普及率	%	79	83	85	［6］	预期性
	22	具备条件的建制村通硬化路比例	%	96.7	100	100	［3.3］	约束性

注：1. 本指标体系和规划中非特定称谓的“村”均指村民委员会和涉农居民委员会所辖地域。
2. 后续专栏中定量指标未说明年份的均为2022年目标值。

第六章　远景谋划

到2035年，乡村振兴取得决定性进展，农业农村现代化基本实现。农业结构得到根本性改善，农民就业质量显著提高，相对贫困进一步缓解，共同富裕迈出坚实步伐；城乡基本公共服务均等化基本实现，城乡融合发展体制机制更加完善；乡风文明达到新高度，乡村治理体系更加完善；农村生态环境根本好转，生态宜居的美丽乡村基本实现。

到2050年，乡村全面振兴，农业强、农村美、农民富全面实现。

第三篇　构建乡村振兴新格局

坚持乡村振兴和新型城镇化双轮驱动，统筹城乡国土空间开发格局，优化乡村生产生活生态空间，分类推进乡村振兴，打造各具特色的现代版“富春山居图”。

第七章　统筹城乡发展空间

按照主体功能定位，对国土空间的开发、保护和整治进行全面安排和总体布局，推进“多规合一”，加快形成城乡融合发展的空间格局。

第一节　强化空间用途管制

强化国土空间规划对各专项规划的指导约束作用，统筹自然资源开发利用、保护和修复，按照不同主体功能定位和陆海统筹原则，开展资源环境承载能力和国土空间开发适宜性评价，科学划定生态、农业、城镇等空间和生态保护红线、永久基本农田、城镇开发边界及海洋生物资源保护线、围填海控制线等主要控制线，推动主体功能区战略格局在市县层面精准落地，健全不同主体功能区差异化协同发展长效机制，实现山水林田湖草整体保护、系统修复、综合治理。

第二节　完善城乡布局结构

以城市群为主体构建大中小城市和小城镇协调发展的城镇格局，增强城镇地区对乡村的带动能力。加快发展中小城市，完善县城综合服务功能，推动农业转移人口就地就近城镇化。因地制宜发展特色鲜明、产城融合、充满魅力的特色小镇和小城镇，加强以乡镇政府驻地为中心的农民生活圈建设，以镇带村、以村促镇，推动镇村联动发展。建设生态宜居的美丽乡村，发挥多重功能，提供优质产品，传承乡村文化，留住乡愁记忆，满足人民日益增长的美好生活需要。

第三节　推进城乡统一规划

通盘考虑城镇和乡村发展，统筹谋划产业发展、基础设施、公共服务、资源能源、生态环境保护等主要布局，形成田园乡村与现代城镇各具特色、交相辉映的城乡发展形态。强化县域空间规划和各类专项规划引导约束作用，科学安排县域乡村布局、资源利用、设施配置和村庄整治，推动村庄规划管理全覆盖。综合考虑村庄演变规律、集聚特点和现状分布，结合农民生产生活半径，合理确定县域村庄布局和规模，避免随意撤并村庄搞大社区、违背农民意愿大拆大建。加强乡村风貌整体管控，注重农房单体个性设计，建设立足乡土社会、富有地域特色、承载田园乡愁、体现现代文明的升级版乡村，避免千村一面，防止乡村景观城市化。

第八章　优化乡村发展布局

坚持人口资源环境相均衡、经济社会生态效益相统一，打造集约高效生产空间，营造宜居适度生活空间，保护山清水秀生态空间，延续人和自然有机融合的乡村空间关系。

第一节　统筹利用生产空间

乡村生产空间是以提供农产品为主体功能的国土空间，兼具生态功能。围绕保障国家粮食安全和重要农产品供给，充分发挥各地比较优势，重点建设以“七区二十三带”为主体的农产品主产区。落实农业功能区制度，科学合理划定粮食生产功能区、重要农产品生产保护区和特色农产品优势区，合理划定养殖业适养、限养、禁养区域，严格保护农业生产空间。适应农村现代产业发展需要，科学划分乡村经济发展片区，统筹推进农业产业园、科技园、创业园等各类园区建设。

第二节 合理布局生活空间

乡村生活空间是以农村居民点为主体、为农民提供生产生活服务的国土空间。坚持节约集约用地，遵循乡村传统肌理和格局，划定空间管控边界，明确用地规模和管控要求，确定基础设施用地位置、规模和建设标准，合理配置公共服务设施，引导生活空间尺度适宜、布局协调、功能齐全。充分维护原生态村居风貌，保留乡村景观特色，保护自然和人文环境，注重融入时代感、现代性，强化空间利用的人性化、多样化，着力构建便捷的生活圈、完善的服务圈、繁荣的商业圈，让乡村居民过上更舒适的生活。

第三节 严格保护生态空间

乡村生态空间是具有自然属性、以提供生态产品或生态服务为主体功能的国土空间。加快构建以“两屏三带”为骨架的国家生态安全屏障，全面加强国家重点生态功能区保护，建立以国家公园为主体的自然保护地体系。树立山水林田湖草是一个生命共同体的理念，加强对自然生态空间的整体保护，修复和改善乡村生态环境，提升生态功能和服务价值。全面实施产业准入负面清单制度，推动各地因地制宜制定禁止和限制发展产业目录，明确产业发展方向和开发强度，强化准入管理和底线约束。

第九章 分类推进乡村发展

顺应村庄发展规律和演变趋势，根据不同村庄的发展现状、区位条件、资源禀赋等，按照集聚提升、融入城镇、特色保护、搬迁撤并的思路，分类推进乡村振兴，不搞一刀切。

第一节　集聚提升类村庄

现有规模较大的中心村和其他仍将存续的一般村庄，占乡村类型的大多数，是乡村振兴的重点。科学确定村庄发展方向，在原有规模基础上有序推进改造提升，激活产业、优化环境、提振人气、增添活力，保护保留乡村风貌，建设宜居宜业的美丽村庄。鼓励发挥自身比较优势，强化主导产业支撑，支持农业、工贸、休闲服务等专业化村庄发展。加强海岛村庄、国有农场及林场规划建设，改善生产生活条件。

第二节　城郊融合类村庄

城市近郊区以及县城城关镇所在地的村庄，具备成为城市后花园的优势，也具有向城市转型的条件。综合考虑工业化、城镇化和村庄自身发展需要，加快城乡产业融合发展、基础设施互联互通、公共服务共建共享，在形态上保留乡村风貌，在治理上体现城市水平，逐步强化服务城市发展、承接城市功能外溢、满足城市消费需求能力，为城乡融合发展提供实践经验。

第三节　特色保护类村庄

历史文化名村、传统村落、少数民族特色村寨、特色景观旅游名村等自然历史文化特色资源丰富的村庄，是彰显和传承中华优秀传统文化的重要载体。统筹保护、利用与发展的关系，努力保持村庄的完整性、真实性和延续性。切实保护村庄的传统选址、格局、风貌以及自然和田园景观等整体空间形态与环境，全面保护文物古迹、历史建筑、传统民居等传统建筑。尊重原住居民生活形态和传统习惯，加快改善村庄基础设施和公共环境，合理利用村庄特色资源，发展乡村旅游和特色产业，形成特色资源保护与村庄发展的良性互促机制。

第四节　搬迁撤并类村庄

对位于生存条件恶劣、生态环境脆弱、自然灾害频发等地区的村庄，因重大项目建设需要搬迁的村庄，以及人口流失特别严重的村庄，可通过易地扶贫搬迁、生态宜居搬迁、农村集聚发展搬迁等方式，实施村庄搬迁撤并，统筹解决村民生计、生态保护等问题。拟搬迁撤并的村庄，严格限制新建、扩建活动，统筹考虑拟迁入或新建村庄的基础设施和公共服务设施建设。坚持村庄搬迁撤并与新型城镇化、农业现代化相结合，依托适宜区域进行安置，避免新建孤立的村落式移民社区。搬迁撤并后的村庄原址，因地制宜复垦或还绿，增加乡村生产生态空间。农村居民点迁建和村庄撤并，必须尊重农民意愿并经村民会议同意，不得强制农民搬迁和集中上楼。

第十章　坚决打好精准脱贫攻坚战

把打好精准脱贫攻坚战作为实施乡村振兴战略的优先任务，推动脱贫攻坚与乡村振兴有机结合相互促进，确保到2020年我国现行标准下农村贫困人口实现脱贫，贫困县全部摘帽，解决区域性整体贫困。

第一节　深入实施精准扶贫精准脱贫

健全精准扶贫精准脱贫工作机制，夯实精准扶贫精准脱贫基础性工作。因地制宜、因户施策，探索多渠道、多样化的精准扶贫精准脱贫路径，提高扶贫措施针对性和有效性。做好东西部扶贫协作和对口支援工作，着力推动县与县精准对接，推进东部产业向西部梯度转移，加大产业扶贫工作力度。加强和改进定点扶贫工作，健全驻村帮扶机制，落实扶贫责任。加大金融扶贫力度。健全社会力量参与机制，引导激励社会各界更加关注、支持和参与脱贫攻坚。

第二节　重点攻克深度贫困

实施深度贫困地区脱贫攻坚行动方案。以解决突出制约问题为重点，以重大扶贫工程和到村到户到人帮扶为抓手，加大政策倾斜和扶贫资金整合力度，着力改善深度贫困地区发展条件，增强贫困农户发展能力。推动新增脱贫攻坚资金、新增脱贫攻坚项目、新增脱贫攻坚举措主要用于“三区三州”等深度贫困地区。推进贫困村基础设施和公共服务设施建设，培育壮大集体经济，确保深度贫困地区和贫困群众同全国人民一道进入全面小康社会。

第三节　巩固脱贫攻坚成果

加快建立健全缓解相对贫困的政策体系和工作机制，持续改善欠发达地区和其他地区相对贫困人口的发展条件，完善公共服务体系，增强脱贫地区“造血”功能。结合实施乡村振兴战略，压茬推进实施生态宜居搬迁等工程，巩固易地扶贫搬迁成果。注重扶志扶智，引导贫困群众克服“等靠要”思想，逐步消除精神贫困。建立正向激励机制，将帮扶政策措施与贫困群众参与挂钩，培育提升贫困群众发展生产和务工经商的基本能力。加强宣传引导，讲好中国减贫故事。认真总结脱贫攻坚经验，研究建立促进群众稳定脱贫和防范返贫的长效机制，探索统筹解决城乡贫困的政策措施，确保贫困群众稳定脱贫。

第四篇　加快农业现代化步伐

坚持质量兴农、品牌强农，深化农业供给侧结构性改革，构建现代农业产业体系、生产体系、经营体系，推动农业发展质量变革、效率变革、动力变革，持续提高农业创新力、竞争力和全要素生产率。

第十一章　夯实农业生产能力基础

深入实施藏粮于地、藏粮于技战略，提高农业综合生产能力，保障国家粮食安全和重要农产品有效供给，把中国人的饭碗牢牢端在自己手中。

第一节　健全粮食安全保障机制

坚持以我为主、立足国内、确保产能、适度进口、科技支撑的国家粮食安全战略，建立全方位的粮食安全保障机制。按照“确保谷物基本自给、口粮绝对安全”的要求，持续巩固和提升粮食生产能力。深化中央储备粮管理体制改革，科学确定储备规模，强化中央储备粮监督管理，推进中央、地方两级储备协同运作。鼓励加工流通企业、新型经营主体开展自主储粮和经营。全面落实粮食安全省长责任制，完善监督考核机制。强化粮食质量安全保障。加快完善粮食现代物流体系，构建安全高效、一体化运作的粮食物流网络。

第二节　加强耕地保护和建设

严守耕地红线，全面落实永久基本农田特殊保护制度，完成永久基本农田控制线划定工作，确保到 2020 年永久基本农田保护面积不低于 15.46 亿亩。大规模推进高标准农田建设，确保到 2022 年建成 10 亿亩高标准农田，所有高标准农田实现统一上图入库，形成完善的管护监督和考核机制。加快将粮食生产功能区和重要农产品生产保护区细化落实到具体地块，实现精准化管理。加强农田水利基础设施建设，实施耕地质量保护和提升行动，到 2022 年农田有效灌溉面积达到 10.4 亿亩，耕地质量平均提升 0.5 个等级（别）以上。

第三节　提升农业装备和信息化水平

推进我国农机装备和农业机械化转型升级，加快高端农机装备和丘陵山区、果菜茶生产、畜禽水产养殖等农机装备的生产研发、推广应用，提升渔业船舶装备水平。促进农机农艺融合，积极推进作物品种、栽培技术和机械装备集成配套，加快主要作物生产全程机械化，提高农机装备智能化水平。加强农业信息化建设，积极推进信息进村入户，鼓励互联网企业建立产销衔接的农业服务平台，加强农业信息监测预警和发布，提高农业综合信息服务水平。大力发展数字农业，实施智慧农业工程和“互联网＋”现代农业行动，鼓励对农业生产进行数字化改造，加强农业遥感、物联网应用，提高农业精准化水平。发展智慧气象，提升气象为农服务能力。

专栏2 农业综合生产能力提升重大工程

（一）“两区”建管护

率先在“两区”建立精准化建设、管护、管理和支持制度，构建现代农业生产数字化监测体系，建立生产责任与精准化补贴相挂钩的管理制度。

（二）高标准农田建设

优先建设确保口粮安全的高标准农田，开展土地平整、土壤改良、灌溉排水、田间道路、农田防护以及其他工程建设，大规模改造中低产田。建设国家耕地质量调查监测网络，推进耕地质量大数据应用。

（三）主要农作物生产全程机械化

建设主要农作物生产全程机械化示范县，推动装备、品种、栽培及经营规模、信息化技术等集成配套，构建全程机械化技术体系，促进农业技术集成化、劳动过程机械化、生产经营信息化。

（四）数字农业农村和智慧农业

制定实施数字农业农村规划纲要。发展数字田园、智慧养殖、智能农机，推进电子化交易。开展农业物联网应用示范县和农业物联网应用示范基地建设，全面推进村级益农信息社建设，改造升级国家农业数据中心。加强智慧农业技术与装备研发，建设基于卫星遥感、航空无人机、田间观测一体化的农业遥感应用体系。

（五）粮食安全保障调控和应急

在粮食物流重点线路、重要节点以及重要进出口粮食物流节点，新建或完善一批粮食安全保障调控和应急设施。重点支持多功能一体化的粮食物流（产业）园区，以及铁路散粮运输和港口散粮运输系统建设。改造建设一批区域骨干粮油应急配送中心。

第十二章　加快农业转型升级

按照建设现代化经济体系的要求，加快农业结构调整步伐，着力推动农业由增产导向转向提质导向，提高农业供给体系的整体质量和效率，加快实现由农业大国向农业强国转变。

第一节　优化农业生产力布局

以全国主体功能区划确定的农产品主产区为主体，立足各地农业资源禀赋和比较优势，构建优势区域布局和专业化生产格局，打造农业优化发展区和农业现代化先行区。东北地区重点提升粮食生产能力，依托“大粮仓”打造粮肉奶综合供应基地。华北地区着力稳定粮油和蔬菜、畜产品生产保障能力，发展节水型农业。长江中下游地区切实稳定粮油生产能力，优化水网地带生猪养殖布局，大力发展名优水产品生产。华南地区加快发展现代畜禽水产和特色园艺产品，发展具有出口优势的水产品养殖。西北、西南地区和北方农牧交错区加快调整产品结构，限制资源消耗大的产业规模，壮大区域特色产业。青海、西藏等生态脆弱区域坚持保护优先、限制开发，发展高原特色农牧业。

第二节　推进农业结构调整

加快发展粮经饲统筹、种养加一体、农牧渔结合的现代农业，促进农业结构不断优化升级。统筹调整种植业生产结构，稳定水稻、小麦生产，有序调减非优势区籽粒玉米，进一步扩大大豆生产规模，巩固主产区棉油糖胶生产，确保一定的自给水平。大力发展优质饲料牧草，合理利用退耕地、南方草山草坡和冬闲田拓展饲草发展空间。推进畜牧业区域布局调整，合理布局规模化养殖场，大力发展种养结合循环农业，促进养殖废弃物就近资源化利用。优化畜牧业生产结构，大力发展草食畜牧业，做大做强民族奶业。加强渔港经济区建设，推进渔港渔区振兴。合理确定内陆水域养殖规模，发展集约化、工厂化水产养殖和深远海养殖，降低江河湖泊和近海渔业捕捞强度，规范有序发展远洋渔业。

第三节　壮大特色优势产业

以各地资源禀赋和独特的历史文化为基础，有序开发优势特色资源，做大做强优势特色产业。创建特色鲜明、优势集聚、市场竞争力强的特色农产品优势区，支持特色农产品优势区建设标准化生产基地、加工基地、仓储物流基地，完善科技支撑体系、品牌与市场营销体系、质量控制体系，建立利益联结紧密的建设运行机制，形成特色农业产业集群。按照与国际标准接轨的目标，支持建立生产精细化管理与产品品质控制体系，采用国际通行的良好农业规范，塑造现代顶级农产品品牌。实施产业兴村强县行动，培育农业产业强镇，打造一乡一业、一村一品的发展格局。

第四节　保障农产品质量安全

实施食品安全战略，加快完善农产品质量和食品安全标准、监管体系，加快建立农产品质量分级及产地准出、市场准入制度。完善农兽药残留限量标准体系，推进农产品生产投入品使用规范化。建立健全农产品质量安全风险评估、监测预警和应急处置机制。实施动植物保护能力提升工程，实现全国动植物检疫防疫联防联控。完善农产品认证体系和农产品质量安全监管追溯系统，着力提高基层监管能力。落实生产经营者主体责任，强化农产品生产经营者的质量安全意识。建立农资和农产品生产企业信用信息系统，对失信市场主体开展联合惩戒。

第五节　培育提升农业品牌

实施农业品牌提升行动，加快形成以区域公用品牌、企业品牌、大宗农产品品牌、特色农产品品牌为核心的农业品牌格局。推进区域农产品公共品牌建设，擦亮老品牌，塑强新品牌，引入现代要素改造提升传统名优品牌，努力打造一批国际知名的农业品牌和国际品牌展会。做好品牌宣传推介，借助农产品博览会、展销会等渠道，充分利用电商、“互联网＋”等新兴手段，加强品牌市场营销。加强农产品商标及地理标志商标的注册和保护，构建我国农产品品牌保护体系，打击各种冒用、滥用公用品牌行为，建立区域公用品牌的授权使用机制以及品牌危机预警、风险规避和紧急事件应对机制。

第六节　构建农业对外开放新格局

建立健全农产品贸易政策体系。实施特色优势农产品出口提升行动，扩大高附加值农产品出口。积极参与全球粮农治理。加强与“一带一路”沿线国家合作，积极支持有条件的农业企业走出去。建立农业对外合作公共信息服务平台和信用评价体系。放宽农业外资准入，促进引资引技引智相结合。

专栏3　质量兴农重大工程
（一）特色农产品优势区创建 到2020年，创建并认定300个左右国家级特色农产品优势区，打造一批“中国第一、世界有名”的特色农产品品牌，增强绿色优质中高端特色农产品供给能力，加大对特色农产品优势区品牌的宣传和推介力度。 **（二）动植物保护能力提升** 针对动植物保护体系、外来生物入侵防控体系的薄弱环节，通过工程建设和完善运行保障机制，形成监测预警体系、疫情灾害应急处置体系、农药风险监控体系和联防联控体系。 **（三）农业品牌提升** 加强农业品牌认证、监管、保护等各环节的规范与管理，提升我国农业品牌公信力。加强与大型农产品批发市场、电商平台、各类商超组织的合作，创新产销衔接机制，搭建品牌农产品营销推介平台。 **（四）特色优势农产品出口提升行动** 促进重点水果、蔬菜、茶叶和水产品出口，支持企业申请国际认证认可，参与国际知名展会。 **（五）产业兴村强县行动** 坚持试点先行、逐步推开，争取到2022年培育和发展一批产业强、产品优、质量好、功能全、生态美的农业强镇，培育县域经济新动能。 **（六）优质粮食工程** 完善粮食质量安全检验和质量风险监测体系，完善粮食产后服务体系。开展“中国好粮油”行动，建立优质粮油产业经济发展评价体系、优质粮油质量标准、测评技术体系和线上营销体系，积极培育消费者认可的“中国好粮油”产品。

第十三章　建立现代农业经营体系

坚持家庭经营在农业中的基础性地位，构建家庭经营、集体经营、合作经营、企业经营等共同发展的新型农业经营体系，发展多种形式适度规模经营，发展壮大农村集体经济，提高农业的集约化、专业化、组织化、社会化水平，有效带动小农户发展。

第一节　巩固和完善农村基本经营制度

落实农村土地承包关系稳定并长久不变政策，衔接落实好第二轮土地承包到期后再延长30年的政策，让农民吃上长效“定心丸”。全面完成土地承包经营权确权登记颁证工作，完善农村承包地“三权分置”制度，在依法保护集体所有权和农户承包权前提下，平等保护土地经营权。建立农村产权交易平台，加强土地经营权流转和规模经营的管理服务。加强农用地用途管制。完善集体林权制度，引导规范有序流转，鼓励发展家庭林场、股份合作林场。发展壮大农垦国有农业经济，培育一批具有国际竞争力的农垦企业集团。

第二节　壮大新型农业经营主体

实施新型农业经营主体培育工程，鼓励通过多种形式开展适度规模经营。培育发展家庭农场，提升农民专业合作社规范化水平，鼓励发展农民专业合作社联合社。不断壮大农林产业化龙头企业，鼓励建立现代企业制度。鼓励工商资本到农村投资适合产业化、规模化经营的农业项目，提供区域性、系统性解决方案，与当地农户形成互惠共赢的产业共同体。加快建立新型经营主体支持政策体系和信用评价体系，落实财政、税收、土地、信贷、保险等支持政策，扩大新型经营主体承担涉农项目规模。

第三节　发展新型农村集体经济

深入推进农村集体产权制度改革，推动资源变资产、资金变股金、农民变股东，发展多种形式的股份合作。完善农民对集体资产股份的占有、收益、有偿退出及抵押、担保、继承等权能和管理办法。研究制定农村集体经济组织法，充实农村集体产权权能。鼓励经济实力强的农村集体组织辐射带动周边村庄共同发展。发挥村党组织对集体经济组织的领导核心作用，防止内部少数人控制和外部资本侵占集体资产。

第四节　促进小农户生产和现代农业发展有机衔接

改善小农户生产设施条件，提高个体农户抵御自然风险能力。发展多样化的联合与合作，提升小农户组织化程度。鼓励新型经营主体与小农户建立契约型、股权型利益联结机制，带动小农户专业化生产，提高小农户自我发展能力。健全农业社会化服务体系，大力培育新型服务主体，加快发展“一站式”农业生产性服务业。加强工商企业租赁农户承包地的用途监管和风险防范，健全资格审查、项目审核、风险保障金制度，维护小农户权益。

专栏4　现代农业经营体系培育工程
（一）新型农业经营主体培育 培育一批一二三产业融合、适度规模经营多样、社会化服务支撑、与“互联网+”紧密结合的各类新型经营主体。实施现代农业人才支撑计划，推进新型经营主体带头人轮训计划，实施现代青年农场经营者、农村实用人才和新型职业农民培育工程。运用互联网信息化手段，为新型经营主体点对点提供服务。 **（二）农垦国有经济培育壮大** 加快垦区集团化和农场企业化改革进程，全面推行现代企业制度，健全法人治理结构。支持农垦率先建立农产品质量等级评价标准体系和农产品质量安全追溯平台。全面推广中国农垦公共品牌，切实加强农垦加工、仓储、物流、渠道等关键环节建设。 **（三）供销合作社培育壮大** 全面深化供销合作社综合改革，支持供销合作社创新体制机制，加强联合社层级间的联合合作，推动供销合作社高质量发展。大力实施“基层社组织建设工程”和“千县千社”振兴计划，增强基层社为农服务能力。 **（四）新型农村集体经济振兴计划** 编制集体产权制度改革“菜单式”行动指引，指导各地因地制宜制定改革方案，以差异化扶持政策为导向，实行分类施策、重点推进，增强集体经济发展活力和实力。

第十四章　强化农业科技支撑

深入实施创新驱动发展战略，加快农业科技进步，提高农业科技自主创新水平、成果转化水平，为农业发展拓展新空间、增添新动能，引领支撑农业转型升级和提质增效。

第一节 提升农业科技创新水平

培育符合现代农业发展要求的创新主体，建立健全各类创新主体协调互动和创新要素高效配置的国家农业科技创新体系。强化农业基础研究，实现前瞻性基础研究和原创性重大成果突破。加强种业创新、现代食品、农机装备、农业污染防治、农村环境整治等方面的科研工作。深化农业科技体制改革，改进科研项目评审、人才评价和机构评估工作，建立差别化评价制度。深入实施现代种业提升工程，开展良种重大科研联合攻关，培育具有国际竞争力的种业龙头企业，推动建设种业科技强国。

第二节 打造农业科技创新平台基地

建设国家农业高新技术产业示范区、国家农业科技园区、省级农业科技园区，吸引更多的农业高新技术企业到科技园区落户，培育国际领先的农业高新技术企业，形成具有国际竞争力的农业高新技术产业。新建一批科技创新联盟，支持农业高新技术企业建立高水平研发机构。利用现有资源建设农业领域国家技术创新中心，加强重大共性关键技术和产品研发与应用示范。建设农业科技资源开放共享与服务平台，充分发挥重要公共科技资源优势，推动面向科技界开放共享，整合和完善科技资源共享服务平台。

第三节 加快农业科技成果转化应用

鼓励高校、科研院所建立一批专业化的技术转移机构和面向企业的技术服务网络，通过研发合作、技术转让、技术许可、作价投资等多种形式，实现科技成果市场价值。健全省市县三级科技成果转化工作网络，支持地方大力发展技术交易市场。面向绿色兴农重大需求，加大绿色技术供给，加强集成应用和示范推广。健全基层农业技术推广体系，创新公益性农技推广服务方式，支持各类社会力量参与农技推广，全面实施农技推广服务特聘计划，加强农业重大技术协同推广。健全农业科技领域分配政策，落实科研成果转化及农业科技创新激励相关政策。

专栏5　农业科技创新支撑重大工程
（一）农业科技创新水平提升 建立现代农业产业技术体系、创新联盟、创新中心“三位一体”的创新平台。加强农业面源污染防治、化肥农药减量增效、农业节水、农业废弃物资源化利用、绿色健康养殖、防灾减灾、荒漠化石漠化治理、森林质量提升等关键技术研发，推进成果集成应用。 **（二）现代种业自主创新能力提升** 加强种质资源保存、育种创新、品种测试与检测、良种繁育等能力建设，建立现代种业体系。高标准建设国家南繁育种基地，推进甘肃、四川国家级制种基地建设与提挡升级，加快区域性良繁基地建设。建立农业野生植物原生境保护区和种质资源库（圃）。 **（三）农业科技园区建设** 突出农业科技园区的“农、高、科”定位，强化体制机制创新，推进农业科技园区建设。用高新技术改造提升农业产业，壮大生物育种、智能农机、现代食品制造等高新技术产业，培育农业高新技术企业超过1.5万家。

第十五章　完善农业支持保护制度

以提升农业质量效益和竞争力为目标，强化绿色生态导向，创新完善政策工具和手段，加快建立新型农业支持保护政策体系。

第一节　加大支农投入力度

建立健全国家农业投入增长机制，政府固定资产投资继续向农业倾斜，优化投入结构，实施一批打基础、管长远、影响全局的重大工程，加快改变农业基础设施薄弱状况。建立以绿色生态为导向的农业补贴制度，提高农业补贴政策的指向性和精准性。落实和完善对农民直接补贴制度。完善粮食主产区利益补偿机制。继续支持粮改饲、粮豆轮作和畜禽水产标准化健康养殖，改革完善渔业油价补贴政策。完善农机购置补贴政策，鼓励对绿色农业发展机具、高性能机具以及保证粮食等主要农产品生产机具实行敞开补贴。

第二节　深化重要农产品收储制度改革

深化玉米收储制度改革，完善市场化收购加补贴机制。合理制定大豆补贴政策。完善稻谷、小麦最低收购价政策，增强政策灵活性和弹性，合理调整最低收购价水平，加快建立健全支持保护政策。深化国有粮食企业改革，培育壮大骨干粮食企业，引导多元市场主体入市收购，防止出现卖粮难。深化棉花目标价格改革，研究完善食糖（糖料）、油料支持政策，促进价格合理形成，激发企业活力，提高国内产业竞争力。

第三节　提高农业风险保障能力

完善农业保险政策体系，设计多层次、可选择、不同保障水平的保险产品。积极开发适应新型农业经营主体需求的保险品种，探索开展水稻、小麦、玉米三大主粮作物完全成本保险和收入保险试点，鼓励开展天气指数保险、价格指数保险、贷款保证保险等试点。健全农业保险大灾风险分散机制。发展农产品期权期货市场，扩大“保险＋期货”试点，探索“订单农业＋保险＋期货（权）”试点。健全国门生物安全查验机制，推进口岸动植物检疫规范化建设。强化边境管理，打击农产品走私。完善农业风险管理和预警体系。

第五篇　发展壮大乡村产业

以完善利益联结机制为核心，以制度、技术和商业模式创新为动力，推进农村一二三产业交叉融合，加快发展根植于农业农村、由当地农民主办、彰显地域特色和乡村价值的产业体系，推动乡村产业全面振兴。

第十六章　推动农村产业深度融合

把握城乡发展格局发生重要变化的机遇，培育农业农村新产业新业态，打造农村产业融合发展新载体新模式，推动要素跨界配置和产业有机融合，让农村一二三产业在融合发展中同步升级、同步增值、同步受益。

第一节　发掘新功能新价值

顺应城乡居民消费拓展升级趋势，结合各地资源禀赋，深入发掘农业农村的生态涵养、休闲观光、文化体验、健康养老等多种功能和多重价值。遵循市场规律，推动乡村资源全域化整合、多元化增值，增强地方特色产品时代感和竞争力，形成新的消费热点，增加乡村生态产品和服务供给。实施农产品加工业提升行动，支持开展农产品生产加工、综合利用关键技术研究与示范，推动初加工、精深加工、综合利用加工和主食加工协调发展，实现农产品多层次、多环节转化增值。

第二节　培育新产业新业态

深入实施电子商务进农村综合示范，建设具有广泛性的农村电子商务发展基础设施，加快建立健全适应农产品电商发展的标准体系。研发绿色智能农产品供应链核心技术，加快培育农业现代供应链主体。加强农商互联，密切产销衔接，发展农超、农社、农企、农校等产销对接的新型流通业态。实施休闲农业和乡村旅游精品工程，发展乡村共享经济等新业态，推动科技、人文等元素融入农业。强化农业生产性服务业对现代农业产业链的引领支撑作用，构建全程覆盖、区域集成、配套完备的新型农业社会化服务体系。清理规范制约农业农村新产业新业态发展的行政审批事项。着力优化农村消费环境，不断优化农村消费结构，提升农村消费层次。

第三节　打造新载体新模式

依托现代农业产业园、农业科技园区、农产品加工园、农村产业融合发展示范园等，打造农村产业融合发展的平台载体，促进农业内部融合、延伸农业产业链、拓展农业多种功能、发展农业新型业态等多模式融合发展。加快培育农商产业联盟、农业产业化联合体等新型产业链主体，打造一批产加销一体的全产业链企业集群。推进农业循环经济试点示范和田园综合体试点建设。加快培育一批“农字号”特色小镇，在有条件的地区建设培育特色商贸小镇，推动农村产业发展与新型城镇化相结合。

第十七章　完善紧密型利益联结机制

始终坚持把农民更多分享增值收益作为基本出发点，着力增强农民参与融合能力，创新收益分享模式，健全联农带农有效激励机制，让农民更多分享产业融合发展的增值收益。

第一节　提高农民参与程度

鼓励农民以土地、林权、资金、劳动、技术、产品为纽带，开展多种形式的合作与联合，依法组建农民专业合作社联合社，强化农民作为市场主体的平等地位。引导农村集体经济组织挖掘集体土地、房屋、设施等资源和资产潜力，依法通过股份制、合作制、股份合作制、租赁等形式，积极参与产业融合发展。积极培育社会化服务组织，加强农技指导、信用评价、保险推广、市场预测、产品营销等服务，为农民参与产业融合创造良好条件。

第二节　创新收益分享模式

加快推广“订单收购＋分红”、“土地流转＋优先雇用＋社会保障”、“农民入股＋保底收益＋按股分红”等多种利益联结方式，让农户分享加工、销售环节收益。鼓励行业协会或龙头企业与合作社、家庭农场、普通农户等组织共同营销，开展农产品销售推介和品牌运作，让农户更多分享产业链增值收益。鼓励农业产业化龙头企业通过设立风险资金、为农户提供信贷担保、领办或参办农民合作组织等多种形式，与农民建立稳定的订单和契约关系。完善涉农股份合作制企业利润分配机制，明确资本参与利润分配比例上限。

第三节　强化政策扶持引导

更好发挥政府扶持资金作用，强化龙头企业、合作组织联农带农激励机制，探索将新型农业经营主体带动农户数量和成效作为安排财政支持资金的重要参考依据。以土地、林权为基础的各种形式合作，凡是享受财政投入或政策支持的承包经营者均应成为股东方。鼓励将符合条件的财政资金特别是扶贫资金量化到农村集体经济组织和农户后，以自愿入股方式投入新型农业经营主体，对农户土地经营权入股部分采取特殊保护，探索实行农民负盈不负亏的分配机制。

第十八章　激发农村创新创业活力

坚持市场化方向，优化农村创新创业环境，放开搞活农村经济，合理引导工商资本下乡，推动乡村大众创业万众创新，培育新动能。

第一节　培育壮大创新创业群体

推进产学研合作，加强科研机构、高校、企业、返乡下乡人员等主体协同，推动农村创新创业群体更加多元。培育以企业为主导的农业产业技术创新战略联盟，加速资金、技术和服务扩散，带动和支持返乡创业人员依托相关产业链创业发展。整合政府、企业、社会等多方资源，推动政策、技术、资本等各类要素向农村创新创业集聚。鼓励农民就地创业、返乡创业，加大各方资源支持本地农民兴业创业力度。深入推行科技特派员制度，引导科技、信息、资金、管理等现代生产要素向乡村集聚。

第二节　完善创新创业服务体系

发展多种形式的创新创业支撑服务平台，健全服务功能，开展政策、资金、法律、知识产权、财务、商标等专业化服务。建立农村创新创业园区（基地），鼓励农业企业建立创新创业实训基地。鼓励有条件的县级政府设立“绿色通道”，为返乡下乡人员创新创业提供便利服务。建设一批众创空间、“星创天地”，降低创业门槛。依托基层就业和社会保障服务平台，做好返乡人员创业服务、社保关系转移接续等工作。

第三节 建立创新创业激励机制

加快将现有支持“双创”相关财政政策措施向返乡下乡人员创新创业拓展，把返乡下乡人员开展农业适度规模经营所需贷款按规定纳入全国农业信贷担保体系支持范围。适当放宽返乡创业园用电用水用地标准，吸引更多返乡人员入园创业。各地年度新增建设用地计划指标，要确定一定比例用于支持农村新产业新业态发展。落实好减税降费政策，支持农村创新创业。

专栏 6 构建乡村产业体系重大工程

（一）电子商务进农村综合示范

在 2019 年对具备条件的国家级贫困县实现全覆盖的基础上，进一步挖掘具备潜力的县深化农村电商示范工作，逐步培育一批电子商务进农村综合示范县，建设和完善农村电商公共服务体系。

（二）农商互联

推动农产品流通企业与新型农业经营主体对接，通过订单农业、直采直销、投资合作等方式，打造产销稳定衔接、利益紧密联结的农产品全产业链条，加强全国性、区域性、田头市场三级产地市场体系建设。

（三）休闲农业和乡村旅游精品工程

改造一批休闲农业村庄道路、供水、停车场、厕所等设施，树立和推介一批休闲农业和乡村旅游精品品牌，培育一批美丽休闲乡村、休闲农庄（园）、休闲观光园区、国家森林步道、康养基地、森林人家、乡村民宿、乡村旅游区（点）等精品。搭建发布推介平台，开展休闲农业和乡村旅游精品发布推介活动。

（四）国家农村一二三产业融合发展示范园创建计划

到 2020 年建成 300 个农村一二三产业融合发展示范园，通过复制推广先进经验，加快延伸农业产业链、提升农业价值链、拓展农业多种功能、培育农村新产业新业态。

（五）农业循环经济试点示范

选择粮食主产区等具备基础的地区，建设20个工农复合型循环经济示范区，推进秸秆、禽畜粪污等大宗农业废弃物的综合利用，推进废旧农膜、农药包装物等回收利用。推动建立农业循环经济评价指标体系和评价考核制度。

（六）农产品加工业提升行动

完善国家农产品加工技术研发体系，建设一批农产品加工技术集成基地。促进农产品加工业增品种、提品质、创品牌。大力培育农产品加工业各类专门人才。依托现有农产品精深加工集聚区、产业园、工业区等，打造升级一批农产品精深加工示范基地，促进农业提质增效和农民增收。

（七）农村“星创天地”

打造农村版众创空间，以农业科技园区、新农村发展研究院、科技型企业、科技特派员创业基地、农民专业合作社等为载体，利用线下孵化载体和线上网络平台，面向科技特派员、大学生、返乡农民工、职业农民等建设3000个“星创天地”。

（八）返乡下乡创业行动

研究制定并组织实施农村双创百县千乡万名带头人培育行动方案。整合现有渠道，用3年时间培训40万名农村双创人员和双创导师。创建100个具有区域特色的农村双创示范园区（基地）。实施返乡下乡创业培训专项行动。实施育才强企计划，支持有条件的创业企业建设技能大师工作室。深入推进农村青年创业致富“领头雁”培养计划，培养一批全国农村青年致富带头人。实施引才回乡工程，在返乡下乡创业集中地区设立专家服务基地，吸引各类人才回乡服务。

第六篇　建设生态宜居的美丽乡村

牢固树立和践行绿水青山就是金山银山的理念，坚持尊重自然、顺应自然、保护自然，统筹山水林田湖草系统治理，加快转变生产生活方式，推动乡村生态振兴，建设生活环境整洁优美、生态系统稳定健康、人与自然和谐共生的生态宜居美丽乡村。

第十九章　推进农业绿色发展

以生态环境友好和资源永续利用为导向，推动形成农业绿色生产方式，实现投入品减量化、生产清洁化、废弃物资源化、产业模式生态化，提高农业可持续发展能力。

第一节　强化资源保护与节约利用

实施国家农业节水行动，建设节水型乡村。深入推进农业灌溉用水总量控制和定额管理，建立健全农业节水长效机制和政策体系。逐步明晰农业水权，推进农业水价综合改革，建立精准补贴和节水奖励机制。严格控制未利用地开垦，落实和完善耕地占补平衡制度。实施农用地分类管理，切实加大优先保护类耕地保护力度。降低耕地开发利用强度，扩大轮作休耕制度试点，制定轮作休耕规划。全面普查动植物种质资源，推进种质资源收集保存、鉴定和利用。强化渔业资源管控与养护，实施海洋渔业资源总量管理、海洋渔船“双控”和休禁渔制度，科学划定江河湖海限捕、禁捕区域，建设水生生物保护区、海洋牧场。

第二节 推进农业清洁生产

加强农业投入品规范化管理，健全投入品追溯系统，推进化肥农药减量施用，完善农药风险评估技术标准体系，严格饲料质量安全管理。加快推进种养循环一体化，建立农村有机废弃物收集、转化、利用网络体系，推进农林产品加工剩余物资源化利用，深入实施秸秆禁烧制度和综合利用，开展整县推进畜禽粪污资源化利用试点。推进废旧地膜和包装废弃物等回收处理。推行水产健康养殖，加大近海滩涂养殖环境治理力度，严格控制河流湖库、近岸海域投饵网箱养殖。探索农林牧渔融合循环发展模式，修复和完善生态廊道，恢复田间生物群落和生态链，建设健康稳定田园生态系统。

第三节 集中治理农业环境突出问题

深入实施土壤污染防治行动计划，开展土壤污染状况详查，积极推进重金属污染耕地等受污染耕地分类管理和安全利用，有序推进治理与修复。加强重有色金属矿区污染综合整治。加强农业面源污染综合防治。加大地下水超采治理，控制地下水漏斗区、地表水过度利用区用水总量。严格工业和城镇污染处理、达标排放，建立监测体系，强化经常性执法监管制度建设，推动环境监测、执法向农村延伸，严禁未经达标处理的城镇污水和其他污染物进入农业农村。

专栏7 农业绿色发展行动

（一）国家农业节水行动

将农业用水总量指标分解到各灌区。加强灌溉试验站网建设和灌溉试验，制定不同区域、不同作物灌溉用水定额。加强节水灌溉工程与农艺、农机、生物、管理等措施的集成与融合。全国节水灌溉面积达到6.5亿亩，其中高效节水灌溉面积达到4亿亩。

（二）水生生物保护行动

建立长江流域重点水域禁捕补偿制度，率先在水生生物保护区实现禁捕。引导和支持渔民转产转业，将渔船控制目标列入地方政府和有关部门约束性考核指标。继续清理整治“绝户网”和涉渔“三无”船舶。实施珍稀濒危物种拯救行动，形成覆盖各海区和内陆主要江河湖泊的水生生物养护体系。

（三）农业环境突出问题治理

扩大农业面源污染综合治理、华北地下水超采区综合治理、重金属污染耕地防控修复的实施范围，对东北黑土地实行战略性保护，促进土壤有机质恢复与提升。推进北方农牧交错带已垦草原治理，加强人工草地建设。

（四）农业废弃物资源化利用

集中支持500个左右养殖大县开展畜禽粪污资源化利用整县推进试点，全国畜禽粪污综合利用率提高到75%以上。在种养密集区域，探索整县推进畜禽粪污、秸秆、病死畜禽、农田残膜、农村垃圾等废弃物全量资源化利用。

（五）农业绿色生产行动

集成推广测土配方施肥、水肥一体化、机械深施等施肥模式，强化统防统治、绿色防控，集成应用全程农药减量增效技术，主要农作物化肥、农药利用率达到40%以上，制定农兽药残留限量标准总数达到1.2万项，覆盖所有批准使用的农兽药品种和相应农产品。

第二十章　持续改善农村人居环境

以建设美丽宜居村庄为导向，以农村垃圾、污水治理和村容村貌提升为主攻方向，开展农村人居环境整治行动，全面提升农村人居环境质量。

第一节　加快补齐突出短板

推进农村生活垃圾治理，建立健全符合农村实际、方式多样的生活垃圾收运处置体系，有条件的地区推行垃圾就地分类和资源化利用。开展非正规垃圾堆放点排查整治。实施“厕所革命”，结合各地实际普及不同类型的卫生厕所，推进厕所粪污无害化处理和资源化利用。梯次推进农村生活污水治理，有条件的地区推动城镇污水管网向周边村庄延伸覆盖。逐步消除农村黑臭水体，加强农村饮用水水源地保护。

第二节　着力提升村容村貌

科学规划村庄建筑布局，大力提升农房设计水平，突出乡土特色和地域民族特点。加快推进通村组道路、入户道路建设，基本解决村内道路泥泞、村民出行不便等问题。全面推进乡村绿化，建设具有乡村特色的绿化景观。完善村庄公共照明设施。整治公共空间和庭院环境，消除私搭乱建、乱堆乱放。继续推进城乡环境卫生整洁行动，加大卫生乡镇创建工作力度。鼓励具备条件的地区集中连片建设生态宜居的美丽乡村，综合提升田水路林村风貌，促进村庄形态与自然环境相得益彰。

第三节 建立健全整治长效机制

全面完成县域乡村建设规划编制或修编，推进实用性村庄规划编制实施，加强乡村建设规划许可管理。建立农村人居环境建设和管护长效机制，发挥村民主体作用，鼓励专业化、市场化建设和运行管护。推行环境治理依效付费制度，健全服务绩效评价考核机制。探索建立垃圾污水处理农户付费制度，完善财政补贴和农户付费合理分担机制。依法简化农村人居环境整治建设项目审批程序和招投标程序。完善农村人居环境标准体系。

专栏8 农村人居环境整治行动

（一）农村垃圾治理

建立健全村庄保洁体系，因地制宜确定农村生活垃圾处理模式，交通便利且转运距离较近的村庄可依托城镇无害化处理设施集中处理，其他村庄可就近分散处理。总结推广农村生活垃圾分类和资源化利用百县示范经验，基本覆盖所有具备条件的县（市）。到2020年，完成农村生活垃圾全面治理逐省验收。

（二）农村生活污水治理

有条件的地区推进城镇污水处理设施和服务向城镇近郊的农村延伸，在离城镇较远、人口密集的村庄建设污水处理设施进行集中处理，人口较少的村庄推广建设户用污水处理设施。开展生活污水源头减量和尾水回收利用。鼓励具备条件的地区采用人工湿地、氧化塘等生态处理模式。

（三）厕所革命

加快实施农村改厕，东部地区、中西部城市近郊区以及其他环境容量较小地区村庄，加快推进户用卫生厕所建设和改造，同步实施厕所粪污治理。其他地区要按照群众接受、经济适用、使用和维护方便、不污染公共水体的要求，普及不同水平的卫生厕所。推进农村新建住房及保障性安居工程等项目配套建设无害化卫生厕所，人口规模较大村庄配套建设公共厕所。

（四）乡村绿化行动

全面实施乡村绿化行动，严格保护乡村古树名木，重点推进村内绿化、围村片林和农田林网建设。每年绿化美化2万个乡村。建设1万个国家森林乡村，8万个省市县级森林乡村。基本农田林网控制率达90%以上，古树名木挂牌保护率达到95%，基本实现“山地森林化、农田林网化、村屯园林化、道路林荫化、庭院花果化”的乡村绿化格局。

（五）乡村水环境治理

开展乡村湿地保护恢复和综合治理工作，整治乡村河湖水系，建设乡村湿地小区。以供水人口多、环境敏感的水源以及农村饮水安全工程规划建设的水源为重点，完成农村饮用水水源保护区（或保护范围）划定，加强农村饮用水水源地保护。采取综合措施，逐步消除农村黑臭水体，提升农村水环境质量。

（六）宜居宜业美丽乡村建设

以建设美、经营美和传承美“三美同步”推进为重点，选择一批具有建设条件的乡村，着力充实和拓展美丽乡村建设内容，积极引导社会资本多元化投入，健全美丽乡村建设成果共建共享机制，打造美丽中国的乡村样板。

第二十一章　加强乡村生态保护与修复

大力实施乡村生态保护与修复重大工程，完善重要生态系统保护制度，促进乡村生产生活环境稳步改善，自然生态系统功能和稳定性全面提升，生态产品供给能力进一步增强。

第一节　实施重要生态系统保护和修复重大工程

统筹山水林田湖草系统治理，优化生态安全屏障体系。大力实施大规模国土绿化行动，全面建设三北、长江等重点防护林体系，扩大退耕还林还草，巩固退耕还林还草成果，推动森林质量精准提升，加强有害生物防治。稳定扩大退牧还草实施范围，继续推进草原防灾减灾、鼠虫草害防治、严重退化沙化草原治理等工程。保护和恢复乡村河湖、湿地生态系统，积极开展农村水生态修复，连通河湖水系，恢复河塘行蓄能力，推进退田还湖还湿、退圩退垸还湖。大力推进荒漠化、石漠化、水土流失综合治理，实施生态清洁小流域建设，推进绿色小水电改造。加快国土综合整治，实施农村土地综合整治重大行动，推进农用地和低效建设用地整理以及历史遗留损毁土地复垦。加强矿产资源开发集中地区特别是重有色金属矿区地质环境和生态修复，以及损毁山体、矿山废弃地修复。加快近岸海域综合治理，实施蓝色海湾整治行动和自然岸线修复。实施生物多样性保护重大工程，提升各类重要保护地保护管理能力。加强野生动植物保护，强化外来入侵物种风险评估、监测预警与综合防控。开展重大生态修复工程气象保障服务，探索实施生态修复型人工增雨工程。

第二节　健全重要生态系统保护制度

完善天然林和公益林保护制度，进一步细化各类森林和林地的管控措施或经营制度。完善草原生态监管和定期调查制度，严格实施草原禁牧和草畜平衡制度，全面落实草原经营者生态保护主体责任。完善荒漠生态保护制度，加强沙区天然植被和绿洲保护。全面推行河长制湖长制，鼓励将河长湖长体系延伸至村一级。推进河湖饮用水水源保护区划定和立界工作，加强对水源涵养区、蓄洪滞涝区、滨河滨湖带的保护。严格落实自然保护区、风景名胜区、地质遗迹等各类保护地保护制度，支持有条件的地方结合国家公园体制试点，探索对居住在核心区域的农牧民实施生态搬迁试点。

第三节　健全生态保护补偿机制

加大重点生态功能区转移支付力度，建立省以下生态保护补偿资金投入机制。完善重点领域生态保护补偿机制，鼓励地方因地制宜探索通过赎买、租赁、置换、协议、混合所有制等方式加强重点区位森林保护，落实草原生态保护补助奖励政策，建立长江流域重点水域禁捕补偿制度，鼓励各地建立流域上下游等横向补偿机制。推动市场化多元化生态补偿，建立健全用水权、排污权、碳排放权交易制度，形成森林、草原、湿地等生态修复工程参与碳汇交易的有效途径，探索实物补偿、服务补偿、设施补偿、对口支援、干部支持、共建园区、飞地经济等方式，提高补偿的针对性。

第四节　发挥自然资源多重效益

大力发展生态旅游、生态种养等产业，打造乡村生态产业链。进一步盘活森林、草原、湿地等自然资源，允许集体经济组织灵活利用现有生产服务设施用地开展相关经营活动。鼓励各类社会主体参与生态保护修复，对集中连片开展生态修复达到一定规模的经营主体，允许在符合土地管理法律法规和土地利用总体规划、依法办理建设用地审批手续、坚持节约集约用地的前提下，利用 1%～3%治理面积从事旅游、康养、体育、设施农业等产业开发。深化集体林权制度改革，全面开展森林经营方案编制工作，扩大商品林经营自主权，鼓励多种形式的适度规模经营，支持开展林权收储担保服务。完善生态资源管护机制，设立生态管护员工作岗位，鼓励当地群众参与生态管护和管理服务。进一步健全自然资源有偿使用制度，研究探索生态资源价值评估方法并开展试点。

专栏 9　乡村生态保护与修复重大工程
（一）国家生态安全屏障保护与修复 继续推进京津风沙源区、岩溶石漠化区、西藏生态安全屏障、青海三江源区、祁连山等重点区域综合治理工程，深化山水林田湖草生态保护修复试点，加快构筑国家生态安全屏障。 **（二）大规模国土绿化** 全面推进三北、长江等重点防护林体系建设和天然林资源保护工程，完成营造林 3128 万公顷。全面完成《新一轮退耕还林还草总体方案》确定的建设任务。在条件适宜地区推进规模化林场建设。积极推进森林质量精准提升工程，完成森林质量精准提升 2000 万公顷。加快国家储备林及用材林基地建设，完成国家储备林建设 333 万公顷。 **（三）草原保护与修复** 继续推进退牧还草、草原防灾减灾、鼠虫草害防治、严重退化沙化草原治理、农牧交错带已垦草原治理等重大工程，严格实施草原禁牧和草畜平衡制度，落实草原生态保护补助奖励政策。 **（四）湿地保护与修复** 全面加强湿地保护，在国际和国家重要湿地、湿地自然保护区、国家湿地公园实施湿地保护与修复工程，对功能降低、生物多样性减少的湿地进行综合治理。建成一批生态型河塘，开展湿地可持续利用示范。 **（五）重点流域环境综合治理** 加快推进重点流域水污染防治，对现状水质达到或优于Ⅲ类的湖库水体开展生态环境安全评估，强化湖泊生态环境保护，加强重点湖库蓝藻水华防控。 **（六）荒漠化、石漠化、水土流失综合治理** 通过因地制宜实施封育保护、小流域综合治理、坡耕地治理等措施，新增水土流失治理面积 28 万平方公里，建成一批生态清洁小流域。持续推进防沙治沙和荒漠化防治，完成石漠化治理面积 20 万公顷。

（七）农村土地综合整治

统筹开展农村地区建设用地整理和土地复垦，优化农村土地利用格局，提高农村土地利用效率。到 2020 年，开展 300 个土地综合整治示范村镇建设，基本形成农村土地综合整治制度体系；到 2022 年，示范村镇建设扩大到 1000 个，形成具备推广到全国的制度体系。

（八）重大地质灾害隐患治理

完善调查评价、监测预警、综合治理、应急防治等地质灾害防治体系，实现山地丘陵区地质灾害气象预警预报全覆盖，全面完成山地丘陵区地质灾害详细调查和重点地区地面沉降、地裂缝和岩溶塌陷调查，完成已发现的威胁人员密集区重大地质灾害隐患工程治理。

（九）生物多样性保护

开展生物多样性调查和评估，摸清生物多样性家底；构建生物多样性保护网络，掌握生物多样性动态变化趋势。推进自然保护区保护管理能力建设，保护和改善濒危野生动物栖息地，积极开展拯救繁育和野化放归。加强极小种群野生植物生境恢复和人工拯救。

（十）近岸海域综合治理

加快实施蓝色海湾整治行动，推动辽东湾、渤海湾、黄河口、胶州湾等重点河口海湾综合整治，强化海岸带保护与修复，完善入海排污口管理制度。

（十一）兴林富民行动

优化资源要素配置，构建布局合理、功能完备、结构优化的林业产业体系、服务体系，建立一批标准化、集约化、规模化示范基地。加快智慧林业发展，推动林区网络和信息基础设施基本全覆盖，建设林业基础数据库、资源监管体系、新型林区综合公共服务平台。大力推进森林生态标志产品认证，建立森林生态产品品牌保证监督体系和产品追溯体系，建设森林生态产品信息发布和网上交易平台。

第七篇　繁荣发展乡村文化

坚持以社会主义核心价值观为引领，以传承发展中华优秀传统文化为核心，以乡村公共文化服务体系建设为载体，培育文明乡风、良好家风、淳朴民风，推动乡村文化振兴，建设邻里守望、诚信重礼、勤俭节约的文明乡村。

第二十二章　加强农村思想道德建设

持续推进农村精神文明建设，提升农民精神风貌，倡导科学文明生活，不断提高乡村社会文明程度。

第一节　践行社会主义核心价值观

坚持教育引导、实践养成、制度保障三管齐下，采取符合农村特点的方式方法和载体，深化中国特色社会主义和中国梦宣传教育，大力弘扬民族精神和时代精神。加强爱国主义、集体主义、社会主义教育，深化民族团结进步教育。注重典型示范，深入实施时代新人培育工程，推出一批新时代农民的先进模范人物。把社会主义核心价值观融入法治建设，推动公正文明执法司法，彰显社会主流价值。强化公共政策价值导向，探索建立重大公共政策道德风险评估和纠偏机制。

第二节 巩固农村思想文化阵地

推动基层党组织、基层单位、农村社区有针对性地加强农村群众性思想政治工作。加强对农村社会热点难点问题的应对解读，合理引导社会预期。健全人文关怀和心理疏导机制，培育自尊自信、理性平和、积极向上的农村社会心态。深化文明村镇创建活动，进一步提高县级及以上文明村和文明乡镇的占比。广泛开展星级文明户、文明家庭等群众性精神文明创建活动。深入开展“扫黄打非”进基层。重视发挥社区教育作用，做好家庭教育，传承良好家风家训。完善文化科技卫生“三下乡”长效机制。

第三节 倡导诚信道德规范

深入实施公民道德建设工程，推进社会公德、职业道德、家庭美德、个人品德建设。推进诚信建设，强化农民的社会责任意识、规则意识、集体意识和主人翁意识。建立健全农村信用体系，完善守信激励和失信惩戒机制。弘扬劳动最光荣、劳动者最伟大的观念。弘扬中华孝道，强化孝敬父母、尊敬长辈的社会风尚。广泛开展好媳妇、好儿女、好公婆等评选表彰活动，开展寻找最美乡村教师、医生、村官、人民调解员等活动。深入宣传道德模范、身边好人的典型事迹，建立健全先进模范发挥作用的长效机制。

第二十三章 弘扬中华优秀传统文化

立足乡村文明，吸取城市文明及外来文化优秀成果，在保护传承的基础上，创造性转化、创新性发展，不断赋予时代内涵、丰富表现形式，为增强文化自信提供优质载体。

第一节 保护利用乡村传统文化

实施农耕文化传承保护工程，深入挖掘农耕文化中蕴含的优秀思想观念、人文精神、道德规范，充分发挥其在凝聚人心、教化群众、淳化民风中的重要作用。划定乡村建设的历史文化保护线，保护好文物古迹、传统村落、民族村寨、传统建筑、农业遗迹、灌溉工程遗产。传承传统建筑文化，使历史记忆、地域特色、民族特点融入乡村建设与维护。支持农村地区优秀戏曲曲艺、少数民族文化、民间文化等传承发展。完善非物质文化遗产保护制度，实施非物质文化遗产传承发展工程。实施乡村经济社会变迁物证征藏工程，鼓励乡村史志修编。

第二节 重塑乡村文化生态

紧密结合特色小镇、美丽乡村建设，深入挖掘乡村特色文化符号，盘活地方和民族特色文化资源，走特色化、差异化发展之路。以形神兼备为导向，保护乡村原有建筑风貌和村落格局，把民族民间文化元素融入乡村建设，深挖历史古韵，弘扬人文之美，重塑诗意闲适的人文环境和田绿草青的居住环境，重现原生田园风光和原本乡情乡愁。引导企业家、文化工作者、退休人员、文化志愿者等投身乡村文化建设，丰富农村文化业态。

专栏10　乡村文化繁荣兴盛重大工程

（一）农耕文化保护传承

按照在发掘中保护、在利用中传承的思路，制定国家重要农业文化遗产保护传承指导意见。开展重要农业文化遗产展览展示，充分挖掘和弘扬中华优秀传统农耕文化，加大农业文化遗产宣传推介力度。

（二）戏曲进乡村

以县为基本单位，组织各级各类戏曲演出团体深入农村基层，为农民提供戏曲等多种形式的文艺演出，促进戏曲艺术在农村地区的传播普及和传承发展，争取到2020年在全国范围实现戏曲进乡村制度化、常态化、普及化。

（三）贫困地区村综合文化服务中心建设

在贫困地区百县万村综合文化服务中心示范工程和贫困地区民族自治县、边境县村综合文化服务中心覆盖工程的基础上，加大对贫困地区村级文化设施建设的支持力度，实现贫困地区村级综合文化服务中心全覆盖。

（四）中国民间文化艺术之乡

深入发掘农村各类优秀民间文化资源，培育特色文化品牌，培养一批扎根农村的乡土文化人才，每3年评审命名一批“中国民间文化艺术之乡”。

（五）古村落、古民居保护利用

完成全国重点文物保护单位和省级文物保护单位集中成片传统村落整体保护利用项目。吸引社会力量，实施“拯救老屋”行动，开展乡村遗产客栈示范项目，探索古村落古民居利用新途径，促进古村落的保护和振兴。

（六）少数民族特色村寨保护与发展

遴选2000个基础条件较好、民族特色鲜明、发展成效突出、示范带动作用强的少数民族特色村寨，打造成为少数民族特色村寨建设典范。深化民族团结进步教育，铸牢中华民族共同体意识，加强各民族交往交流交融。

（七）乡村传统工艺振兴

实施中国传统工艺振兴计划，从贫困地区试点起步，以非物质文化遗产传统工艺技能培训为抓手，帮助乡村群众掌握一门手艺或技术。支持具备条件的地区搭建平台，整合资源，提高传统工艺产品设计、制作水平，形成具有一定影响力的地方品牌。

（八）乡村经济社会变迁物证征藏

支持有条件的乡村依托古遗址、历史建筑、古民居等历史文化资源，建设遗址博物馆、生态（社区）博物馆、户外博物馆等，通过对传统村落、街区建筑格局、整体风貌、生产生活等传统文化和生态环境的综合保护与展示，再现乡村文明发展轨迹。

第八篇　健全现代乡村治理体系

把夯实基层基础作为固本之策，建立健全党委领导、政府负责、社会协同、公众参与、法治保障的现代乡村社会治理体制，推动乡村组织振兴，打造充满活力、和谐有序的善治乡村。

第二十五章　加强农村基层党组织对乡村振兴的全面领导

以农村基层党组织建设为主线，突出政治功能，提升组织力，把农村基层党组织建成宣传党的主张、贯彻党的决定、领导基层治理、团结动员群众、推动改革发展的坚强战斗堡垒。

第一节　健全以党组织为核心的组织体系

坚持农村基层党组织领导核心地位，大力推进村党组织书记通过法定程序担任村民委员会主任和集体经济组织、农民合作组织负责人，推行村“两委”班子成员交叉任职；提倡由非村民委员会成员的村党组织班子成员或党员担任村务监督委员会主任；村民委员会成员、村民代表中党员应当占一定比例。在以建制村为基本单元设置党组织的基础上，创新党组织设置。推动农村基层党组织和党员在脱贫攻坚和乡村振兴中提高威信、提升影响。加强农村新型经济组织和社会组织的党建工作，引导其始终坚持为农民服务的正确方向。

第二节　加强农村基层党组织带头人队伍建设

实施村党组织带头人整体优化提升行动。加大从本村致富能手、外出务工经商人员、本乡本土大学毕业生、复员退伍军人中培养选拔力度。以县为单位，逐村摸排分析，对村党组织书记集中调整优化，全面实行县级备案管理。健全从优秀村党组织书记中选拔乡镇领导干部、考录乡镇公务员、招聘乡镇事业编制人员机制。通过本土人才回引、院校定向培养、县乡统筹招聘等渠道，每个村储备一定数量的村级后备干部。全面向贫困村、软弱涣散村和集体经济薄弱村党组织派出第一书记，建立长效机制。

第三节　加强农村党员队伍建设

加强农村党员教育、管理、监督，推进“两学一做”学习教育常态化制度化，教育引导广大党员自觉用习近平新时代中国特色社会主义思想武装头脑。严格党的组织生活，全面落实“三会一课”、主题党日、谈心谈话、民主评议党员、党员联系农户等制度。加强农村流动党员管理。注重发挥无职党员作用。扩大党内基层民主，推进党务公开。加强党内激励关怀帮扶，定期走访慰问农村老党员、生活困难党员，帮助解决实际困难。稳妥有序开展不合格党员组织处置工作。加大在青年农民、外出务工人员、妇女中发展党员力度。

第四节　强化农村基层党组织建设责任与保障

推动全面从严治党向纵深发展、向基层延伸，严格落实各级党委尤其是县级党委主体责任，进一步压实县乡纪委监督责任，将抓党建促脱贫攻坚、促乡村振兴情况作为每年市县乡党委书记抓基层党建述职评议考核的重要内容，纳入巡视、巡察工作内容，作为领导班子综合评价和选拔任用领导干部的重要依据。坚持抓乡促村，整乡推进、整县提升，加强基本组织、基本队伍、基本制度、基本活动、基本保障建设，持续整顿软弱涣散村党组织。加强农村基层党风廉政建设，强化农村基层干部和党员的日常教育管理监督，加强对《农村基层干部廉洁履行职责若干规定（试行）》执行情况的监督检查，弘扬新风正气，抵制歪风邪气。充分发挥纪检监察机关在督促相关职能部门抓好中央政策落实方面的作用，加强对落实情况特别是涉农资金拨付、物资调配等工作的监督，开展扶贫领域腐败和作风问题专项治理，严厉打击农村基层黑恶势力和涉黑涉恶腐败及“保护伞”，严肃查处发生在惠农资金、征地拆迁、生态环保和农村“三资”管理领域的违纪违法问题，坚决纠正损害农民利益的行为，严厉整治群众身边腐败问题。全面执行以财政投入为主的稳定的村级组织运转经费保障政策。满怀热情关心关爱农村基层干部，政治上激励、工作上支持、待遇上保障、心理上关怀。重视发现和树立优秀农村基层干部典型，彰显榜样力量。

第二十六章　促进自治法治德治有机结合

坚持自治为基、法治为本、德治为先，健全和创新村党组织领导的充满活力的村民自治机制，强化法律权威地位，以德治滋养法治、涵养自治，让德治贯穿乡村治理全过程。

第一节　深化村民自治实践

加强农村群众性自治组织建设。完善农村民主选举、民主协商、民主决策、民主管理、民主监督制度。规范村民委员会等自治组织选举办法，健全民主决策程序。依托村民会议、村民代表会议、村民议事会、村民理事会等，形成民事民议、民事民办、民事民管的多层次基层协商格局。创新村民议事形式，完善议事决策主体和程序，落实群众知情权和决策权。全面建立健全村务监督委员会，健全务实管用的村务监督机制，推行村级事务阳光工程。充分发挥自治章程、村规民约在农村基层治理中的独特功能，弘扬公序良俗。继续开展以村民小组或自然村为基本单元的村民自治试点工作。加强基层纪委监委对村民委员会的联系和指导。

第二节　推进乡村法治建设

深入开展“法律进乡村”宣传教育活动，提高农民法治素养，引导干部群众尊法学法守法用法。增强基层干部法治观念、法治为民意识，把政府各项涉农工作纳入法治化轨道。维护村民委员会、农村集体经济组织、农村合作经济组织的特别法人地位和权利。深入推进综合行政执法改革向基层延伸，创新监管方式，推动执法队伍整合、执法力量下沉，提高执法能力和水平。加强乡村人民调解组织建设，建立健全乡村调解、县市仲裁、司法保障的农村土地承包经营纠纷调处机制。健全农村公共法律服务体系，加强对农民的法律援助、司法救助和公益法律服务。深入开展法治县（市、区）、民主法治示范村等法治创建活动，深化农村基层组织依法治理。

第三节 提升乡村德治水平

深入挖掘乡村熟人社会蕴含的道德规范，结合时代要求进行创新，强化道德教化作用，引导农民向上向善、孝老爱亲、重义守信、勤俭持家。建立道德激励约束机制，引导农民自我管理、自我教育、自我服务、自我提高，实现家庭和睦、邻里和谐、干群融洽。积极发挥新乡贤作用。深入推进移风易俗，开展专项文明行动，遏制大操大办、相互攀比、“天价彩礼”、厚葬薄养等陈规陋习。加强无神论宣传教育，抵制封建迷信活动。深化农村殡葬改革。

第四节 建设平安乡村

健全落实社会治安综合治理领导责任制，健全农村社会治安防控体系，推动社会治安防控力量下沉，加强农村群防群治队伍建设。深入开展扫黑除恶专项斗争。依法加大对农村非法宗教、邪教活动打击力度，严防境外渗透，继续整治农村乱建宗教活动场所、滥塑宗教造像。完善县乡村三级综治中心功能和运行机制。健全农村公共安全体系，持续开展农村安全隐患治理。加强农村警务、消防、安全生产工作，坚决遏制重特大安全事故。健全矛盾纠纷多元化解机制，深入排查化解各类矛盾纠纷，全面推广“枫桥经验”，做到小事不出村、大事不出乡（镇）。落实乡镇政府农村道路交通安全监督管理责任，探索实施“路长制”。探索以网格化管理为抓手，推动基层服务和管理精细化精准化。推进农村“雪亮工程”建设。

第二十七章　夯实基层政权

科学设置乡镇机构，构建简约高效的基层管理体制，健全农村基层服务体系，夯实乡村治理基础。

第一节　加强基层政权建设

面向服务人民群众合理设置基层政权机构、调配人力资源，不简单照搬上级机关设置模式。根据工作需要，整合基层审批、服务、执法等方面力量，统筹机构编制资源，整合相关职能设立综合性机构，实行扁平化和网格化管理。推动乡村治理重心下移，尽可能把资源、服务、管理下放到基层。加强乡镇领导班子建设，有计划地选派省市县机关部门有发展潜力的年轻干部到乡镇任职。加大从优秀选调生、乡镇事业编制人员、优秀村干部、大学生村官中选拔乡镇领导班子成员力度。加强边境地区、民族地区农村基层政权建设相关工作。

第二节　创新基层管理体制机制

明确县乡财政事权和支出责任划分，改进乡镇财政预算管理制度。推进乡镇协商制度化、规范化建设，创新联系服务群众工作方法。推进直接服务民生的公共事业部门改革，改进服务方式，最大限度方便群众。推动乡镇政务服务事项一窗式办理、部门信息系统一平台整合、社会服务管理大数据一口径汇集，不断提高乡村治理智能化水平。健全监督体系，规范乡镇管理行为。改革创新考评体系，强化以群众满意度为重点的考核导向。严格控制对乡镇设立不切实际的“一票否决”事项。

第三节　健全农村基层服务体系

制定基层政府在村（农村社区）治理方面的权责清单，推进农村基层服务规范化标准化。整合优化公共服务和行政审批职责，打造“一门式办理”、“一站式服务”的综合服务平台。在村庄普遍建立网上服务站点，逐步形成完善的乡村便民服务体系。大力培育服务性、公益性、互助性农村社会组织，积极发展农村社会工作和志愿服务。开展农村基层减负工作，集中清理对村级组织考核评比多、创建达标多、检查督查多等突出问题。

专栏 11　乡村治理体系构建计划
（一）乡村便民服务体系建设 按照每百户居民拥有综合服务设施面积不低于30平方米的标准，加快农村社区综合服务设施覆盖。实施“互联网+农村社区”计划，推进农村社区公共服务综合信息平台建设。培育发展农村社区社会组织，加强农村社区工作者队伍建

设，健全分级培训制度。

（二）“法律进乡村”宣传教育

开展“送法律进农村，维稳定促发展”农村主题法治宣传教育活动。利用农贸会、庙会和农村各种集市，组织法治宣传员、志愿者、人民调解员等进行现场法律咨询，发放宣传资料和普法读物。组织法治文艺演出，以农民群众喜闻乐见的形式把法律送到千家万户。

（三）“民主法治示范村”创建

健全“民主法治示范村”创建标准体系，深入推进农村民主选举、民主协商、民主决策、民主管理、民主监督，推进村务、财务公开，实现农民自我管理、自我教育、自我服务，提高农村社会法治化管理水平。

（四）农村社会治安防控体系建设

健全农村人防、技防、物防有机结合的防控网，增加农村集贸市场、庙会、商业网点、文化娱乐场所、车站码头、旅游景点等重点地区治安室与报警点设置，加强农村综治中心规范化建设，深化拓展农村网格化服务管理，加强农村消防、交通、危险物品、大型群众性活动安全监管，形成具有农村特色的社会治安防控格局。

（五）乡村基层组织运转经费保障

强化村级组织运转经费保障落实工作，开展定期检查督导，建立完善激励约束机制，健全公共财政支持和村级集体经济收益自我补充的保障机制，不断提高村级组织建设和运转的保障能力，为实施乡村振兴战略发挥基层组织的领导作用奠定基础。

第九篇　保障和改善农村民生

坚持人人尽责、人人享有，围绕农民群众最关心最直接最现实的利益问题，加快补齐农村民生短板，提高农村美好生活保障水平，让农民群众有更多实实在在的获得感、幸福感、安全感。

第二十八章　加强农村基础设施建设

继续把基础设施建设重点放在农村，持续加大投入力度，加快补齐农村基础设施短板，促进城乡基础设施互联互通，推动农村基础设施提挡升级。

第一节　改善农村交通物流设施条件

以示范县为载体全面推进“四好农村路”建设，深化农村公路管理养护体制改革，健全管理养护长效机制，完善安全防护设施，保障农村地区基本出行条件。推动城市公共交通线路向城市周边延伸，鼓励发展镇村公交，实现具备条件的建制村全部通客车。加大对革命老区、民族地区、边疆地区、贫困地区铁路公益性运输的支持力度，继续开好“慢火车”。加快构建农村物流基础设施骨干网络，鼓励商贸、邮政、快递、供销、运输等企业加大在农村地区的设施网络布局。加快完善农村物流基础设施末端网络，鼓励有条件的地区建设面向农村地区的共同配送中心。

第二节　加强农村水利基础设施网络建设

构建大中小微结合、骨干和田间衔接、长期发挥效益的农村水利基础设施网络，着力提高节水供水和防洪减灾能力。科学有序推进重大水利工程建设，加强灾后水利薄弱环节建设，统筹推进中小型水源工程和抗旱应急能力建设。巩固提升农村饮水安全保障水平，开展大中型灌区续建配套节水改造与现代化建设，有序新建一批节水型、生态型灌区，实施大中型灌排泵站更新改造。推进小型农田水利设施达标提质，实施水系连通和河塘清淤整治等工程建设。推进智慧水利建设。深化农村水利工程产权制度与管理体制改革，健全基层水利服务体系，促进工程长期良性运行。

第三节　构建农村现代能源体系

优化农村能源供给结构，大力发展太阳能、浅层地热能、生物质能等，因地制宜开发利用水能和风能。完善农村能源基础设施网络，加快新一轮农村电网升级改造，推动供气设施向农村延伸。加快推进生物质热电联产、生物质供热、规模化生物质天然气和规模化大型沼气等燃料清洁化工程。推进农村能源消费升级，大幅提高电能在农村能源消费中的比重，加快实施北方农村地区冬季清洁取暖，积极稳妥推进散煤替代。推广农村绿色节能建筑和农用节能技术、产品。大力发展“互联网＋”智慧能源，探索建设农村能源革命示范区。

第四节　夯实乡村信息化基础

深化电信普遍服务，加快农村地区宽带网络和第四代移动通信网络覆盖步伐。实施新一代信息基础设施建设工程。实施数字乡村战略，加快物联网、地理信息、智能设备等现代信息技术与农村生产生活的全面深度融合，深化农业农村大数据创新应用，推广远程教育、远程医疗、金融服务进村等信息服务，建立空间化、智能化的新型农村统计信息系统。在乡村信息化基础设施建设过程中，同步规划、同步建设、同步实施网络安全工作。

专栏12　农村基础设施建设重大工程

（一）农村公路建设

对具备条件的乡镇、建制村全部实现通硬化路，加强窄路基或窄路面路段加宽改建。对存在安全隐患的路段增设安全防护设施，改造农村公路危桥。有序推进较大人口规模的撤并建制村通硬化路。开展国有农场林场林区道路建设。

（二）农村交通物流基础设施网络建设

支持农贸市场、农村“夫妻店”等传统流通网点改进提升现有设施设备，拓展配送等物流服务功能。到2020年，在行政村和具备条件的自然村基本实现物流配送网点全覆盖。完善农村客货运服务网络，支持县级客运站和乡镇客运综合服务站建设和改造。鼓励创新农村客运和物流配送组织模式，推进城乡客运、城乡配送协调发展。

（三）农村水利基础设施网络建设

完成流域面积3000平方公里及以上的244条重要河流治理，加快推进流域面积200—3000平方公里中小河流治理；实施1.3万余座小型病险水库除险加固；开展543个县的农村基层防汛预报预警体系建设。完成大型灌区续建配套节水改造任务。新建廖坊二期、大桥二期等一批大型灌区。完成大型灌排泵站更新改造任务。

（四）农村能源基础设施建设

因地制宜建设农村分布式清洁能源网络，开展分布式能源系统示范项目。开展农村可再生能源千村示范。启动农村燃气基础设施建设，扩大清洁气体燃料利用规模。农村电网供电可靠率达到99.8%，综合电压合格率达到97.9%，户均配变容量不低于2千伏安，天然气基础设施覆盖面和通达度显著提高。

（五）农村新一代信息网络建设

高速宽带城乡全覆盖，2018年提前实现98%行政村通光纤，重点支持边远地区等第四代移动通信基站建设。持续加强光纤到村建设，完善4G网络向行政村和有条件的自然村覆盖，到2020年，中西部农村家庭宽带普及率达到40%，在部分地区推进“百兆乡村”示范及配套支撑工程。改造提升乡镇及以下区域光纤宽带渗透率和接入能力，开展有关城域网扩容，实现90%以上宽带用户接入能力达到50Mbps以上，有条件地区可提供100Mbps以上接入服务能力。

第二十九章　提升农村劳动力就业质量

坚持就业优先战略和积极就业政策，健全城乡均等的公共就业服务体系，不断提升农村劳动者素质，拓展农民外出就业和就地就近就业空间，实现更高质量和更充分就业。

第一节　拓宽转移就业渠道

增强经济发展创造就业岗位能力，拓宽农村劳动力转移就业渠道，引导农村劳动力外出就业，更加积极地支持就地就近就业。发展壮大县域经济，加快培育区域特色产业，拓宽农民就业空间。大力发展吸纳就业能力强的产业和企业，结合新型城镇化建设合理引导产业梯度转移，创造更多适合农村劳动力转移就业的机会，推进农村劳动力转移就业示范基地建设。加强劳务协作，积极开展有组织的劳务输出。实施乡村就业促进行动，大力发展乡村特色产业，推进乡村经济多元化，提供更多就业岗位。结合农村基础设施等工程建设，鼓励采取以工代赈方式就近吸纳农村劳动力务工。

第二节　强化乡村就业服务

健全覆盖城乡的公共就业服务体系，提供全方位公共就业服务。加强乡镇、行政村基层平台建设，扩大就业服务覆盖面，提升服务水平。开展农村劳动力资源调查统计，建立农村劳动力资源信息库并实行动态管理。加快公共就业服务信息化建设，打造线上线下一体的服务模式。推动建立覆盖城乡全体劳动者、贯穿劳动者学习工作终身、适应就业和人才成长需要的职业技能培训制度，增强职业培训的针对性和有效性。在整合资源基础上，合理布局建设一批公共实训基地。

第三节　完善制度保障体系

推动形成平等竞争、规范有序、城乡统一的人力资源市场，建立健全城乡劳动者平等就业、同工同酬制度，提高就业稳定性和收入水平。健全人力资源市场法律法规体系，依法保障农村劳动者和用人单位合法权益。完善政府、工会、企业共同参与的协调协商机制，构建和谐劳动关系。落实就业服务、人才激励、教育培训、资金奖补、金融支持、社会保险等就业扶持相关政策。加强就业援助，对就业困难农民实行分类帮扶。

专栏13　乡村就业促进行动
（一）农村就业岗位开发 发展壮大县域经济，优化农村产业结构，加快推进农村一二三产业融合发展。鼓励在乡村地区新办环境友好型和劳动密集型企业。发展乡村特色产业，振兴传统工艺，培育一批家庭工场、手工作坊、乡村车间。

（二）农村劳动力职业技能培训

通过订单、定向和定岗式培训，对农村未升学初高中毕业生等新生代农民工开展就业技能培训，累计开展农民工培训 4000 万人次。继续实施春潮行动，到 2020 年，使各类农村转移就业劳动者都有机会接受 1 次相应的职业培训。

（三）城乡职业技能公共实训基地建设

充分利用现有设施设备，结合地区实际，建设一批区域性大型公共实训基地、市级综合型公共实训基地和县级地方产业特色型公共实训基地，构筑布局合理、定位明确、功能突出、信息互通、协调发展的职业技能实训基地网络。

（四）乡村公共就业服务体系建设

加强县级公共就业和社会保障服务机构及乡镇、行政村基层服务平台建设，合理配备经办管理服务人员，改善服务设施设备，推进基层公共就业和社会保障服务全覆盖。推进乡村公共就业服务全程信息化，开展网上服务，进行劳动力资源动态监测。开展基层服务人员能力提升计划。

第三十章　增加农村公共服务供给

继续把国家社会事业发展的重点放在农村，促进公共教育、医疗卫生、社会保障等资源向农村倾斜，逐步建立健全全民覆盖、普惠共享、城乡一体的基本公共服务体系，推进城乡基本公共服务均等化。

第一节　优先发展农村教育事业

统筹规划布局农村基础教育学校，保障学生就近享有有质量的教育。科学推进义务教育公办学校标准化建设，全面改善贫困地区义务教育薄弱学校基本办学条件，加强寄宿制学校建设，提升乡村教育质量，实现县域校际资源均衡配置。发展农村学前教育，每个乡镇至少办好1所公办中心幼儿园，完善县乡村学前教育公共服务网络。继续实施特殊教育提升计划。科学稳妥推行民族地区乡村中小学双语教育，坚定不移推行国家通用语言文字教育。实施高中阶段教育普及攻坚计划，提高高中阶段教育普及水平。大力发展面向农村的职业教育，加快推进职业院校布局结构调整，加强县级职业教育中心建设，有针对性地设置专业和课程，满足乡村产业发展和振兴需要。推动优质学校辐射农村薄弱学校常态化，加强城乡教师交流轮岗。积极发展“互联网＋教育”，推进乡村学校信息化基础设施建设，优化数字教育资源公共服务体系。落实好乡村教师支持计划，继续实施农村义务教育学校教师特设岗位计划，加强乡村学校紧缺学科教师和民族地区双语教师培训，落实乡村教师生活补助政策，建好建强乡村教师队伍。

第二节　推进健康乡村建设

深入实施国家基本公共卫生服务项目，完善基本公共卫生服务项目补助政策，提供基础性全方位全周期的健康管理服务。加强慢性病、地方病综合防控，大力推进农村地区精神卫生、职业病和重大传染病防治。深化农村计划生育管理服务改革，落实全面两孩政策。增强妇幼健康服务能力，倡导优生优育。加强基层医疗卫生服务体系建设，基本实现每个乡镇都有1所政府举办的乡镇卫生院，每个行政村都有1所卫生室，每个乡镇卫生院都有全科医生，支持中西部地区基层医疗卫生机构标准化建设和设备提挡升级。切实加强乡村医生队伍建设，支持并推动乡村医生申请执业（助理）医师资格。全面建立分级诊疗制度，实行差别化的医保支付和价格政策。深入推进基层卫生综合改革，完善基层医疗卫生机构绩效工资制度。开展和规范家庭医生签约服务。树立大卫生大健康理念，广泛开展健康教育活动，倡导科学文明健康的生活方式，养成良好卫生习惯，提升居民文明卫生素质。

第三节　加强农村社会保障体系建设

按照兜底线、织密网、建机制的要求，全面建成覆盖全民、城乡统筹、权责清晰、保障适度、可持续的多层次社会保障体系。进一步完善城乡居民基本养老保险制度，加快建立城乡居民基本养老保险待遇确定和基础养老金标准正常调整机制。完善统一的城乡居民基本医疗保险制度和大病保险制度，做好农民重特大疾病救助工作，健全医疗救助与基本医疗保险、城乡居民大病保险及相关保障制度的衔接机制，巩固城乡居民医保全国异地就医联网直接结算。推进低保制度城乡统筹发展，健全低保标准动态调整机制。全面实施特困人员救助供养制度，提升托底保障能力和服务质量。推动各地通过政府购买服务、设置基层公共管理和社会服务岗位、引入社会工作专业人才和志愿者等方式，为农村留守儿童和妇女、老年人以及困境儿童提供关爱服务。加强和改善农村残疾人服务，将残疾人普遍纳入社会保障体系予以保障和扶持。

第四节　提升农村养老服务能力

适应农村人口老龄化加剧形势，加快建立以居家为基础、社区为依托、机构为补充的多层次农村养老服务体系。以乡镇为中心，建立具有综合服务功能、医养相结合的养老机构，与农村基本公共服务、农村特困供养服务、农村互助养老服务相互配合，形成农村基本养老服务网络。

提高乡村卫生服务机构为老年人提供医疗保健服务的能力。支持主要面向失能、半失能老年人的农村养老服务设施建设，推进农村幸福院等互助型养老服务发展，建立健全农村留守老年人关爱服务体系。开发农村康养产业项目。鼓励村集体建设用地优先用于发展养老服务。

第五节　加强农村防灾减灾救灾能力建设

坚持以防为主、防抗救相结合，坚持常态减灾与非常态救灾相统一，全面提高抵御各类灾害综合防范能力。加强农村自然灾害监测预报预警，解决农村预警信息发布“最后一公里”问题。加强防灾减灾工程建设，推进实施自然灾害高风险区农村困难群众危房改造。全面深化森林、草原火灾防控治理。大力推进农村公共消防设施、消防力量和消防安全管理组织建设，改善农村消防安全条件。推进自然灾害救助物资储备体系建设。开展灾害救助应急预案编制和演练，完善应对灾害的政策支持体系和灾后重建工作机制。在农村广泛开展防灾减灾宣传教育。

专栏14　农村公共服务提升计划

（一）乡村教育质量提升

合理布局农村地区义务教育学校，保留并办好必要的小规模学校，乡村小规模学校和乡镇寄宿制学校全部达到基本办学标准。实施加快中西部教育发展行动计划，逐步实现乡村义务教育公办学校的师资标准化配置和校舍、场地标准化。加大对教育薄弱地区高中阶段教育发展支持力度，努力办好乡镇普通高中。加强乡村普惠性幼儿园建设。推进师范生实训中心和乡村教师发展机构建设，加大对乡村学校校长教师的培训力度。继续实施并扩大特岗计划规模，逐步达到每年招聘10万人，落实好特岗教师待遇。加快实施“三通两平台”建设工程，继续支持农村中小学信息化基础设施建设。

（二）健康乡村计划

加强乡镇卫生院、社区卫生服务机构和村卫生室标准化建设，基层医疗卫生机构标准化达标率达到95%以上，公有产权村卫生室比例达到80%以上，部分医疗服务能力强的中心乡镇卫生院医疗服务能力达到或接近二级综合医院水平，乡村两级医疗机构的门急诊人次占总诊疗人次65%左右。深入实施国家基本公共卫生服务项目。开展健康乡村建设，建成一批整洁有序、健康宜居的示范村镇。

（三）全民参保计划

实施全民参保计划，基本实现法定人员全覆盖。开展全民参保登记，建立全面、完整、准确、动态更新的社会保险基础数据库。以在城乡之间流动就业和居住农民为重点，鼓励持续参保，积极引导在城镇稳定就业的农民工参加职工社会保险。实施社会保障卡工程，不断提高乡村持卡人口覆盖率。

（四）农村养老计划

通过邻里互助、亲友相助、志愿服务等模式，大力发展农村互助养老服务。依托农村社区综合服务中心（站）、综合性文化服务中心、村卫生室、农家书屋、全民健身设施等，为老年人提供关爱服务。统筹规划建设公益性养老服务设施，50%的乡镇建有1所农村养老机构。

第十篇　完善城乡融合发展政策体系

顺应城乡融合发展趋势，重塑城乡关系，更好激发农村内部发展活力、优化农村外部发展环境，推动人才、土地、资本等要素双向流动，为乡村振兴注入新动能。

第三十一章　加快农业转移人口市民化

加快推进户籍制度改革，全面实行居住证制度，促进有能力在城镇稳定就业和生活的农业转移人口有序实现市民化。

第一节　健全落户制度

鼓励各地进一步放宽落户条件，除极少数超大城市外，允许农业转移人口在就业地落户，优先解决农村学生升学和参军进入城镇的人口、在城镇就业居住5年以上和举家迁徙的农业转移人口以及新生代农民工落户问题。区分超大城市和特大城市主城区、郊区、新区等区域，分类制定落户政策，重点解决符合条件的普通劳动者落户问题。全面实行居住证制度，确保各地居住证申领门槛不高于国家标准、享受的各项基本公共服务和办事便利不低于国家标准，推进居住证制度覆盖全部未落户城镇常住人口。

第二节　保障享有权益

不断扩大城镇基本公共服务覆盖面，保障符合条件的未落户农民工在流入地平等享受城镇基本公共服务。通过多种方式增加学位供给，保障农民工随迁子女以流入地公办学校为主接受义务教育，以普惠性幼儿园为主接受学前教育。完善就业失业登记管理制度，面向农业转移人口全面提供政府补贴职业技能培训服务。将农业转移人口纳入社区卫生和计划生育服务体系，提供基本医疗卫生服务。把进城落户农民完全纳入城镇社会保障体系，在农村参加的养老保险和医疗保险规范接入城镇社会保障体系，做好基本医疗保险关系转移接续和异地就医结算工作。把进城落户农民完全纳入城镇住房保障体系，对符合条件的采取多种方式满足基本住房需求。

第三节　完善激励机制

维护进城落户农民土地承包权、宅基地使用权、集体收益分配权，引导进城落户农民依法自愿有偿转让上述权益。加快户籍变动与农村“三权”脱钩，不得以退出“三权”作为农民进城落户的条件，促使有条件的农业转移人口放心落户城镇。落实支持农业转移人口市民化财政政策，以及城镇建设用地增加规模与吸纳农业转移人口落户数量挂钩政策，健全由政府、企业、个人共同参与的市民化成本分担机制。

第三十二章　强化乡村振兴人才支撑

实行更加积极、更加开放、更加有效的人才政策，推动乡村人才振兴，让各类人才在乡村大施所能、大展才华、大显身手。

第一节　培育新型职业农民

全面建立职业农民制度，培养新一代爱农业、懂技术、善经营的新型职业农民，优化农业从业者结构。实施新型职业农民培育工程，支持新型职业农民通过弹性学制参加中高等农业职业教育。创新培训组织形式，探索田间课堂、网络教室等培训方式，支持农民专业合作社、专业技术协会、龙头企业等主体承担培训。鼓励各地开展职业农民职称评定试点。引导符合条件的新型职业农民参加城镇职工养老、医疗等社会保障制度。

第二节　加强农村专业人才队伍建设

加大"三农"领域实用专业人才培育力度，提高农村专业人才服务保障能力。加强农技推广人才队伍建设，探索公益性和经营性农技推广融合发展机制，允许农技人员通过提供增值服务合理取酬，全面实施农技推广服务特聘计划。加强涉农院校和学科专业建设，大力培育农业科技、科普人才，深入实施农业科研杰出人才计划和杰出青年农业科学家项目，深化农业系列职称制度改革。

第三节　鼓励社会人才投身乡村建设

建立健全激励机制，研究制定完善相关政策措施和管理办法，鼓励社会人才投身乡村建设。以乡情乡愁为纽带，引导和支持企业家、党政干部、专家学者、医生教师、规划师、建筑师、律师、技能人才等，通过下乡担任志愿者、投资兴业、行医办学、捐资捐物、法律服务等方式服务乡村振兴事业，允许符合要求的公职人员回乡任职。落实和完善融资贷款、配套设施建设补助、税费减免等扶持政策，引导工商资本积极投入乡村振兴事业。继续实施"三区"（边远贫困地区、边疆民族地区和革命老区）人才支持计划，深入推进大学生村官工作，因地制宜实施"三支一扶"、高校毕业生基层成长等计划，开展乡村振兴"巾帼行动"、青春建功行动。建立城乡、区域、校地之间人才培养合作与交流机制。全面建立城市医生教师、科技文化人员等定期服务乡村机制。

专栏 15　乡村振兴人才支撑计划
（一）农业科研杰出人才计划和杰出青年农业科学家项目 加快培养农业科技领军人才和创新团队。面向生物基因组学、土壤污染防控与治理、现代农业机械与装备等新兴领域和交叉学科，每年选拔支持 100 名左右杰出青年农业科学家开展重大科技创新。 **（二）乡土人才培育计划** 开展乡土人才示范培训，实施农村实用人才“职业素质和能力提升计划”，培育一批“土专家”、“田秀才”、产业发展带头人和农村电商人才，扶持一批农业职业经理人、经纪人，培养一批乡村工匠、文化能人和非物质文化遗产传承人。 **（三）乡村财会管理“双基”提升计划** 以乡村基础财务会计制度建设、基本财会人员选配和专业技术培训为重点，提升农村集体经济组织、农民合作组织、自治组织的财务会计管理水平和开展各类基本经济活动的规范管理能力。 **（四）“三区”人才支持计划** 每年引导 10 万名左右优秀教师、医生、科技人员、社会工作者、文化工作者到边远贫困地区、边疆民族地区和革命老区工作或提供服务。每年重点扶持培养 1 万名左右边远贫困地区、边疆民族地区和革命老区急需紧缺人才。

第三十三章　加强乡村振兴用地保障

完善农村土地利用管理政策体系，盘活存量，用好流量，辅以增量，激活农村土地资源资产，保障乡村振兴用地需求。

第一节　健全农村土地管理制度

总结农村土地征收、集体经营性建设用地入市、宅基地制度改革试点经验，逐步扩大试点，加快土地管理法修改。探索具体用地项目公共利益认定机制，完善征地补偿标准，建立被征地农民长远生计的多元保障机制。建立健全依法公平取得、节约集约使用、自愿有偿退出的宅基地管理制度。在符合规划和用途管制前提下，赋予农村集体经营性建设用地出让、租赁、入股权能，明确入市范围和途径。建立集体经营性建设用地增值收益分配机制。

第二节　完善农村新增用地保障机制

统筹农业农村各项土地利用活动，乡镇土地利用总体规划可以预留一定比例的规划建设用地指标，用于农业农村发展。根据规划确定的用地结构和布局，年度土地利用计划分配中可安排一定比例新增建设用地指标专项支持农业农村发展。对于农业生产过程中所需各类生产设施和附属设施用地，以及由于农业规模经营必须兴建的配套设施，在不占用永久基本农田的前提下，纳入设施农用地管理，实行县级备案。鼓励农业生产与村庄建设用地复合利用，发展农村新产业新业态，拓展土地使用功能。

第三节　盘活农村存量建设用地

完善农民闲置宅基地和闲置农房政策，探索宅基地所有权、资格权、使用权“三权分置”，落实宅基地集体所有权，保障宅基地农户资格权和农民房屋财产权，适度放活宅基地和农民房屋使用权，不得违规违法买卖宅基地，严格实行土地用途管制，严格禁止下乡利用农村宅基地建设别墅大院和私人会馆。在符合土地利用总体规划前提下，允许县级政府通过村土地利用规划调整优化村庄用地布局，有效利用农村零星分散的存量建设用地。对利用收储农村闲置建设用地发展农村新产业新业态的，给予新增建设用地指标奖励。

第三十四章　健全多元投入保障机制

健全投入保障制度，完善政府投资体制，充分激发社会投资的动力和活力，加快形成财政优先保障、社会积极参与的多元投入格局。

第一节　继续坚持财政优先保障

建立健全实施乡村振兴战略财政投入保障制度，明确和强化各级政府“三农”投入责任，公共财政更大力度向“三农”倾斜，确保财政投入与乡村振兴目标任务相适应。规范地方政府举债融资行为，支持地方政府发行一般债券用于支持乡村振兴领域公益性项目，鼓励地方政府试点发行项目融资和收益自平衡的专项债券，支持符合条件、有一定收益的乡村公益性建设项目。加大政府投资对农业绿色生产、可持续发展、农村人居环境、基本公共服务等重点领域和薄弱环节支持力度，充分发挥投资对优化供给结构的关键性作用。充分发挥规划的引领作用，推进行业内资金整合与行业间资金统筹相互衔接配合，加快建立涉农资金统筹整合长效机制。强化支农资金监督管理，提高财政支农资金使用效益。

第二节 提高土地出让收益用于农业农村比例

开拓投融资渠道，健全乡村振兴投入保障制度，为实施乡村振兴战略提供稳定可靠资金来源。坚持取之于地，主要用之于农的原则，制定调整完善土地出让收入使用范围、提高农业农村投入比例的政策性意见，所筹集资金用于支持实施乡村振兴战略。改进耕地占补平衡管理办法，建立高标准农田建设等新增耕地指标和城乡建设用地增减挂钩节余指标跨省域调剂机制，将所得收益通过支出预算全部用于巩固脱贫攻坚成果和支持实施乡村振兴战略。

第三节 引导和撬动社会资本投向农村

优化乡村营商环境，加大农村基础设施和公用事业领域开放力度，吸引社会资本参与乡村振兴。规范有序盘活农业农村基础设施存量资产，回收资金主要用于补短板项目建设。继续深化“放管服”改革，鼓励工商资本投入农业农村，为乡村振兴提供综合性解决方案。鼓励利用外资开展现代农业、产业融合、生态修复、人居环境整治和农村基础设施等建设。推广一事一议、以奖代补等方式，鼓励农民对直接受益的乡村基础设施建设投工投劳，让农民更多参与建设管护。

第三十五章 加大金融支农力度

健全适合农业农村特点的农村金融体系，把更多金融资源配置到农村经济社会发展的重点领域和薄弱环节，更好满足乡村振兴多样化金融需求。

第一节　健全金融支农组织体系

发展乡村普惠金融。深入推进银行业金融机构专业化体制机制建设，形成多样化农村金融服务主体。指导大型商业银行立足普惠金融事业部等专营机制建设，完善专业化的“三农”金融服务供给机制。完善中国农业银行、中国邮政储蓄银行“三农”金融事业部运营体系，明确国家开发银行、中国农业发展银行在乡村振兴中的职责定位，加大对乡村振兴信贷支持。支持中小型银行优化网点渠道建设，下沉服务重心。推动农村信用社省联社改革，保持农村信用社县域法人地位和数量总体稳定，完善村镇银行准入条件。引导农民合作金融健康有序发展。鼓励证券、保险、担保、基金、期货、租赁、信托等金融资源聚焦服务乡村振兴。

第二节　创新金融支农产品和服务

加快农村金融产品和服务方式创新，持续深入推进农村支付环境建设，全面激活农村金融服务链条。稳妥有序推进农村承包土地经营权、农民住房财产权、集体经营性建设用地使用权抵押贷款试点。探索县级土地储备公司参与农村承包土地经营权和农民住房财产权“两权”抵押试点工作。充分发挥全国信用信息共享平台和金融信用信息基础数据库的作用，探索开发新型信用类金融支农产品和服务。结合农村集体产权制度改革，探索利用量化的农村集体资产股权的融资方式。提高直接融资比重，支持农业企业依托多层次资本市场发展壮大。创新服务模式，引导持牌金融机构通过互联网和移动终端提供普惠金融服务，促进金融科技与农村金融规范发展。

第三节　完善金融支农激励政策

继续通过奖励、补贴、税收优惠等政策工具支持“三农”金融服务。抓紧出台金融服务乡村振兴的指导意见。发挥再贷款、再贴现等货币政策工具的引导作用，将乡村振兴作为信贷政策结构性调整的重要方向。落实县域金融机构涉农贷款增量奖励政策，完善涉农贴息贷款政策，降低农户和新型农业经营主体的融资成本。健全农村金融风险缓释机制，加快完善“三农”融资担保体系。充分发挥好国家融资担保基金的作用，强化担保融资增信功能，引导更多金融资源支持乡村振兴。制定金融机构服务乡村振兴考核评估办法。改进农村金融差异化监管体系，合理确定金融机构发起设立和业务拓展的准入门槛。守住不发生系统性金融风险底线，强化地方政府金融风险防范处置责任。

专栏16　乡村振兴金融支撑重大工程

（一）金融服务机构覆盖面提升

稳步推进村镇银行县市设立工作，扩大县域银行业金融机构服务覆盖面。在严格保持县域网点稳定的基础上，推动银行业金融机构在风险可控、有利于机构可持续发展的前提下，到空白乡镇设立标准化固定营业网点。

（二）农村金融服务“村村通”

在具备条件的行政村，依托农村社区超市、供销社经营网点，广泛布设金融电子机具、自助服务终端和网络支付端口等，推动金融服务向行政村延伸。

（三）农村金融产品创新

深化“银保合作”，开发设计以贷款保证保险为风险缓释手段的小额贷款产品。探索开展适合新型农业经营主体的订单融资和应收账款融资，以及农业生产设备、设施抵押贷款等业务。

（四）农村信用体系建设

搭建以“数据库＋网络”为核心的信用信息服务平台，提高信用体系覆盖面和应用成效。积极推进“信用户”、“信用村”、“信用乡镇”创建，提升农户融资可获得性，降低融资成本。

第十一篇　规划实施

实行中央统筹、省负总责、市县抓落实的乡村振兴工作机制，坚持党的领导，更好履行各级政府职责，凝聚全社会力量，扎实有序推进乡村振兴。

第三十六章　加强组织领导

坚持党总揽全局、协调各方，强化党组织的领导核心作用，提高领导能力和水平，为实现乡村振兴提供坚强保证。

第一节　落实各方责任

强化地方各级党委和政府在实施乡村振兴战略中的主体责任，推动各级干部主动担当作为。坚持工业农业一起抓、城市农村一起抓，把农业农村优先发展原则体现到各个方面。坚持乡村振兴重大事项、重要问题、重要工作由党组织讨论决定的机制，落实党政一把手是第一责任人、五级书记抓乡村振兴的工作要求。县委书记要当好乡村振兴“一线总指挥”，下大力气抓好“三农”工作。各地区要依照国家规划科学编制乡村振兴地方规划或方案，科学制定配套政策和配置公共资源，明确目标任务，细化实化政策措施，增强可操作性。各部门要各司其职、密切配合，抓紧制定专项规划或指导意见，细化落实并指导地方完成国家规划提出的主要目标任务。建立健全规划实施和工作推进机制，加强政策衔接和工作协调。培养造就一支懂农业、爱农村、爱农民的“三农”工作队伍，带领群众投身乡村振兴伟大事业。

第二节　强化法治保障

各级党委和政府要善于运用法治思维和法治方式推进乡村振兴工作，严格执行现行涉农法律法规，在规划编制、项目安排、资金使用、监督管理等方面，提高规范化、制度化、法治化水平。完善乡村振兴法律法规和标准体系，充分发挥立法在乡村振兴中的保障和推动作用。推动各类组织和个人依法依规实施和参与乡村振兴。加强基层执法队伍建设，强化市场监管，规范乡村市场秩序，有效促进社会公平正义，维护人民群众合法权益。

第三节　动员社会参与

搭建社会参与平台，加强组织动员，构建政府、市场、社会协同推进的乡村振兴参与机制。创新宣传形式，广泛宣传乡村振兴相关政策和生动实践，营造良好社会氛围。发挥工会、共青团、妇联、科协、残联等群团组织的优势和力量，发挥各民主党派、工商联、无党派人士等积极作用，凝聚乡村振兴强大合力。建立乡村振兴专家决策咨询制度，组织智库加强理论研究。促进乡村振兴国际交流合作，讲好乡村振兴的中国故事，为世界贡献中国智慧和中国方案。

第四节　开展评估考核

加强乡村振兴战略规划实施考核监督和激励约束。将规划实施成效纳入地方各级党委和政府及有关部门的年度绩效考评内容，考核结果作为有关领导干部年度考核、选拔任用的重要依据，确保完成各项目标任务。本规划确定的约束性指标以及重大工程、重大项目、重大政策和重要改革任务，要明确责任主体和进度要求，确保质量和效果。加强乡村统计工作，因地制宜建立客观反映乡村振兴进展的指标和统计体系。建立规划实施督促检查机制，适时开展规划中期评估和总结评估。

第三十七章　有序实现乡村振兴

充分认识乡村振兴任务的长期性、艰巨性，保持历史耐心，避免超越发展阶段，统筹谋划，典型带动，有序推进，不搞齐步走。

第一节　准确聚焦阶段任务

在全面建成小康社会决胜期，重点抓好防范化解重大风险、精准脱贫、污染防治三大攻坚战，加快补齐农业现代化短腿和乡村建设短板。在开启全面建设社会主义现代化国家新征程时期，重点加快城乡融合发展制度设计和政策创新，推动城乡公共资源均衡配置和基本公共服务均等化，推进乡村治理体系和治理能力现代化，全面提升农民精神风貌，为乡村振兴这盘大棋布好局。

第二节　科学把握节奏力度

合理设定阶段性目标任务和工作重点，分步实施，形成统筹推进的工作机制。加强主体、资源、政策和城乡协同发力，避免代替农民选择，引导农民摒弃“等靠要”思想，激发农村各类主体活力，激活乡村振兴内生动力，形成系统高效的运行机制。立足当前发展阶段，科学评估财政承受能力、集体经济实力和社会资本动力，依法合规谋划乡村振兴筹资渠道，避免负债搞建设，防止刮风搞运动，合理确定乡村基础设施、公共产品、制度保障等供给水平，形成可持续发展的长效机制。

第三节　梯次推进乡村振兴

科学把握我国乡村区域差异，尊重并发挥基层首创精神，发掘和总结典型经验，推动不同地区、不同发展阶段的乡村有序实现农业农村现代化。发挥引领区示范作用，东部沿海发达地区、人口净流入城市的郊区、集体经济实力强以及其他具备条件的乡村，到2022年率先基本实现农业农村现代化。推动重点区加速发展，中小城市和小城镇周边以及广大平原、丘陵地区的乡村，涵盖我国大部分村庄，是乡村振兴的主战场，到2035年基本实现农业农村现代化。聚焦攻坚区精准发力，革命老区、民族地区、边疆地区、集中连片特困地区的乡村，到2050年如期实现农业农村现代化。

绘就乡村振兴宏伟蓝图

以习近平同志为核心的党中央高度重视乡村振兴。2018 年 1 月，中共中央、国务院印发了《关于实施乡村振兴战略的意见》，从指导思想、目标任务和基本原则等方面明确了实施乡村振兴战略的总体要求。同年 9 月，中共中央、国务院又印发了《乡村振兴战略规划（2018—2022 年）》（以下简称《规划》），对实施乡村振兴战略第一个五年工作作出具体部署，构成了指导各地区各部门分类有序推进乡村振兴的政策框架和重要依据。贯彻实施好《规划》，对于切实抓住历史机遇，解决新时代我国社会主要矛盾、实现“两个一百年”奋斗目标和中华民族伟大复兴中国梦，具有重大现实意义和深远历史意义。

一、准确研判乡村发展态势

我国地域范围广，各地发展差异大，乡村形态格局正在快速演变分化。《规划》从实际出发，在认真总结农业农村发展历史性成就和历史性变革的基础上，对经济社会发展趋势和乡村演变发展态势作了科学研判。

党的十八大以来，面对我国经济发展进入新常态带来的深刻变化，以习近平同志为核心的党中央推动“三农”工作理论创新、实践创新、制度创新，坚持把解决好“三农”问题作为全党工作重中之重，切实把农业农村优先发展落到实处；坚持立足国内保证自给的方针，牢牢把握国家粮食安全主动权；坚持不断深化农村改革，激发农村发展新活力；坚持把推进农业供给侧结构性改革作为主线，加快提高农业供给质量；

坚持绿色生态导向，推动农业农村可持续发展；坚持在发展中保障和改善民生，让广大农民有更多获得感；坚持遵循乡村发展规律，扎实推进生态宜居的美丽乡村建设；坚持加强和改善党对农村工作的领导，为“三农”发展提供坚强政治保障。这些重大举措和开创性工作，推动农业农村发展取得历史性成就、发生历史性变革，农业供给侧结构性改革取得新进展，农村改革取得新突破，城乡发展一体化迈出新步伐，脱贫攻坚成效明显，为党和国家事业全面开创新局面提供了有力支撑。

同时，应当清醒地看到，当前我国农业农村基础差、底子薄、发展滞后的状况尚未根本改变，经济社会发展中最明显的短板仍然在“三农”，现代化建设中最薄弱的环节仍然是农业农村。主要表现在：农产品阶段性供过于求和供给不足并存，农村一二三产业融合发展深度不够，农业供给质量和效益亟待提高；农民适应生产力发展和市场竞争的能力不足，农村人才匮乏；农村基础设施建设仍然滞后，农村环境和生态问题比较突出，乡村发展整体水平亟待提升；农村民生领域欠账较多，城乡基本公共服务和收入水平差距仍然较大，脱贫攻坚任务依然艰巨；国家支农体系相对薄弱，农村金融改革任务繁重，城乡之间要素合理流动机制亟待健全；农村基层基础工作存在薄弱环节，乡村治理体系和治理能力亟待强化。

正是基于对我国经济社会发展特别是农业农村发展现状的清醒认识和对未来发展趋势的科学研判，着眼于解决人民日益增长的美好生活需要和不平衡不充分的发展之间的矛盾、提升亿万农民的获得感幸福感安全感、实现全体人民共同富裕，在深刻把握现代化建设规律和城乡关系变化特征的基础上，党的十九大作出了实施乡村振兴战略这一重大决策部署，并写入新修订的党章。实施乡村振兴战略是决胜全面建成小康社会、全面建设社会主义现代化国家的重大历史任务，是新时代做好“三农”工作的总抓手。

从2018年到2022年，是实施乡村振兴战略的第一个五年，既有难得机遇，又面临严峻挑战。从国际环境看，全球经济复苏态势有望延续，我国统筹利用国内国际两个市场两种资源的空间将进一步拓展，但外部环境发生明显变化，国际农产品贸易不稳定性不确定性仍然突出，提高我国农业竞争力、妥善应对国际市场风险任务紧迫。从国内形势看，随着我国经济由高速增长阶段转向高质量发展阶段，以及工业化、城镇化、信息化深入推进，乡村发展正处于大变革、大转型的关键时期。居民消费结构加快升级，中高端、多元化、个性化消费需求将快速增长，加快推进农业由增产导向转向提质导向是必然要求。城市辐射带动农村的能力进一步增强，但大量农民仍然生活在农村的国情不会改变，迫切需要重塑城乡关系。我国乡村差异显著，多样性分化的趋势仍将延续，乡村的独特价值和多元功能将进一步得到发掘和拓展，同时，应对好村庄空心化和农村老龄化、延续乡村文化血脉、完善乡村治理体系的任务艰巨。

实施乡村振兴战略，必须抓住机遇，迎接挑战，发挥优势，顺势而为，努力开创农业农村发展新局面，推动农业全面升级、农村全面进步、农民全面发展，谱写新时代乡村全面振兴新篇章。

二、加快构建乡村振兴新格局

乡村是具有自然、社会、经济特征的地域综合体，兼具生产、生活、生态、文化等多重功能，与城镇互促互进、共生共存，共同构成人类活动的主要空间。习近平总书记强调，能否处理好城乡关系，让乡村尽快跟上国家发展步伐，关系社会主义现代化建设全局。《规划》坚持乡村振兴和新型城镇化双轮驱动，从统筹城乡国土空间开发格局、优化乡村生产生活生态空间、走城乡融合发展之路等方面，提出了重塑城乡关系的路径和要求。

统筹城乡发展空间，就是要按照主体功能定位，对国土空间的开发、保护和整治进行全面安排和总体布局，推进“多规合一”，加快形成城乡融合发展的空间格局。强化空间用途管制，科学划定生态、农业、城镇等空间和生态保护红线、永久基本农田、城镇开发边界等主要控制线，推动主体功能区战略格局在市县层面精准落地。完善城乡布局结构，以城市群为主体构建大中小城市和小城镇协调发展的城镇格局，增强城镇地区对乡村的带动能力，在加快发展中小城市，因地制宜发展特色鲜明、产城融合、充满魅力的特色小镇和小城镇，加强以乡镇政府驻地为中心的农民生活圈建设的同时，建设生态宜居的美丽乡村，满足人民日益增长的美好生活需要。推进城乡统一规划，通盘考虑城镇和乡村发展，统筹谋划产业发展、基础设施、公共服务、资源能源、生态环境保护等主要布局，形成田园乡村与现代城镇各具特色、交相辉映的城乡发展形态。

优化乡村发展布局，就是要坚持人口资源环境相均衡、经济社会生态效益相统一，打造集约高效生产空间，营造宜居适度生活空间，保护山清水秀生态空间，延续人与自然有机融合的乡村空间关系。统筹利用生产空间，建设以“七区二十三带”为主体的农产品主产区，科学合理划定粮食生产功能区、重要农产品生产保护区、特色农产品优势区，科学划分乡村经济发展片区。合理布局生活空间，遵循乡村传统肌理和格局，划定空间管控边界，明确用地规模和管控要求，确定基础设施用地位置、规模和建设标准，合理配置公共服务设施，引导生活空间尺度适宜、布局协调、功能齐全。严格保护生态空间，加快构建以“两屏三带”为骨架的国家生态安全屏障，树立山水林田湖草是一个生命共同体的理念，切实加强对自然生态空间的整体保护，修复和改善乡村生态环境。

完善城乡融合发展政策体系，就是要坚决破除体制机制弊端，更好激发农村内部发展活力、优化农村外部发展环境，推动城乡要素自由流动、平等交换，为乡村振兴注入新动能。加快农业转移人口市民化，健全落户制度，保障享有权益，完善激励机制，促进有能力在城镇稳定就业和生活的农业转移人口有序实现市民化。强化乡村振兴人才支撑，培育新型职业农民，加强农村专业人才队伍建设，鼓励社会人才投身乡村建设，让各类人才在乡村大施所能、大展才华、大显身手，推动乡村人才振兴。加强乡村振兴用地保障，健全农村土地管理制度，完善农村新增用地保障机制，盘活农村存量建设用地，激活农村土地资源资产。健全多元投入保障机制，明确和强化各级政府“三农”投入责任，提高土地出让收益用于农业农村比例，加大金融支农力度，引导和撬动社会资本投向农村，加快形成财政优先保障、金融重点倾斜、社会积极参与的多元投入格局。

乡村振兴，摆脱贫困是前提。要把打好精准脱贫攻坚战作为优先任务，把提高脱贫质量放在首位，推动脱贫攻坚与乡村振兴有机结合相互促进，确保到 2020 年我国现行标准下农村贫困人口实现脱贫，贫困县全部摘帽，解决区域性整体贫困，持续巩固脱贫攻坚成果。

三、科学把握乡村振兴重点任务

习近平总书记强调，实施乡村振兴战略是一篇大文章，要统筹谋划，科学推进。《规划》按照产业兴旺、生态宜居、乡风文明、治理有效、生活富裕的总要求，统筹推进农村经济、政治、文化、社会、生态文明和党的建设，推动实现乡村产业振兴、人才振兴、文化振兴、生态振兴、组织振兴，走中国特色社会主义乡村振兴道路，抓重点、补短板、强弱项，明确了阶段性重点任务，确保在农村实现全面小康的同时，为基本实现农业农村现代化开好局、起好步、打好基础。

要以农业供给侧结构性改革为主线，促进乡村产业兴旺。坚持质量兴农、品牌强农，构建现代农业产业体系、生产体系、经营体系，推动农业发展质量变革、效率变革、动力变革，持续提高农业创新力、竞争力和全要素生产率，推动乡村产业振兴。夯实农业生产能力基础，加快农业转型升级，建立现代农业经营体系，强化农业科技支撑，完善农业支持保护制度。发展壮大乡村产业，推动农村产业深度融合，完善紧密型利益联结机制，激发农村创新创业活力，加快发展根植于农业农村、由当地农民主办、彰显地域特色和乡村价值的产业体系。

要以践行绿水青山就是金山银山的理念为核心，促进乡村生态宜居。坚持尊重自然、顺应自然、保护自然，统筹山水林田湖草系统治理，加快转变生产生活方式，推动乡村生态振兴。强化资源保护与节约利用，推进农业清洁生产，集中治理农业环境突出问题，实现农业绿色发展。加快补齐突出短板，推进美丽宜居乡村建设，建立健全整治长效机制，持续改善农村人居环境。实施重要生态系统保护和修复重大工程，健全重要生态系统保护制度，健全生态保护补偿机制，发挥自然资源多重效益，加强乡村生态保护与修复。

要以社会主义核心价值观为引领，促进乡村乡风文明。传承发展乡村优秀传统文化，丰富乡村文化生活，培育文明乡风、良好家风、淳朴民风，建设邻里守望、诚信重礼、勤俭节约的文明乡村，推动乡村文化振兴。加强农村思想道德建设，践行社会主义核心价值观，巩固农村思想文化阵地，倡导诚信道德规范。弘扬中华优秀传统文化，保护利用乡村传统文化，重塑乡村文化生态，发展乡村特色文化产业。丰富乡村文化生活，健全公共文化服务体系，增加公共文化产品和服务供给，广泛开展群众文化活动。

要以构建农村基层党组织为核心、“三治结合”的现代乡村社会治理体系为重点，促进乡村治理有效。把夯实基层基础作为固本之策，建立健全党委领导、政府负责、社会协同、公众参与、法治保障的现代乡村社会治理体制，推动乡村组织振兴，打造充满活力、和谐有序的善治乡村。健全以党组织为核心的组织体系，加强农村基层党组织带头人和农村党员队伍建设，强化农村基层党组织建设责任与保障。深化村民自治实践，推进乡村法治建设，提升乡村德治水平，建设平安乡村，促进自治法治德治有机结合。加强基层政权建设，创新基层管理体制机制，健全农村社区服务体系，夯实乡村治理基础。

要以确保实现全面小康为目标，促进乡村生活富裕。围绕农民群众最关心最直接最现实的利益问题，加快补齐农村民生短板，提高农村美好生活保障水平，让农民群众有更多实实在在的获得感、幸福感、安全感。加强农村基础设施建设，改善农村交通物流设施条件，加强农村水利基础设施网络建设，构建农村现代能源体系，夯实乡村信息化基础。提升农村劳动力就业质量，拓宽转移就业渠道，强化乡村就业服务，完善制度保障体系。增加农村公共服务供给，优先发展农村教育事业，推进健康乡村建设，加强农村社会保障体系建设，提升农村养老服务能力，加强农村防灾减灾救灾能力建设。

四、扎实有序推进乡村振兴

党中央关于实施乡村振兴战略的大政方针已经明确，接下来就是要扑下身子干起来，确保把宏伟蓝图一步步变为现实。《规划》围绕落实中央统筹、省负总责、市县抓落实的乡村振兴工作机制，从加强组织领导、落实各方责任、强化法治保障、动员社会参与等方面提出了要求。

坚持党的领导。习近平总书记强调，办好农村的事情，实现乡村振兴，关键在党。必须提高党把方向、谋大局、定政策、促改革的能力和定力，确保党始终总揽全局、协调各方，提高新时代党全面领导农村工作的能力和水平。要充分认识实施乡村振兴战略的重大意义，把实施乡村振兴战略、推动《规划》落实落地摆在优先位置，落实党政一把手是第一责任人、五级书记抓乡村振兴的工作要求，强化地方各级党委和政府在实施乡村振兴战略中的主体责任，推动各级干部主动担当作为，培养造就一支懂农业、爱农村、爱农民的“三农”工作队伍，带领群众投身乡村振兴的伟大事业，让乡村振兴成为全党全社会的共同行动。

尊重农民意愿。习近平总书记强调，乡村振兴要尊重广大农民的意愿，激发广大农民的积极性、主动性、创造性，激活乡村振兴内生动力，让广大农民在乡村振兴中有更多获得感、幸福感、安全感。在推进《规划》实施过程中，要切实发挥农民的主体作用，把维护农民群众根本利益、促进农民共同富裕作为出发点和落脚点。汇聚广大农民群众的力量和智慧，避免代替农民选择，形成全体人民群策群力、共建共享的乡村振兴局面。

强化规划引领。习近平总书记强调，乡村振兴是一盘大棋，要沿着正确方向把这盘大棋走好，要科学规划、注重质量、从容建设，不追求速度，更不能刮风搞运动。要以《规划》为依据，抓紧编制地方规划和专项规划或方案，推动形成城乡融合、区域一体、多规合一的乡村振兴战略规划体系。编制地方规划时，要加强规划统筹管理和系统衔接，科学把握乡村振兴阶段性特征，全面落实乡村振兴总要求，统筹谋划乡村振兴目标任务，细化实化工作重点和政策举措，增强规划的前瞻性、系统性、指导性和可操作性。

注重分类施策。习近平总书记强调，我国农村情况千差万别，要科学把握不同村庄变迁的发展趋势，分类指导，因村制宜，精准施策。要顺应村庄发展规律和演变趋势，按照集聚提升、融入城镇、特色保护、搬迁撤并的思路，分类推进，打造各具特色的现代版“富春山居图”。对规模较大的中心村和其他仍将存续的一般村庄，要在原有规模基础上有序推进改造提升，激活产业、优化环境、提振人气、增添活力。对城市近郊区以及县城城关镇所在地的村庄，要加快城乡产业融合发展、基础设施互联互通、公共服务共建共享，在形态上保留乡村风貌，在治理上体现城市水平。对历史文化名村、传统村落、少数民族特色村寨、特色景观旅游名村等自然历史文化特色资源丰富的村庄，要更加注重保护历史文化资源和传统建筑，注重传承民风民俗和生产生活方式。对生存条件恶劣、生态环境脆弱、自然灾害频发等地区的村庄，因重大项目建设需要搬迁的村庄，以及人口流失特别严重的村庄，要严格限制新建、扩建活动，在尊重农民意愿的前提下搬迁撤并。

把握节奏力度。习近平总书记强调，要充分认识乡村振兴任务的长期性，保持历史耐心，避免超越发展阶段，同时又要突出重点，不断取得阶段性成果。要尊重并发挥基层首创精神，发挥引领区示范作用，推动重点区加速发展，聚焦攻坚区精准发力，推动不同地区、不同发展阶段的乡村，合理确定实现农业农村现代化的目标和时序，梯次推进乡村振兴。要以决胜全面建成小康社会为核心，重点抓好防范化解重大风险、精准脱贫、污染防治三大攻坚战，加快补齐农业现代化短腿和新农村建设短板。要坚持稳中求进工作总基调，谋定而后动，避免一哄而上、急于求成、层层加码，避免过度举债搞建设，避免搞强迫命令一刀切、搞形象工程堆盆景。

乡村振兴的蓝图已经绘就，号角已经吹响，让我们更加紧密地团结在以习近平同志为核心的党中央周围，高举中国特色社会主义伟大旗帜，全面贯彻党的十九大和十九届二中、三中全会精神，以习近平新时代中国特色社会主义思想为指导，坚定信心、咬定目标，苦干实干、久久为功，为实施好乡村振兴战略而共同奋斗！

（执笔人：《规划》编制组）

科学制定乡村振兴战略第一个五年规划

实施乡村振兴战略，是党的十九大作出的重大决策部署。习近平总书记强调，乡村振兴是一盘大棋，要沿着正确方向把这盘大棋走好，必须规划先行，科学制定乡村振兴战略规划。遵照党中央、国务院决策部署，国家发展改革委牵头会同有关部门编制了《乡村振兴战略规划（2018—2022年）》（以下简称《规划》），已由中共中央、国务院印发实施。

一、规划定位

党的十九大将“三农”工作放在突出位置，首次提出实施乡村振兴战略，这在我国农村发展历史进程中具有里程碑意义，影响深远。为什么要在这个时期提出乡村振兴战略？对此，习近平总书记在2017年底召开的中央农村工作会议上，从增强实施乡村振兴战略紧迫感和使命感的角度，作了深刻阐述。

（一）实施乡村振兴战略是有基础和条件的

总书记全面阐述了农业农村发展取得的历史性成就以及我们党“三农”工作积累的宝贵经验，说明我们已经有了实施战略的良好基础。

（二）实施乡村振兴战略是从解决我国社会主要矛盾出发的

总书记提出在工业化城镇化进程中，我国乡村的地位是值得我们思考的大问题，要让乡村尽快赶上国家发展步伐。

（三）实施乡村振兴战略是有鲜明目标导向的

总书记强调，农业强不强、农村美不美、农民富不富，决定着亿万农民的获得感、幸福感、安全感，决定着我国全面小康社会的成色和社会主义现代化的质量。要加快补齐“三农”短板，夯实“三农”基础，确保“三农”在全面建成小康社会、全面建设社会主义现代化国家征程中不掉队。

（四）实施乡村振兴战略是党的使命决定的

总书记指出，建设什么样的乡村、怎么建设乡村，是近代以来中华民族面对的一个历史性课题，我们党成立以后一直把依靠农民、为亿万农民谋福利作为重要使命。要牢记亿万农民对革命、建设、改革作出的巨大贡献，把乡村建设好，让亿万农民有更多获得感，充分调动亿万农民的积极性、主动性、创造性。

（五）实施乡村振兴战略也是为全球解决乡村问题贡献中国智慧和中国方案

在消除绝对贫困方面，我们已经为全球贡献了中国智慧和方案，实现乡村的振兴，也将为发展中国家、为全球解决乡村问题作出重大贡献。

乡村兴则国家兴，乡村衰则国家衰。我们理解，实施乡村振兴战略，是解决新时代我国社会主要矛盾、实现“两个一百年”奋斗目标和中华民族伟大复兴中国梦的必然要求，是建设现代化经济体系的重要基础、建设美丽中国的关键举措、传承中华优秀传统文化的有效途径、健全现代社会治理格局的固本之策、实现全体人民共同富裕的必然选择。

为做好乡村振兴战略的顶层设计，2018 年中央一号文件立足新时代

“三农”发展新的历史方位，围绕实施乡村振兴战略定方向、定思路、定任务、定政策，明确长远方向，搭建了乡村振兴的“四梁八柱”。其中，最基础性的支撑是“三个一”：一个规划，就是要制定国家乡村振兴战略规划；一个条例，就是要制定中国共产党农村工作条例，把党领导农村工作的传统、要求、政策等以党内法规形式确定下来，完善党的农村工作领导体制和机制；一部法律，就是要制定乡村振兴促进法，把行之有效的乡村振兴政策法定化。

科学管用的规划是乡村振兴的路线图、施工图和时间表。《规划》以习近平总书记关于“三农”工作的重要论述为指导，依据2018年中央一号文件，对实施乡村振兴战略作出阶段性谋划，是指导各地区各部门分类有序推进乡村振兴的重要依据。中央一号文件和《规划》之间，既是总体部署与具体落实的关系，也是长远谋划和阶段实施的关系。一方面，中央一号文件对实施乡村振兴战略作了总体部署；《规划》明确了至2020年实现全面小康和2022年召开党的二十大时的目标任务、工作重点和政策举措，部署了今后五年的重大工程、重大计划、重大行动，是对中央一号文件的细化落实。另一方面，乡村振兴是一盘大棋，是党和国家的重大发展战略，管根本、管大局、管长远；而《规划》作为实施乡村振兴战略的第一个五年规划，重点是开好局、起好步、打好基础，努力探索出一条中国特色社会主义乡村振兴道路。

二、规划主要特点

（一）科学把握历史方位、阶段特征和乡村发展趋势，体现前瞻性

从党的十九大到二十大，是“两个一百年”奋斗目标的历史交汇期，

既要全面建成小康社会、实现第一个百年奋斗目标，又要乘势而上开启全面建设社会主义现代化国家新征程，向第二个百年奋斗目标进军，这是乡村振兴第一个五年规划期的重要历史方位。对于现阶段乡村发展的特征及发展趋势，我们做了比较深入的研究，形成了一些基本判断：随着我国经济由高速增长阶段转向高质量发展阶段，以及工业化、城镇化、信息化的深入推进，乡村发展将处于一个大变革、大转型的关键时期。在产业发展方面。我国作为人口大国，粮食及重要农产品需求仍将刚性增长，保障粮食安全、发展粮食生产仍是头等大事。今后5年，我国人均国内生产总值将超过1万美元（2017年我国人均国内生产总值为8643美元），居民消费结构加快升级，中高端、多元化、个性化消费需求将快速增长，加快推进农业由增产导向转向提质导向是必然要求。农业产业结构加快调整，粮食生产基本平稳，畜牧业、渔业比重上升。农业生产呈现主体职业化、方式机械化和产品绿色化趋势。农业经营呈现合作化、规模化、服务社会化趋势。城乡产业联系更加紧密，农村产业融合呈现蓬勃发展态势，农产品加工业、农业生产性服务业、休闲农业和乡村旅游、“互联网＋农业”等将成为乡村产业振兴的重要支撑。与此同时，国际农产品贸易不稳定性不确定性仍然突出，提高我国农业竞争力和全要素生产力，加快提升农产品供给质量和效益，推进农业绿色发展，妥善应对国际市场风险、更好满足国内需要的任务愈发紧迫。在城乡布局方面。今后5年，我国城镇化率将超过60%，城镇化进入快速发展与质量提升的新阶段，乡村人口向城镇转移的大趋势不会改变，大量农民仍然生活在农村的国情也不会改变，部分区域可能出现逆城镇化现象。乡村人口规模和村庄数量持续减少，乡村人口老龄化加剧，农业劳动力规模继续缩减。乡村分化趋势更加明显，复兴、消亡和整合态势并存，乡村的独特价值和多元功能将进一步得到发掘和拓展，同时，农村民生领域欠账较多，城乡基础设施和基本公共服务水平存在明显差距，城乡要素自由流动、平等交换受阻，应对好村庄空心化和农村老龄化、延续乡村文化血脉、完善乡村治理体系的任务相当繁重。在土地利用方面。乡村耕地保护压力依然存在，土地经营权加快流转。城镇建设用地规模继续扩张，农村宅基地闲置率大幅提高。节约集约用地的需求和任务在城镇和乡村同时存在。在生态环境方面。农业污染趋势得到一定遏制，农村人居环境整治加快推进，但总体看，乡村生态环境仍与人民日益增长的美好生活需要有较大差距，加快改善乡村环境的需求十分迫切。

（二）按照全面振兴“20个字”的总要求来谋篇布局，体现系统性

《规划》在篇章设置、指标体系、战略任务、政策举措等各个方面，都充分体现“20个字”的战略总要求，以产业兴旺为重点、生态宜居为关键、乡风文明为保障、治理有效为基础、生活富裕为根本，围绕推动乡村产业、人才、文化、生态和组织振兴，把农村经济、政治、文化、社会、生态和党的建设作为一个有机整体，统筹谋划、协调推进，进而推动农业全面升级、农村全面进步、农民全面发展。在“产业兴旺”方面，以农业供给侧结构性改革为主线，强化保障粮食安全，促进一二三产业深度融合，着力推进农业高质量发展，构建乡村现代产业体系、生产体系、经营体系；在“生态宜居”方面，以践行绿水青山就是金山银山理念为核心，重点推进农业绿色发展、建设美丽宜居乡村等重大任务；在“乡风文明”方面，以社会主义核心价值观为引领，紧扣弘扬乡村优秀传统文化和丰富乡村文化生活提出重大任务；在“治理有效”方面，把夯实基层基础作为固本之策，以行动和计划加强农村基层党组织建设、构建“三治结合”的现代乡村社会治理体系；在“生活富裕”方面，以加快补齐农村民生短板、确保实现全面小康为目标，重点改善农村基础设施条件、增加农村公共服务供给、提升劳动力就业质量。

（三）以农业农村优先发展和城乡融合发展为基本遵循，体现战略导向性

关于农业农村优先发展，党的十九大第一次明确提出，这是对“三农”工作指导理念的重大提升。《规划》强调要真正落实农业农村优先发展的总方针，改变“三农”工作“说起来重要、干起来次要、忙起来不要”的状况。如何保障农业农村优先发展？《规划》以强化乡村振兴的要素配置为关键作了明确部署：从坚持财政优先保障、建立高标准农田建设等新增耕地指标和城乡建设用地增减挂钩节余指标跨省域调剂机制等多个方面，拓宽乡村振兴资金筹集渠道；从加强新型职业农民培育、农村专门人才培养、鼓励和支持各类人员返乡下乡兴业创业等多个角度，强化乡村振兴人才支撑；以盘活存量、用好流量、辅以增量等多种方式，保障农村新产业新业态发展用地，形成推进乡村振兴的强有力制度供给；围绕农民群众最关心最现实的利益问题，加快补齐农村民生短板，以满足农民群众日益增长的民生需要，让农民群众有更多实实在在的获得感、幸福感和安全感。

关于城乡融合发展，这是实施乡村振兴战略的根本途径。城乡关系是经济社会发展中的重大关系。从国际范围看，一些国家陷入“中等收入陷阱”，教训之一就是没有很好地处理工农关系和城乡关系。从国内范围看，新中国成立以来我国乡村的发展历程，实质上就是城乡关系的调整过程。随着中央一系列支农惠农政策的出台，我国新型城乡、工农关系初步形成，但城乡二元结构并未发生根本性逆转，农村基础设施还比较落后，公共服务缺失，与城市相比还是有很大差距。在全面建设社会主义现代化国家的进程中，缩小城乡差距是带有标志性的硬任务。党的十九大提出建立健全城乡融合发展体制机制和政策体系，这是从全局和战略高度来把握和处理工农关系、城乡关系，要着力破解城乡二元结构，

推进城乡要素平等交换和公共资源均衡配置，让广大农民平等参与改革发展进程，共同享受改革发展成果。从统筹城乡发展，到城乡发展一体化，再到城乡融合发展，本质上是一脉相承的，体现出党中央对城乡发展失衡问题的重视程度不断提高，对构建新型城乡关系的思路不断升华。《规划》以城乡融合发展、重塑城乡关系为主线，力图对工业化、城镇化进程中乡村的地位重新认识、重新定位，统筹安排城乡发展空间，推动城乡规划一体化、城乡资源配置合理化、城乡产业发展融合化，努力走出一条中国特色的社会主义乡村振兴道路。

（四）以重大工程行动计划和指标为抓手，体现可操作性

战略目标要靠一件件具体工作来实现，要靠一项项具体任务来完成。结合今后 5 年乡村振兴的重点任务和关键举措，《规划》设置了 15 个任务专栏，部署了 82 项重大工程、重大计划和重大行动。在“产业兴旺”方面，设置专栏 5 个，部署重大工程、计划和行动 26 项；在“生态宜居”方面，设置专栏 3 个，部署重大工程和行动 22 项；在“乡风文明”方面，设置专栏 1 个，部署重大工程 8 项；在“治理有效”方面，设置专栏 1 个，部署重大计划 5 项；在“生活富裕”方面，设置专栏 3 个，部署重大工程、计划和行动 13 项；在“人才支撑和金融支持”方面，各设置专栏 2 个，共部署重大工程和计划 8 项。这些工程、计划和行动反映了各部门围绕实施乡村振兴战略要做的事情，有的是既有工作，需要进一步深化，有的是新提出来的。

为进一步增强可操作性，《规划》还探索设置了乡村振兴指标体系。从“产业兴旺、生态宜居、乡风文明、治理有效、生活富裕”5 个方面设计了 22 项具体指标，依照“十三五”规划纲要和相关专项规划目标提出了到 2020 年的目标值，并与相关部门协商提出了到 2022 年的目标值。除粮食综合生产能力、畜禽粪污综合利用率和具备条件的建制村通硬化

路3项约束性指标外，其他19项均为预期性指标。这些指标均是从全国层面实现乡村振兴战略阶段性目标考虑的，是首次梳理提出并设立指标体系，还不尽完善，要待《规划》中期评估时再进行修正调整，导向性和对地方的指导意义大于约束意义，各地将在编制地方规划时因地制宜细化优化本地区的指标体系。国家统计局也正在研究设计乡村振兴统计指标，将为衡量乡村振兴战略实施成效、不断提高政策精准度提供基础支撑。

（五）以亿万农民赖以生活的村庄为主战场分类有序推进乡村振兴，体现指导性

考虑到现阶段我国乡村形态格局正在快速演变分化，不同地区乡村资源条件、经济社会发展水平等也存在差异。《规划》针对不同地区、不同类型村庄的变迁趋势、发展现状、区位条件和资源禀赋，注重地域特色，体现乡土风情，因地制宜设计振兴路径，提出了不同的模式和要求，做到精准施策，差别对待，循序渐进，不搞一刀切和齐步走。结合各地区经济社会发展水平和工作基础，合理安排乡村振兴优先序，科学把握节奏力度，既尽力而为，又量力而行，扎实有序推进乡村振兴。

三、规划实施

（一）坚持党的领导

办好农村的事情，实现乡村振兴，关键在党。必须提高党把方向、谋大局、定政策、促改革的能力和定力，确保党始终总揽全局、协调各方，落实党政一把手是第一责任人、五级书记抓乡村振兴的工作要求，让乡村振兴成为全党全社会的共同行动。同时，要充分尊重农民意愿，

激发广大农民积极性、主动性和创造性，激活乡村振兴内生动力，让广大农民在乡村振兴中有更多获得感、幸福感和安全感。

（二）完善规划体系

国家发展改革委将和农业农村部等有关部门共同建立乡村振兴战略规划实施协调推进机制，充分发挥国家规划战略导向作用，加强各类规划的统筹管理和系统衔接，构建形成城乡融合、区域一体、多规合一的乡村振兴战略规划体系。下一步，一方面要抓好重大工程、重大计划和重大行动的实施方案制定，推动各项任务落实落地；另一方面，要抓好村庄规划的编制，以县为单位做到全覆盖，合理确定村庄类型、工作重点和振兴时序。

（三）要素支撑保障

要强化乡村振兴人才支撑，培养一支宏大的爱农业、懂技术、善经营的新型职业农民队伍，采取措施吸引更多年轻人务农兴农，鼓励城镇各类人才到农村创业创新。要深化农村土地制度改革，解决“农村的地农民自己用不上、用不好、不值钱”的突出问题，完善农村新增用地保障机制。要建立健全有利于各类资金向农业农村流动的体制机制，加快形成财政优先保障、金融重点倾斜、社会积极参与的多元投入格局。

（四）聚焦阶段任务

对于有脱贫攻坚任务的地区，在2020年之前，乡村振兴的首要任务就是精准脱贫，要保持目标不变、靶心不散、频道不换。对于全国的乡村，要实施好农村人居环境整治三年行动方案，将其作为实施乡村振兴战略必须打好的第一场硬仗和阶段性成果。

（五）注重典型带动

既坚持乡村全面振兴，也突出重点地区、重点问题和重点环节，针对不同发展水平、不同类型的村庄，分类有序推进相关工作。尊重并发挥基层首创精神，从各地区乡村发展的难点、焦点中寻找突破口和切入点，推动顶层设计和基层实践探索良性互动和有机结合。

40年前，我们通过农村改革拉开了改革开放大幕，从实行家庭联产承包、乡镇企业异军突起、取消延续2600多年的“皇粮国税”，到对农民直接补贴，建立农村社保制度，深刻改变了农业农村农民的面貌。40年后的今天，我们将通过振兴乡村开启城乡融合发展和现代化建设新局面。实施乡村振兴战略，既是一场攻坚战，更是一场持久战，需要我们坚定信心，尊重经济规律，一件事情接着一件事情办，一年接着一年干，以实干促振兴。

（执笔单位：国家发展改革委农村经济司）

科学规划　从容建设　推动乡村振兴战略落实落地

实施乡村振兴战略，是一项长期的历史性任务，必须强化规划引领，通过科学编制乡村振兴战略规划，明确阶段性目标，细化实化工作重点和政策措施，确保乡村振兴战略落实落地。

一、充分认识实施乡村振兴战略的重大意义，找准乡村振兴战略规划的功能定位

党的十九大提出实施乡村振兴战略，是以习近平同志为核心的党中央着眼党和国家事业全局，深刻把握现代化建设规律和城乡关系变化特征，顺应亿万农民对美好生活的向往，对“三农”工作作出的重大决策部署，是决胜全面建成小康社会、全面建设社会主义现代化国家的重大历史任务，是新时代做好“三农”工作的总抓手。

科学管用的规划是乡村振兴的路线图、施工图和时间表。在2017年底召开的中央经济工作会议上，习近平总书记明确要求制定乡村振兴战略规划，科学把握乡村振兴战略总要求和乡村发展规律，提高前瞻性、系统性；充分认识乡村振兴任务的长期性，保持历史耐心，避免超越发展阶段，同时又要突出重点，不断取得阶段性成果；针对不同类型地区采取不同办法，做到顺应村情民意，既要政府、社会、市场协同发力，又要充分发挥农民主体作用，目标任务要符合实际，保障措施要有力，具有可操作性。在中央农村工作会议上，习近平总书

记再次强调，要科学规划、注重质量、从容建设，不追求速度，更不能刮风搞运动。李克强总理、汪洋主席、胡春华副总理也多次对编制乡村振兴战略规划作出指示。为贯彻落实党中央、国务院决策部署，国家发展改革委会同有关部门编制了《乡村振兴战略规划（2018—2022年）》（以下简称《规划》），已由中共中央、国务院印发实施并公开发布。

《规划》以习近平新时代中国特色社会主义思想为指导，紧紧围绕贯彻落实党的十九大和十九届二中、三中全会精神，围绕中央经济工作会议、中央农村工作会议精神，以2018年中央一号文件为依据，按照产业兴旺、生态宜居、乡风文明、治理有效、生活富裕的总要求，对实施乡村振兴战略作出阶段性谋划，分别明确至2020年全面建成小康社会和2022年召开党的二十大时的目标任务，细化实化工作重点和政策措施，部署重大工程、重大计划和重大行动，确保乡村振兴战略落实落地，是指导各地区各部门分类有序推进乡村振兴的重要依据。

二、准确把握乡村振兴战略的总体要求，深入研究乡村振兴的几个重大问题

长期以来，特别是党的十八大以来，习近平总书记就做好“三农”工作作出一系列重要论述，提出一系列新理念新思想新战略。《规划》编制过程中，我们围绕深入学习贯彻习近平总书记关于“三农”工作的重要论述，对乡村振兴过程中需要把握的重大规律性、政策性问题进行了深入研究，形成了基本的认识。这些判断和认识，是《规划》编制的基础，也直接体现为《规划》的重大部署、目标任务等各个方面。

（一）关于构建乡村振兴新格局

实施乡村振兴战略，必须把乡村放在国家整体发展的大背景下来谋划，统筹推进城镇和乡村发展。未来一个时期，我国城镇化还会快速发展，这也是我们迈向现代化强国必须坚持的方向和路径，但城镇化必须是城乡协调发展的过程，不能以农业萎缩、乡村凋敝为代价，乡村振兴也需要城镇化带动，二者是相互促进、共生共存的关系。《规划》对乡村作了定义，明确乡村是具有自然、社会、经济特征的地域综合体，兼具生产、生活、生态、文化等多重功能，与城市互促互进、共生共存，共同构成人类活动的主要空间。《规划》围绕重塑城乡关系，力图对工业化、城镇化进程中乡村的地位重新认识、重新定位。一是统筹安排城乡发展空间。按照主体功能定位，对国土空间的开发、保护和整治进行总体布局，完善城乡布局结构，着力形成田园乡村与现代城镇各具特色、交相辉映的城乡发展格局。二是优化乡村生产生活生态空间。适应现代农业和农村产业融合发展需要，统筹利用乡村生产空间，充分发挥各地区比较优势，把乡村生产逐步融入区域性产业链和生产网络。适应农民生活现代化需要，合理布局乡村生活空间，完善乡村服务功能。适应生态文明建设需要，严格保护乡村生态空间，提升生态功能和服务价值。三是改革完善城乡融合发展体制机制。着力破除阻碍要素下乡各种障碍和体制机制弊端，使市场在资源配置中起决定性作用，更好发挥政府作用，推动形成工农互促、城乡互补、全面融合、共同繁荣的新型工农城乡关系。

（二）关于促进农业提质增效

党的十九大报告指出，我国经济已由高速增长阶段转向高质量发展阶段。这一判断既指出了新时代我国经济发展的鲜明特征，也为今后的经济工作指明了主攻方向。农业农村经济是宏观经济的重要组成部分，一方面，伴随经济增速下行，农产品需求增长和城镇化带动就业都会受到影响，推动农业农村发展的“引擎”也降档减力；另一方面，随着农业特别是粮食连年丰收，农产品供求已经由总量不足转变为结构性矛盾，农业农村发展也进入转型升级的关键期。与此同时，随着收入水平提高，农产品消费也处于温饱之后追求消费质量的转变期，对绿色安全、优质高端农产品的消费需求快速上升，但国内供给跟不上，一般大路货、低端农产品积压难卖，供求错位严重。习近平总书记在 2016 年就明确指出，推进农业供给侧结构性改革，提高农业综合效益和竞争力，是当前和今后一个时期我国农业政策改革和完善的主要方向。基于对上述形势的判断，《规划》强调要深化农业供给侧结构性改革，构建现代农业产业体系、生产体系、经营体系，推动农业发展质量变革、效率变革、动力变革，持续提高农业创新力、竞争力和全要素生产率。一是夯实农业生产能力基础。深入实施藏粮于地、藏粮于技战略，提高农业综合生产能力，保障国家粮食安全和重要农产品有效供给，把中国人的饭碗牢牢端在自己手中。二是推动增产导向转向提质导向。要优化农业生产力布局，推进农业结构调整，壮大特色优势产业，保障农产品质量安全，培育提升农业品牌，突出优质化、品牌化、专用化，提高农产品竞争力。三是加快建立新型农业支持保护政策体系。要适应农业发展进入新阶段的特征，健全国家农业投入增长机制，建立以绿色生态为导向的农业补贴制度，深化重要农产品收储制度改革，提高农业风险保障能力。

（三）关于建立现代农业经营体系，促进小农户和现代农业发展有机衔接

怎样建立现代农业经营体系，走出一条小规模生产条件下的农业现代化道路，是乡村振兴过程中的重大政策问题。与发达国家，特别是新大陆国家相比，我国的农业供给结构具有典型的小农经济特征，农户经

营具有规模小、半自给、兼业化、非法人化等显著特点。近些年，我国出台了一系列扶持新型农业经营主体、发展适度规模经营的政策，这些举措符合现代农业发展方向。但越是这个时候，越不能忽视我国小农生产这个基本面。2017年3月，习近平总书记作出重要批示，要求在鼓励适度规模经营的同时，要研究完善针对小农生产的扶持政策，加强社会化服务，把小农生产引入现代农业发展轨道。总的来看，建立现代农业经营体系，要坚持家庭小农生产为基础与多种形式适度规模经营为引领相协调，既要把定发展规模经营是农业现代化必由之路的前进方向，也要认清小规模农业经营仍是很长一段时间内我国农业基本经营形态的基本国情农情。《规划》明确要坚持家庭经营在农业中的基础性地位，构建家庭经营、集体经营、合作经营、企业经营等共同发展的新型农业经营体系，发展多种形式适度规模经营，发展壮大农村集体经济，提高农业的集约化、专业化、组织化、社会化水平，有效带动小农户发展，并从壮大新型农业经营主体、发展新型农村集体经济、促进小农户生产和现代农业发展有机衔接等方面作了部署。

（四）关于振兴乡村产业

产业兴则百业兴。做好乡村振兴这篇大文章，产业兴旺是根本、是基础。从计划经济时期的社队企业，到20世纪80年代异军突起的乡镇企业，再到20世纪90年代快速发展的农业产业化经营，我们在乡村产业发展上进行了长期的不懈探索。近年来，各地积极探索乡村产业发展的新模式新路径，乡村产业结构加快调整，新产业新业态加速壮大。但总的来看，目前尚处于探索起步阶段，产业发展层次不高，模式趋同，与农户利益联结机制尚未完全破题，要素瓶颈制约和体制机制障碍尚待进一步突破，乡村产业发展仍面临较多困难。习近平总书记多次强调指出，要加快建立现代产业体系，延伸农业的产业链、价值链，促进一二三产业交叉融合。《规划》强调要以完善利益联结机制为核心，加快发展根植于农业农村、由当地农民主办、彰显地域特色和乡村价值的产业体系，推动乡村产业全面振兴。一是推动农村产业深度融合。培育农业农村新产业新业态，打造农村产业融合发展新载体新模式，推动要素跨界配置和产业有机融合。二是完善紧密型利益联结机制。着力增强农民参与融合的能力，创新收益分享模式，健全联农带农有效激励机制，让农民更多分享产业融合发展的增值收益。三是激发农村创新创业活力。通过优化农村创新创业环境，培育壮大创新创业群体，完善创新创业服务体系，建立创新创业激励机制，合理引导工商资本下乡，推动乡村大众创业万众创新，培育乡村发展新动能。

（五）关于促进乡村绿色发展

以绿色发展引领乡村振兴是一场深刻革命，要守住生态保护红线，推动乡村自然资产加快增值，让良好生态成为乡村振兴的支撑点。实施乡村振兴战略，必须要处理好经济发展和生态环境保护的关系，把该减的减下来，该退的退出来，该治理的治理到位，再现山清水秀、天蓝地绿的美丽乡村。《规划》明确要求，到 2022 年，畜禽粪污综合利用率要达到 78%，村庄绿化覆盖率提高到 32%，对生活垃圾进行处理的村占比超过 90%，农村卫生厕所普及率超过 85%。一是加强乡村生态保护与修复。重点是统筹山水林田湖草系统治理，完善重要生态系统保护制度，促进乡村生产生活环境稳步改善，增强生态产品供给能力。二是推动形成农业绿色生产方式。重点是以生态环境友好和资源永续利用为导向，强化资源保护与节约利用，推进农业清洁生产，集中治理农业环境突出问题，推动投入品减量化、生产清洁化、废弃物资源化、产业模式生态化。三是持续改善农村人居环境。重点是以建设美丽宜居村庄为导向，以农村垃圾、污水治理和村容村貌提升为主攻方向，开展农村人居环境整治行动，全面提升农村人居环境质量。

三、围绕补短板强弱项，明确乡村振兴阶段性任务

围绕补短板强弱项，《规划》聚焦乡村振兴制度框架和政策体系的构建，合理设定阶段性目标，明确今后 5 年的重点任务，科学有序推动乡村产业、人才、文化、生态的发展和振兴，努力走出一条中国特色社会主义乡村振兴道路。

（一）提高农业发展的创新力、竞争力和全要素生产力

按照质量第一、效益优先、高质量发展的要求，着力构建乡村现代产业体系，促进产业兴旺。一是坚决守住粮食安全底线。实施藏粮于地、藏粮于技战略，夯实粮食生产能力，确保需要时能产得出、供得上。二是坚定不移推进农业供给侧结构性改革。坚持质量兴农、绿色兴农，走优质化、特色化、品牌化农业发展道路，调整优化农业生产力布局，加快构建现代农业产业体系、生产体系、经营体系。三是推动农村一二三产业深度融合，以市场需求为导向，以完善利益联结机制为核心，以制度机制和商业模式创新为动力，构建农业与二三产业交叉融合的现代产业体系，实现产业发展与农民增收的双赢。四是处理好规模经营主体发展与小农户之间的关系，充分尊重农民意愿，支持发展以家庭经营为主导的适度规模经营，通过社会化服务等把小农生产逐步引入现代农业发展轨道。

（二）促进农业农村绿色发展

牢固树立绿水青山就是金山银山理念，坚持尊重自然、顺应自然、保护自然，统筹山水林田湖草系统治理，加快转变生产生活方式，建设生活环境自然优美、生态系统稳定健康、人与自然和谐共生的生态宜居

美丽乡村。一是健全农业资源休养生息制度，扩大轮作休耕试点，加强农业投入品规范化管理，全面实现农业废弃物无害化处理，提高资源化利用水平，切实保护产地环境。二是继续实施农业环境突出问题治理工程，加大治理力度，完善政策法规制度和技术路径，有效遏制农业生态环境恶化趋势。三是开展农村人居环境整治行动，把农村人居环境整治、“厕所革命”作为实施乡村振兴战略的一项具体工作来推进，不断抓出成效。四是实施生态修复重大工程，统筹山水林田湖草系统治理，大力实施国土绿化行动，加快构筑国家生态安全屏障。

（三）繁荣发展乡村文化

以社会主义核心价值观为引领，坚持精神文明和物质文明一起抓，传承发展中华优秀传统文化，激发乡村文化创新创造活力，提升农民精神风貌，培育文明乡风、良好家风和淳朴民风，焕发文明新气象，凝聚实现乡村振兴的强大精神力量。一是加强农村思想道德建设。坚持教育引导、实践养成、制度保障，把社会主义核心价值观融入到农村发展各方面。二是传承发展农村优秀传统文化，在保护传承的基础上，创造性转化，创新性发展，不断赋予时代内涵。三是丰富乡村文化生活，推动城乡公共文化服务体系融合发展，增加优秀乡村文化产品和服务供给，活跃繁荣农村文化市场，为广大农民提供高质量的精神营养。

（四）健全现代乡村治理体系

实施乡村振兴战略，最坚实的力量在基层。党的十九大报告中明确提出“加强农村基层基础工作”，就是要强化农村基层党组织领导核心地位，健全自治、法治、德治相结合的乡村治理体系。一是深化村民自治实践，坚持自治为基，加强农村基层群众性自治组织建设，健全和创新村党组织领导的充满活力的村民自治机制，推动社会治理重心向基层下移，让农民“说事、议事、主事”。二是提高农村基层法治水平，坚持法治为本，树立依法治理理念，强化法律在维护农民权益、规范市场运行、农业支持保护、生态环境治理、化解农村社会矛盾等方面的权威地位，将政府涉农各项工作纳入法治化轨道。三是提升乡村德治水平。坚持德治为先，以德治滋养法治、涵养自治，让德治贯穿乡村治理全过程。适应农村“熟人社会”特征，发挥好“带头人”“新乡贤”的积极作用。

（五）加快补齐农村民生短板

坚持在发展中保障和改善民生，围绕农民群众最关心最直接最现实的利益问题，提高农村美好生活保障水平，满足农民群众日益增长的民生需要，让农民群众有更多实实在在的获得感、幸福感、安全感。一是坚决打好精准脱贫攻坚战，把提高脱贫质量放在首位，制定并实施打好精准脱贫攻坚战三年行动计划，采取更加有力的举措、更加集中的支持、更加精细的工作，确保到2020年我国现行标准下农村贫困人口实现脱贫，贫困县全部摘帽，解决区域性整体贫困。二是加强农村基础设施建设，继续把基础设施建设重点放在农村，持续加大投入力度，加快补齐农村基础设施短板，促进城乡基础设施互联互通，推动农村基础设施提挡升级。三是提升农村劳动力就业质量，坚持就业优先战略和积极就业政策，健全城乡均等的公共就业服务体系，不断提升农村劳动者素质，拓展农民外出就业和就地就近就业增收空间，实现更高质量和更充分就业。四是增加农村公共服务供给，继续把国家社会事业发展的重点放在农村，促进公共教育、医疗卫生、社会保障、养老服务等资源向农村倾斜，逐步建立健全全民覆盖、普惠共享、城乡一体的基本公共服务体系，推动公共服务向农村延伸，社会事业向农村覆盖。

（执笔单位：国家发展改革委农村经济司）

实施乡村振兴战略的重大意义

党的十九大提出实施乡村振兴战略，并作为七大战略之一写入党章，这是以习近平同志为核心的党中央着眼党和国家事业全局，深刻把握现代化建设规律和城乡关系变化特征，顺应亿万农民对美好生活的期待作出的重大决策部署。习近平总书记指出，实施乡村振兴战略是关系全面建设社会主义现代化国家的全局性、历史性任务，是新时代“三农”工作总抓手。2018 年中央一号文件对实施乡村振兴战略进行了全面谋划和系统部署，为进一步推动贯彻落实，党中央、国务院又专门制定印发了《乡村振兴战略规划（2018—2022 年）》。实施乡村振兴战略，在我国“三农”发展进程中具有划时代的里程碑意义。

一、实施乡村振兴战略，对解决人民日益增长的美好生活需要和不平衡不充分的发展之间的矛盾，实现“两个一百年”奋斗目标具有重大意义

党的十九大提出，我国社会主要矛盾已经转化为人民日益增长的美好生活需要和不平衡不充分的发展之间的矛盾。这是一个重大的历史判断。这个重大判断，反映了我国社会发展的客观实际，是制定党和国家大政方针、长远战略的重要依据。习近平总书记强调，没有农业农村的现代化，就没有整个国家的现代化。当前，我国最大的发展不平衡，是城乡发展不平衡；最大的发展不充分，是农村发展不充分。主要表现在：农产品阶段性供过于求和供给不足并存，

农业供给质量亟待提高；农业现代化基础还比较薄弱，农作物耕种收综合机械化水平不到70%，农业科技贡献率还不到60%；农民适应生产力发展和市场竞争的能力不足，新型职业农民队伍建设亟须加强；农村基础设施和民生领域欠账较多，农村环境和生态问题比较突出，乡村发展整体水平亟待提升，农村社会保障存在突出短板，仍有大量农村居民游离于基本养老保险制度之外；国家支农体系相对薄弱，农村金融改革任务繁重，城乡之间要素合理流动机制亟待健全；农村基层党建存在薄弱环节，乡村治理体系和治理能力亟待强化；截至2017年底，我国还有3046万贫困人口，脱贫攻坚任务仍很艰巨。

农业强不强、农村美不美、农民富不富，决定着亿万农民的获得感、幸福感、安全感，决定着我国全面小康社会的成色和社会主义现代化的质量。如期实现第一个百年奋斗目标并向第二个百年奋斗目标迈进，最艰巨最繁重的任务在农村，最广泛最深厚的基础在农村，最大的潜力和后劲也在农村。因此，必须实施乡村振兴战略，统筹推进农村经济建设、政治建设、文化建设、社会建设、生态文明建设和党的建设，加快推进农业农村现代化，为决胜全面建成小康社会、全面建设社会主义现代化国家补齐短板、增强弱项、夯实基础，让亿万农民平等参与现代化进程、公平分享现代化成果。确保“三农”在全面建成小康社会、全面建设社会主义现代化国家征程中不掉队。

二、实施乡村振兴战略，对建设美丽中国具有重大意义

党的十九大把生态文明建设提到更加重要的战略位置，强调坚持人与自然和谐共生，坚定走生产发展、生活富裕、生态良好的文明发展道路，建设美丽中国。农业是生态产品的主要供给者，乡村是生态涵养的

主体区，生态系统保护修复的主战场在乡村。建设美丽中国，大部分的建设要在乡村进行。习近平总书记多次强调，中国要美，农村必须美。美丽中国，要靠美丽乡村打底色。小时候的乡村，生态环境是美的，可以在池塘洗菜，小孩子可以下河游泳、溪里捉鱼。目前，农业资源环境压力较大，耕地质量下降，部分地区地下水超采严重，据农业农村部统计，2017 年我国水稻、玉米、小麦三大粮食作物化肥利用率为 37.8%，农药利用率为 38.8%，面源污染仍然存在。农村垃圾、污水处理水平较低，村庄“脏乱差”现象普遍存在，有些村庄是“房前屋后污水流、垃圾乱扔堆村头”“一场大雨、一河垃圾”，与建设美丽中国的要求存在很大差距。

实施乡村振兴战略，一个重大任务就是要建设生态宜居乡村。把乡村的生态环境保护好、村庄环境建设好，将对建设美丽中国起到关键作用。习近平总书记强调，良好生态环境是农村最大优势和宝贵财富。要守住生态保护红线，推动乡村资本加快增值，让良好生态成为乡村振兴的支撑点。总书记还强调，良好人居环境是广大农民的殷切期盼，一些农村“脏乱差”的面貌必须加以改变。要推进农村环境整治，不管是发达地区还是欠发达地区都要搞，标准可以有高有低，但起码要给农民一个干净整洁的环境。为此，2018 年中央一号文件对推进乡村绿色发展进行具体部署，指出要统筹山水林田湖草系统治理，加强农业面源污染防治，开展农业绿色发展行动，实现投入品减量化、生产清洁化、废弃物资源化、产业模式生态化。要建立市场化多元化生态补偿机制，增加农业生态产品和服务供给。要实施农村人居环境整治三年行动计划，打好实施乡村振兴战略的第一场硬仗，以农村垃圾、污水治理和村容村貌提升为主攻方向，稳步有序推进农村人居环境突出问题治理。

三、实施乡村振兴战略，对传承中华优秀传统文化具有重大意义

党的十九大提出，文化是一个国家、一个民族的灵魂，没有高度的文化自信、没有文化的繁荣兴盛，就没有中华民族伟大复兴。中华文明的基本载体是乡村，中华文明的源头是农耕文化。农耕文化中蕴含的社会理想、人文精神、道德规范、治理之道、生态理念、哲学思维等精华，是中华传统文化的精髓所在，是中华民族一脉相承的精神追求、精神特质、精神脉络，繁荣兴盛农耕文化对于传承保护中华优秀传统文化意义重大。

这些年来，农村文化建设取得了很大的进展和成绩。但同时应清醒地看到，传统的乡村文化被忽视、被破坏、被取代的情况普遍存在，一些地方乡村文化正在逐步消失。在物质文化方面，许多地方村庄形态、传统建筑、田园风光、传统工艺不复存在，乡村文化没有了载体；在精神文化方面，乡贤文化、家庭伦理、传统艺术、乡风民俗日渐式微，农民的价值追求和精神文化生活缺失严重；在制度文化方面，法治观念淡漠、村规民约约束力不强、村民自治能力较弱的现象较为普遍。习近平总书记指出，乡村文明是中华民族文明史的主体，村庄是这种文明的载体，耕读文明是我们的软实力。乡土文化的根不能断，农村不能成为荒芜的农村、留守的农村、记忆中的故园。如果农业萎缩了、乡村凋敝了，乡村将会成为记忆中的故园，中华文明的根脉就会受到严重威胁。

实施乡村振兴战略，一个重要任务就是繁荣兴盛农村文化。2018 年中央一号文件对传承发展提升农村优秀传统文化进行了具体部署，强调要深入挖掘农耕文化蕴含的优秀思想观念、人文精神、道德规范，充分发挥其在凝聚人心、教化群众、淳化民风中的重要作用，这对从源头上

传承保护中华优秀传统文化具有重大意义。

四、实施乡村振兴战略，对健全现代社会治理格局具有重大意义

党的十九大提出，要加强和创新社会治理，打造共建共治共享的社会治理格局。社会治理的基础在基层，基础不牢、地动山摇。习近平总书记强调，要推进乡村治理能力和水平现代化、让农村既充满活力又和谐有序。健全现代社会治理格局，推进国家治理体系和能力现代化，必须把抓基层、打基础作为长远之计和固本之策。当前，农村正处于社会转型关键期，人口大量外流，“老龄化”“空心化”态势加剧，村庄普遍缺人气、缺活力、缺生机，乡村成为社会治理的薄弱环节。乡土社会的血缘性和地缘性减弱，农民组织化程度低，集体意识弱，“事不关己、高高挂起”的心态普遍存在，乡村秩序的基础受到冲击。一些村庄“形虽在，神已散”，不养父母、不管子女、不守婚则、不睦邻里等现象增多，红白喜事盲目攀比、大操大办等陈规陋习盛行。一些农村基层党组织软弱涣散，村干部队伍青黄不接、后继乏人，少数干部作风不实，优亲厚友，“小官巨贪”时有发生，对惠农项目资金“雁过拔毛”的“微腐败”也不同程度地存在。

实施乡村振兴战略，一个重要的内容就是要构建乡村治理新体系。为此，2018 年中央一号文件强调要坚持自治、法治、德治相结合，建立健全党委领导、政府负责、社会协同、公众参与、法治保障的现代乡村治理体制，让乡村社会充满活力、和谐有序。乡村走上善治之路，对现代社会治理起到了夯基垒台的作用，标志着国家治理体系和能力现代化迈出了坚实的一大步。

五、实施乡村振兴战略，对实现全体人民共同富裕具有重大意义

党的十九大提出，必须始终把人民利益摆在至高无上的地位，让改革发展成果更多更公平地惠及全体人民，朝着实现全体人民共同富裕不断迈进。实现共同富裕，缩小城乡差距是关键环节。习近平总书记指出，要围绕农民群众最关心最直接最现实的利益问题，加快补齐农村发展和民生短板，让亿万农民有更多实实在在的获得感、幸福感、安全感。当前，我国城乡区域发展和收入分配差距依然较大，农民持续增收形势严峻，农村民生还有不少短板，脱贫攻坚任务艰巨。我国城乡绝对收入差距仍在拉大，2009 年城市居民人均收入是 17174 元，农村是 5153 元，两者相差 12021 元；2017 年农民人均可支配收入是 13432 元，城市居民人均收入是 25974 元，两者相差 12542 元。

实施乡村振兴战略的根本就是促进全体人民共同富裕，为此必须不断拓宽农民增收渠道，提高农民就业质量和收入水平，完善公共服务体系，保障群众基本生活，增进农民福祉，促进社会公平正义，坚决打赢脱贫攻坚战，巩固脱贫攻坚成果，让农民的钱袋子进一步鼓起来、日子好起来，让广大农民在共同富裕的道路上赶上来、不掉队，让全体人民在共建共享发展中有更多获得感，增强中国特色社会主义的感召力、凝聚力，汇聚起亿万农民建设社会主义现代化强国的磅礴力量。

六、实施乡村振兴战略，对全球解决乡村问题具有重大意义

全球共同面临的一个挑战就是乡村衰退导致的“乡村病”、城市贫民

窟，这在一些发展中国家和新兴市场国家中更为明显。从世界各国的发展看，在现代化过程中，乡村必然要经历一场痛苦的蜕变和重生，即使发达国家也不例外。我国农村发展成就举世瞩目，很多方面对发展中国家具有引领和借鉴意义。社会主义建设初期，我国乡村探索出的“赤脚医生”制度被国际组织誉为“发展中国家群体解决卫生保障的唯一范例”。改革开放初期，从乡村土地生长出来的乡镇企业蓬勃发展，拉动城乡经济发展，成为众多国家学习的样板。党的十八大以来，我国的精准扶贫、精准脱贫被世界银行称为“世界反贫困事业最好的教科书”。我国用占世界9％的耕地、6.4％的淡水资源，解决了占世界近20％人口的吃饭问题，被国际社会看作了不起的成就。迄今为止，还没有哪个发展中大国能够解决好农业农村农民现代化问题。实施乡村振兴战略，将能为国际上解决乡村问题贡献中国智慧和中国方案。而且，我国乡村振兴本身就是对全球的重大贡献。

总之，实施乡村振兴战略有着重大的历史意义和现实意义。必须切实增强实施乡村振兴战略的责任感和紧迫感，以调动亿万农民的积极性、主动性、创造性为着力点，举全党全社会之力，以更大的决心、更明确的目标、更有力的举措，推动农业全面升级、农村全面进步、农民全面发展，再创农业农村发展新辉煌，书写中华民族伟大复兴的“三农”新篇章。

（执笔单位：农业农村部政策与改革司）

坚决打好精准脱贫攻坚战

党的十八大以来，以习近平同志为核心的党中央把脱贫攻坚工作纳入“五位一体”总体布局和“四个全面”战略布局，作为实现第一个百年奋斗目标的重点任务，作出一系列重大部署和安排，全面打响脱贫攻坚战。乡村振兴，摆脱贫困是前提。必须坚持精准扶贫、精准脱贫，把提高脱贫质量放在首位，既不降低扶贫标准，也不吊高胃口，采取更加有力的举措、更加集中的支持、更加精细的工作，坚决打好精准脱贫这场对全面建成小康社会具有决定性意义的攻坚战。

一、深入实施精准扶贫精准脱贫

改革开放初期，我国农村普遍贫困，通过普惠性的政策措施，就可以使大部分地区和群众受益。进入新时期，情况发生了很大变化，少数人贫困、插花式贫困成为矛盾的主要方面，而且剩余贫困人口大多文化水平低、劳动技能差，知晓政策获取资源能力弱，必须创新扶贫方式，由“大水漫灌”向“精准滴灌”转变，对贫困人口采取针对性帮扶。党中央审时度势，把精准扶贫、精准脱贫作为脱贫攻坚的基本方略，核心是做到“六个精准”（扶持对象精准、项目安排精准、资金使用精准、措施到户精准、因村派人精准、脱贫成效精准），实施“五个一批”（发展生产脱贫、转移就业脱贫、易地扶贫搬迁、社会保障兜底、教育扶贫、健康扶贫、生态扶贫、资产收益扶贫等），解决“四个问题”（扶持谁、谁来扶、怎么扶、如何退）。

（一）健全精准扶贫精准脱贫工作机制

围绕精准扶贫精准脱贫，创新扶贫体制机制。实行中央统筹、省负总责、市县抓落实的管理体制。省市县乡村五级书记一起抓，层层落实脱贫攻坚责任。贫困县党委和政府承担脱贫攻坚主体责任，党政一把手攻坚期内保持稳定。中央各部门和各地区相继出台和完善脱贫攻坚政策举措，打出政策组合拳，扶贫领域很多“老大难”问题都有了针对性措施。出台省级党委和政府扶贫开发工作成效考核办法、东西部扶贫协作考核办法、中央单位定点扶贫考核办法，实行最严格的考核制度。

（二）夯实精准扶贫精准脱贫基础性工作

进一步加强建档立卡工作，提高精准识别质量，完善动态管理机制，做到“应纳尽纳、应扶尽扶”。建立县级脱贫攻坚项目库，加强项目论证和储备，防治资金闲置和损失浪费。健全公告公示制度，省市县扶贫资金分配结果一律公开，乡、村两级扶贫项目安排和资金使用情况一律公告公示，接受群众和社会监督。

（三）健全驻村帮扶机制

省级党委和政府对本行政区域内驻村工作队选派管理工作负总责。县级党委和政府负责统筹配置驻村力量，组织开展具体驻村帮扶工作。坚持因村选人组队，优先安排优秀年轻干部和后备干部参加驻村帮扶。脱贫攻坚期内，贫困村退出的，驻村工作队不得撤离，帮扶力度不能削弱。县级党委和政府承担驻村工作队日常管理职责，每年对驻村工作队进行考核检查，考核结果作为驻村干部综合评价、评优评先、提拔使用的重要依据。驻村干部不胜任驻村帮扶工作的，派出单位要及时召回调整。县乡两级党委和政府、派出单位要关心支持驻村干部，为其提供必要的工作条件和生活条件。

（四）加大产业扶贫工作力度

发展产业是实现贫困人口稳定脱贫的主要途径和长久之策，必须多措并举做好产业扶贫工作，提升产业扶贫稳定脱贫的可靠性。实施贫困地区特色产业提升工程，加大扶持力度，建设一批特色种养基地和良种繁育基地。积极做好市场对接，实施电商扶贫，优先在贫困县、贫困村建设农村电子商务服务站点，实施消费扶贫，多渠道拓宽农产品营销渠道，完善贫困地区农村物流配送体系。完善新型农业经营主体与贫困户联动发展的利益联结机制，推广股份合作、订单帮扶、生产托管等有效做法，实现贫困户与现代农业发展有机衔接，有序推进村级光伏扶贫电站建设，做好收益分配管理工作。进一步完善减贫带贫机制，规范和推动资产收益扶贫工作，增加村级集体经济收入，并通过设置公益岗位引导贫困户从事力所能及的劳动。将产业扶贫纳入贫困县扶贫成效考核和党政一把手离任审计，引导各地发展长期稳定的脱贫项目。

（五）做好东西部扶贫协作工作

东部地区要组织企业到西部地区投资兴业、发展产业，东部各省市未来3年每年计划引入多少家企业，能够解决多少人脱贫，要有明确的计划。帮扶双方要进一步完善劳务输出精准对接机制，制定工作方案，开展稳岗拓岗，实现贫困人口跨省稳定就业。东部地区要组织企业到西部地区建设扶贫车间，吸纳贫困人口就地就近就业。西部地区要组织贫困人口到东部或其他省份就业。加大力度推进干部双向挂职、人才双向交流，提高干部人才支持和培训培养精准性，有针对性地增加选派专业技术人才。东部地区要加大对西部地区的财政资金支持力度，明确资金支持的最低要求，列入年度预算，及时拨付到位。资金使用要聚焦脱贫攻坚，惠及贫困人口。实现对扶贫协作地区贫困县携手奔小康行动全覆盖，确保每个县资金和人才到位，产业合作和劳务协作见实效。协作双方每年签订扶贫协作协议，年底据此开展考核。

（六）加强和改进定点扶贫工作

落实定点扶贫工作责任，把定点扶贫县脱贫工作纳入本单位工作重点，加强工作力量，加大投入力度，出台具体帮扶措施。定点扶贫单位主要负责同志承担定点扶贫第一责任人职责，定期研究帮扶工作，选派优秀干部到定点扶贫县和驻村任第一书记，开展精准扶贫。加强对定点扶贫县脱贫攻坚工作指导，督促落实脱贫攻坚主体责任。把定点扶贫县作为转变作风、调查研究的基地，通过解剖麻雀，完善本部门扶贫政策，推动脱贫攻坚工作，每年签订责任书，年底据此开展考核。

（七）加大金融扶贫支持力度

加强扶贫再贷款使用管理，优化运用扶贫再贷款发放贷款定价机制，引导金融机构合理合规增加对带动贫困户就业的企业和贫困户生产经营的信贷投放。加强金融精准扶贫服务。支持国家开发银行和中国农业发展银行进一步发挥好扶贫金融事业部的作用，支持中国农业银行、中国邮政储蓄银行、农村信用社、村镇银行等金融机构增加扶贫信贷投放，推动大中型商业银行完善普惠金融事业部体制机制。创新产业扶贫信贷产品和模式，建立健全金融支持产业发展与带动贫困户脱贫的挂钩机制和扶持政策。规范扶贫小额信贷发放，在风险可控前提下可办理无还本续贷业务，对确因非主观因素不能到期偿还贷款的贫困户可协助其办理贷款展期业务。加强扶贫风险防范，支持贫困地区完善风险补偿机制。推进贫困地区信用体系建设。支持贫困地区金融服务站建设，推广电子支付方式，逐步实现基础金融服务不出村。支持贫困地区开发特色农业险种，开展扶贫小额贷款保证保险等业务，探索发展价格保险、产值保险、“保险＋期货”等新型险种。扩大贫困地区涉农保险保障范围，开发物流仓储、设施农业、“互联网＋”等险种。鼓励上市公司、证券公司等市场主体依法依规设立或参与市场化运作的贫困地区产业投资基金和扶贫公益基金。贫困地区企业首次公开发行股票、在全国中小企业股份转让系统挂牌、发行公司债券等按规定实行“绿色通道”政策。

（八）健全社会力量参与扶贫机制

落实国有企业精准扶贫责任，通过发展产业、对接市场、安置就业等多种方式帮助贫困户脱贫。深入推进“万企帮万村”精准扶贫行动，引导民营企业积极开展产业扶贫、就业扶贫、公益扶贫。支持社会组织参与脱贫攻坚，建立社会组织帮扶项目与贫困地区需求信息的对接机制。鼓励引导社会各界使用贫困地区产品和服务，推动贫困地区和贫困户融入大市场。落实社会扶贫资金所得税税前扣除政策。建立扶贫志愿服务人员库，动员组织各类志愿服务团队、社会各界爱心人士开展扶贫志愿服务。

二、重点攻克深度贫困

2017 年 6 月 23 日，习近平总书记深入吕梁山区看望贫困群众，并在太原主持召开深度贫困地区脱贫攻坚座谈会，深刻剖析深度贫困成因，发出攻克深度贫困堡垒号召，对深度贫困地区脱贫攻坚作出全面部署。太原座谈会的召开，标志着脱贫攻坚由面上推进向深度贫困聚焦，向最难啃的“硬骨头”发力。各地区各部门认真学习贯彻习近平总书记太原座谈会重要讲话精神，聚焦深度贫困地区和特殊贫困群体，加大投入力度和资源整合强度。

（一）确定深度贫困范围

根据中央部署和要求，各省区市综合考虑贫困发生率和贫困人口规模、脱贫难度、发展水平等因素，共确定了334个深度贫困县和3万多个深度贫困村。

（二）明确责任分工

中办、国办出台《关于支持深度贫困地区脱贫攻坚的实施意见》，从三个方面提出明确要求。中央统筹，重点支持“三区三州”，在现有支持基础上，国家新增脱贫攻坚资金、项目、举措主要集中用于西藏、四省藏区、南疆四地州和四川凉山州、云南怒江州、甘肃临夏州等深度贫困地区。落实部门责任，支持解决深度贫困地区和深度贫困问题，对“三区三州”和其他深度贫困地区给予政策支持、资金帮助和工作指导。省负总责，集中力量解决本省范围内的深度贫困问题。

（三）着力改善深度贫困地区发展条件

推进深度贫困地区交通建设攻坚，加快实施深度贫困地区具备条件的建制村通硬化路。加快实施深度贫困地区农村饮水安全巩固提升工程，加快深度贫困地区小型水利工程建设，推进深度贫困地区在建重大水利工程建设进度。推进深度贫困地区农村电网建设攻坚，实现农网动力电全覆盖。

（四）加大政策倾斜和扶贫资金整合力度

各部门加大对深度贫困地区的支持力度。在财政投入方面，2018—2020年，中央财政拟新增2140亿元支持深度贫困地区脱贫攻坚。在金融扶贫方面，规范扶贫领域融资，依法发行地方政府债券，加大深度贫困地区扶贫投入。新增金融资金优先满足深度贫困地区，新增金融服务优先布局深度贫困地区，对深度贫困地区发放的精准扶贫贷款实行差异化贷款利率。加大对深度贫困地区扶贫再贷款倾斜力度，在深度贫困地区探索开展扶贫特色产业保险。在土地政策支持方面，足额保障深度贫困地区基础设施、易地扶贫搬迁、民生发展等用地，2018年为深度贫困县每县专项安排新增建设用地指标600亩。在易地扶贫搬迁方面，中央预算内投资加大对“三区三州”倾斜支持力度。在产业扶贫方面，推动深度贫困地区传统特色优势产业提质增效，围绕深度贫困地区旅游“大环线”建设，实施贫困村旅游扶贫带动工程。创新开发民族手工艺品，建设一批扶贫就业工坊。在教育扶贫方面，加大对深度贫困地区投入力度，改善义务教育薄弱学校基本办学条件，完善控辍保学工作机制。

（五）实施贫困村提升工程

紧紧围绕“两不愁三保障”扶贫标准，充分考虑贫困村和贫困群众发展需要，结合各地资源禀赋和经济情况，合理确定建设标准和任务，既不降低要求，也不吊高胃口。到2020年，贫困村道路、水利等基础设施建设深入推进，教育、卫生等基本公共服务水平进一步提高，实现人居环境干净整洁的基本要求。产业扶贫组织化程度不断提高，建立起对贫困人口脱贫带动作用明显的主导产业。村级治理体系得到完善，村集体经济得到壮大。良好家风、淳朴民风进一步弘扬，乡风文明建设取得明显成效。

三、巩固脱贫攻坚成果

脱贫攻坚以来，各地区各部门认真贯彻落实中央决策部署，脱贫攻坚取得决定性进展。持续巩固脱贫攻坚成果，建立稳定脱贫长效机制，缓解相对贫困问题，是实现脱贫攻坚和乡村振兴衔接的重要工作。贫困县退出后，在攻坚期内国家原有扶贫政策保持不变。贫困村退出后，要优先实施乡村振兴，进一步巩固脱贫成果。

（一）增强脱贫地区“造血”功能

按照抓重点、补短板、强弱项的要求，推动脱贫地区基础设施提挡升级，持续改善农村人居环境，压茬推进实施生态宜居搬迁，补齐教育、卫生等社会事业发展短板，完善农村社会保障体系建设，持续改善欠发达地区和其他地区相对贫困人口的发展条件。

（二）逐步消除精神贫困

加强教育引导，开展扶志教育活动，创办“农民夜校”“讲习所”等，加强思想、文化、道德、法律、感恩教育，弘扬自尊、自爱、自强精神，防止政策养懒汉。围绕贫困地区群众发展产业和就业需要，组织贫困家庭劳动力开展实用技术和劳动技能培训。大力开展移风易俗活动，发挥村民议事会、道德评议会等群众组织作用，坚持自治、法治、德治相结合，教育引导群众弘扬传统美德、树立文明新风。

（三）建立正向激励机制

激励和约束并重，将帮扶政策措施与群众参与挂钩，更多采取以奖代补、事后奖补等方式，引导贫困群众参与产业发展和就业。推广有条件现金转移支付方式，除政策明确规定以现金形式发放外，原则上不得无条件发放现金，大力推广自建、自管、自营等以工代赈方式，引导广大农民自己动手建设美好家园。

（四）加强宣传引导

深入学习宣传习近平总书记关于扶贫工作的重要论述，宣传党中央关于精准扶贫精准脱贫的重大决策部署，宣传脱贫攻坚典型经验，宣传脱贫攻坚取得的伟大成就，为打赢脱贫攻坚战注入强大精神动力。组织广播电视、报纸杂志等媒体推出一批脱贫攻坚重点新闻报道，积极利用网站、微博、微信、移动客户端等新媒体开展宣传推广。推出一批反映扶贫脱贫感人事迹的优秀文艺作品，加大扶贫题材文化产品和服务的供给。每年组织报告团，分区域巡回宣讲脱贫先进典型。讲好中国脱贫攻坚故事，反映中国为全球减贫事业作出的重大贡献。选好配强党组织带头人，发挥好村级党组织组织群众、宣传群众、凝聚群众、服务群众的作用。

（执笔单位：国务院扶贫办规划财务司）

坚决打赢脱贫攻坚战　压茬推进乡村振兴

党的十八大以来，以习近平同志为核心的党中央高度重视扶贫开发工作，把脱贫攻坚摆到治国理政的重要位置，作为全面建成小康社会的底线任务和标志性目标，打响了力度前所未有的脱贫攻坚战。习近平总书记亲自挂帅、亲自出征、亲自督战，在重要会议、关键时点、重大场合反复强调脱贫攻坚，作出一系列新决策新部署，提出一系列新理念新思想，为打赢脱贫攻坚战提供了根本遵循和行动指南。

一、中国扶贫开发的历史演进

反贫困是全人类共同奋斗的伟大事业。过去的40年，中国在改革开放理念推动下实现的经济社会转型是中国历史和全球发展进程中最为引人注目的成就。大规模的减贫是中国进入这个新时代的重要指标之一，也是人类在20世纪、21世纪的发展进程中取得的最为重要的文明成果之一。中国政府历来重视扶贫开发，在不同时期开展了有针对性的扶贫工作，大体经历了以下五个阶段。

第一阶段是1978—1985年。改革开放之初的1978年，中国的贫困人口高达2.5亿人，占农村人口的30.7%，处于普遍贫困阶段。家庭联产承包责任制逐步推行，“支援经济不发达地区发展资金”和“三西”农业建设计划陆续实施，农村贫困状况大幅度缓解。到1985年底，农村贫困人口减到1.25亿人。

第二阶段是1986—1993年。1986年，国务院扶贫开发领导小组成立，划定了18个集中连片的重点贫困地区，并确定了331个国家级贫困县，采取的主要政策是专项扶贫贷款、以工代赈和财政发展资金计划三项大的扶贫投资计划。到1993年，贫困人口由1985年的1.25亿人减少到约8000万人。

第三阶段是1994—2000年。1994年，《国家八七扶贫攻坚计划》颁布，计划用7年时间解决8000万人的温饱问题，并重新确定了贫困县，明确了具体目标和任务，强化了地方政府对所辖地区扶贫工作责任制。到2000年底，"八七扶贫攻坚计划"的目标基本实现。

第四阶段是2001—2012年。2001年5月，《中国农村扶贫开发纲要（2001—2010年）》出台，将工作重点放到西部地区，扶贫投资覆盖到非重点县的贫困村。2011年印发《中国农村扶贫开发纲要（2011—2020年）》，首次明确提出了"把集中连片特困地区作为主战场"，并出台了11个片区区域发展与扶贫攻坚规划，建立了片区联系工作机制，明确14个部门和单位定点联系11个片区。

第五阶段是2013—2020年。2013年，习近平总书记在湖南花垣县十八洞村考察时首次提出精准扶贫。2015年，在党的十八届五中全会和中央扶贫开发工作会议上，习近平总书记就脱贫攻坚作出全面安排部署。随后，中共中央、国务院出台《中共中央　国务院关于打赢脱贫攻坚战的决定》，一场脱贫攻坚战全面打响，中国扶贫开发进入精准扶贫精准脱贫的新阶段。

二、完善制度和政策体系，全面推进精准扶贫精准脱贫

（一）明确目标标准

习近平总书记反复强调，脱贫攻坚的目标就是要做到"两个确保"：

确保现行标准下的农村贫困人口全部脱贫，消除绝对贫困；确保贫困县全部摘帽，解决区域性整体贫困。确保现行标准下农村贫困人口全部脱贫，就是稳定实现贫困人口“两不愁、三保障”、贫困地区基本公共服务领域主要指标接近全国平均水平。

（二）建立责任体系

按照“中央统筹、省负总责、市县抓落实”的工作机制，中办、国办印发《脱贫攻坚责任制实施办法》，构建各负其责、合力攻坚的责任体系。中办、国办分解《中共中央　国务院关于打赢脱贫攻坚战的决定》重要政策举措101条，明确了中央国家机关76个部门任务分工。中西部22个省份党政主要负责同志向中央签署脱贫攻坚责任书、立下军令状，贫困县党政正职在脱贫攻坚期内保持稳定，形成了“五级书记抓扶贫、全党动员促攻坚”的工作局面。

（三）完善政策体系

中办、国办制定10多个《中共中央　国务院关于打赢脱贫攻坚战的决定》的配套文件，各有关部门出台200多个政策文件或实施方案，各地也相继出台和完善政策文件，财政、金融、土地等一系列超常规政策逐步落地，产业扶贫、易地扶贫搬迁、交通扶贫、教育扶贫、健康扶贫、生态扶贫等专项计划抓紧实施，脱贫攻坚“四梁八柱”政策顶层设计基本完成，形成了“1+N”脱贫攻坚政策体系，打出了政策组合拳。

（四）加大资金投入

坚持政府投入、金融资金投放、社会资金参与共同发力，确保扶贫投入力度与打赢脱贫攻坚战要求相适应。2013—2017年，中央财政专项扶贫资金累计投入2822亿元，2018年达1061亿元。省级及以下财政扶贫资金投入也大幅度增长，金融扶贫力度明显增大，扶贫再贷款、保险业、土地政策等助力脱贫攻坚的力度明显加强。国家发展改革委逐年增加安排脱贫攻坚领域中央预算内投资规模，2018 年安排贫困地区的中央预算内投资达到 2000 亿元以上，超过全委投资总盘子的 1/3。其中由发展改革委牵头实施的易地扶贫搬迁工程，“十三五”期间计划投入中央预算内投资等各类资金约 6000 亿元。

（五）广泛动员力量

调整完善东西部扶贫协作和对口支援结对关系，加大资金、技术、干部、人才等多个方面的支援帮扶力度。加大东西部扶贫协作力度，调整完善结对关系，实施东部 267 个经济较发达县（市、区）结对帮扶西部 434 个贫困县的“携手奔小康”行动。加大中央层面定点扶贫工作力度，320 个中央单位定点帮扶 592 个贫困县，军队和武警部队定点帮扶 3500 多个贫困村，中央企业开展“百县万村”扶贫行动，2.6 万家民营企业开展“万企帮万村”行动，实现全覆盖。

（六）强化监督检查

中央出台了脱贫攻坚督查巡查工作办法，对各地落实中央决策部署开展督查巡查。中央巡视把脱贫攻坚作为重要内容，把全面从严治党要求贯穿脱贫攻坚全过程各环节。8 个民主党派中央分别对应 8 个贫困人口多、贫困发生率高的省份，在攻坚期内开展脱贫攻坚民主监督。

（七）严格考核评估

中央出台省级党委和政府扶贫开发工作成效考核办法，实行最严格的考核评估制度，压紧压实省级党委和政府、中央有关部门的脱贫攻坚责任。国务院扶贫开发领导小组组织开展成效考核，考核结果作为对省级党委、政府主要负责人和领导班子综合考核评价的重要依据。

经过3年的努力，中国减贫工作成效显著，截至2017年末，现行标准下的农村贫困人口由2012年末的9899万人减少至3046万人，累计减贫6853万人，贫困发生率由10.2%下降到3.1%，脱贫攻坚取得了决定性进展。

三、打赢打好脱贫攻坚战须处理好的几个关系

（一）处理好减贫速度和脱贫质量的关系

从面上情况看，如期完成“两不愁、三保障”脱贫目标问题不大。当前，还是应当牢牢把握质量导向，实现从注重速度数量向注重质量成效转变，确保脱贫工作务实、脱贫过程扎实、脱贫结果真实。既要紧盯“两个确保”总攻目标，又要牢牢把握“两不愁、三保障”这个标准，坚持时间服从质量，避免出现“突击式脱贫”等不良倾向，不急功近利、不好高骛远，全面提升贫困群众脱贫的获得感和幸福感。

（二）处理好全面推进与重点突破的关系

既要有序有力推动面上工作，更应从深度贫困地区和特殊困难群体等最短处入手、最难处发力，通过重点突破带动整体推进，努力做到“三个聚焦”：聚焦重点区域，把新增资金、新增项目、新增举措主要投向“三区三州”等深度贫困地区，集中优势兵力打好“歼灭战”；聚焦特殊群体，以孤寡老人、慢性病人、残疾人等特殊困难群体为帮扶重点，统筹各类保障措施进行“兜底”；聚焦关键措施，在打好扶贫措施“组合拳”的基础上，更加注重发挥好产业扶贫、就业脱贫、易地扶贫搬迁等关键措施的作用。

（三）处理好外部帮扶与内生动力的关系

习近平总书记多次强调，脱贫致富贵在立志，只要有志气、有信心，就没有迈不过去的坎。外部帮扶是打好打赢精准脱贫攻坚战的“助推器”，但如果贫困群众内生动力不足，即使外部帮扶力度再大，也难以发挥有效作用。一方面，坚持扶志与扶智双管齐下，加大劳动技能和文化知识培训力度，激发贫困群众发展致富的信心和决心。另一方面，改进扶贫资金资源分配方式，多采用以工代赈、以奖代补等方式，让贫困群众参与到脱贫攻坚中来。此外，还应大力开展移风易俗，修订完善村规民约，教育和引导贫困群众弘扬传统美德、树立文明新风。

四、压茬推进脱贫攻坚和乡村振兴

实施乡村振兴战略，是党的十九大作出的重大决策部署，是新时代做好“三农”工作的总抓手。实施乡村振兴，摆脱贫困是基本前提，对贫困地区而言，2020年之前乡村振兴的主要任务就是脱贫攻坚。脱贫攻坚是乡村振兴的催化剂，为贫困地区实施乡村振兴奠定了坚实基础。要压茬推进脱贫攻坚和乡村振兴，确保两者无缝衔接、相互促进，发挥好政策叠加效应。

（一）把贫困地区作为乡村振兴的重点

推动乡村振兴资金、项目、人才、技术等方面的投入向贫困地区倾斜，补齐基础设施和基本公共服务短板，以乡村振兴巩固脱贫成果，同步解决边缘贫困群体的相对贫困问题。在全面建成小康社会之后，要通过乡村振兴继续支持已脱贫地区发展，为巩固脱贫成果再上保险。

（二）在乡村振兴中着力解决长期性问题

要彻底解决贫困地区安于现状、语言障碍、陈规陋习等问题，需分阶段、分步骤加以解决。通过实施乡村振兴，统筹推进农村经济、政治、文化、社会、生态文明建设，综合运用物质和精神手段，逐步解决长期性问题。

（三）结合乡村振兴压茬推进生态宜居搬迁

脱贫攻坚期内，要对“一方水土养不起一方人”地区的建档立卡贫困人口大力实施易地扶贫搬迁，鼓励开展整村整组搬迁。脱贫攻坚期结束后，要结合乡村振兴压茬推进生态宜居搬迁工程，巩固易地扶贫搬迁成果，统筹解决生存条件恶劣、生态环境脆弱地区的生态环境保护、群众生产生活条件改善等问题。

（执笔单位：国家发展改革委地区经济司）

夯实农业综合生产能力

党的十九大作出实施乡村振兴战略的重大部署，是推进农业农村现代化的重大举措。近期，中央印发《乡村振兴战略规划（2018—2022年）》，提出了思路目标和重点任务。实现乡村振兴，产业兴旺是基础，夯实生产能力是关键。必须紧紧抓住这一关键，加大投入，加强建设，巩固提升农业综合生产能力，为乡村振兴战略实施提供有力支撑。

一、深刻领会实施乡村振兴战略对夯实农业综合生产能力提出的新要求

当前，我国农业农村经济发展进入新的历史阶段。这一阶段，既有加快供给侧改革、适应市场变化的新要求，也有加快生产方式转变、促进持续发展的新要求。中央审时度势提出实施乡村振兴战略，充分体现了对国情农情的深刻把握，是习近平总书记关于“三农”工作重要论述的集中体现。必须准确把握乡村振兴战略的科学内涵，进一步明确新时代农业发展的新要求，巩固提升生产能力，加快推进农业现代化。

（一）实现乡村振兴，重在强基固本提升产能，让粮食安全基础更牢固

发展生产保供给是农业的根本任务。党的十八大以来，中央始终高度重视粮食生产，采取一系列有效措施，实现了粮食连年丰收，粮食产

量连续多年保持在12000亿斤以上，为经济发展和社会稳定发挥了“压舱石”作用。但发展也是不充分的，仍面临较大困难和挑战。一个是粮食需求量“超大”。综合各方面的分析预测，因人口增加和消费结构升级，粮食需求量每年增加200亿斤左右，供求“紧平衡”将是常态。另一个是人均耕地等资源占有量“超小”。我国人均耕地、淡水资源分别仅为世界平均水平的1/3和1/4。工业化、城镇化快速推进，还要占用耕地，农业用水空间也将进一步收窄。实施乡村振兴战略，根本的是把粮食稳住，把中国人的饭碗端牢。

（二）实现乡村振兴，重在结构优化提升产能，让农业供给体系更高效

当前，农业的主要矛盾已经由总量不足转变为结构性矛盾。主要表现在：一是品种结构还不优。稻谷库存压力较大，大豆缺口逐年扩大，绿色优质农产品供应不足。二是区域布局还不适。一些园艺作物盲目引种、扩种，不是适宜区域也大面积种植，影响产量和品质，造成特色不突出、效益也不好。三是产业结构还不顺。初级农产品比重较大，产后处理、精深加工及储藏物流等水平还较低，农产品加工业与农业产值比仅为2.2∶1。实施乡村振兴战略，要调整优化农业结构，让品种结构调优，区域结构调适，产业结构调顺。

（三）实现乡村振兴，重在绿色引领提升产能，让农业生态环境更良好

过去为保障粮食等重要农产品有效供给，主要靠资源的过度开发、要素的大量投入，生态环境承载能力逼近极限。一方面，农业资源长期透支。全国近1/3土地面积存在不同程度的水土流失，耕地退化面积40%以上。另一方面，环境污染日益加重。据监测，全国土壤污染物点

位超标率为16.1%。化肥农药过量使用，畜禽粪污资源化利用率低，造成南方地表水富营养化和北方地下水硝酸盐污染。农膜残留问题也很突出。需要大力推行绿色生产方式，留住干净的水源、肥沃的耕地、美丽的田园。

（四）实现乡村振兴，重在机制创新提升产能，让新型经营主体更壮大

目前，一家一户的分散经营仍占主体，难以适应现代农业发展的要求。一是生产组织化程度低。截至2017年7月，全国依法登记的农民合作社193万家，入社农户约占农户总数的46.8%。还有相当部分的小农户，都是自主经营、自主生产。二是“谁来种地”问题凸显。一些地方农村劳动力外出务工比例高达70%以上，在家务农的劳动力平均年龄超过55岁，农村“空心化”、农业“兼业化”、农民“老龄化”等现象较为普遍。

二、准确把握实施乡村振兴战略夯实农业综合生产能力的内涵要义

振兴，寓振发兴举、活力增强之义，彰显的是一种决战决胜的气魄、奋发向上的力量。实施乡村振兴战略，体现了中央对推进“四化同步”的坚定决心，也展现了中央推进农业农村现代化的坚定意志。乡村是一个广域的范围，内涵极其丰富，既有生产的、也有生活的，既有生态的、也有文化的。实现乡村振兴，产业兴旺是基础，这是最根本的。农业作为最基础的产业，发展生产保供给是首要任务。完成这一任务，重在提升农业综合生产能力，助力乡村振兴战略实施。

（一）在任务上，主要在“实、亮、深、拓”四字上下功夫

1.“实”，就是夯实粮食生产能力。立足我国资源禀赋和市场需求，守住国家粮食安全的战略底线，必须保证粮食产能稳定在12000亿斤以上。同时，要有保有压、取舍有度，集中力量把最重要、最基本的保住。必保的，是稻谷、小麦两大口粮品种。按照现有的技术水平，实现必保的目标，面积应稳定在8亿亩。应保的，就是保持谷物基本自给。加上玉米面积，谷物面积应稳定在14亿亩左右。实现这一目标，重在加强农业基础设施建设，建设高标准农田，提升耕地质量，真正实现藏粮于地。

2.“亮”，就是做亮优势特色产业。夯实农业综合生产能力，需要大力发展特色优势产业，推进品牌强农。发展优质农产品，优先发展优质稻米、强筋弱筋小麦、“双低”油菜、高油高蛋白大豆、高油花生、高产高糖甘蔗、优质水果、名优茶叶、道地药材等优质农产品。发展专用农产品，积极发展甜糯玉米、加工型早籼稻、高赖氨酸玉米、高油玉米、高淀粉马铃薯等加工型专用品种，发展生物产量高、蛋白质含量高、粗纤维含量低的苜蓿和青贮玉米。发展特色农产品，因地制宜发展传承农耕文明、保护特色种质资源的水稻，有区域特色的杂粮杂豆，风味独特的小宗油料，有地理标识的农产品。

3.“深”，就是推进一二三产业深度融合。夯实农业综合生产能力，需要产业的不断升级、链条的不断延伸、附加值的不断提升。加快推进农牧结合，按照以养带种、以种促养的原则，积极发展优质饲草作物。优化生猪产能布局，实现过腹转化。加快发展农产品加工业，大力发展农产品精深加工，促进加工转化。加快发展现代流通业，支持优势产区产地批发市场建设、仓储物流建设，推进市场流通体系与储运加工布局有机衔接，促进农产品顺畅销售。真正实现一二三产业融合发展，延伸

产业链，提升价值链。

4.“拓”，就是拓展农业多种功能。积极发展多种形式的休闲观光、农事体验、农家乐，提升管理水平和服务质量。加快建设具有历史、地理、民族特点的特色旅游村镇和乡村旅游示范村，有序发展新型乡村旅游休闲产品。加强农村传统文化保护，合理开发农业文化遗产，弘扬农耕文化，让市民看得见山、望得见水、记得住乡愁。

（二）在路径上，主要是推进“四个转变、四个提升”

1. 加快以数量为主向量质并重的高效型农业转变，提升产业发展效能。优化要素配置。引导和推动更多的资本、技术、人才等要素向农业农村流动，促进农业技术、装备、设施、服务、加工和流通等水平提升。优化区域布局。调整优化作物品种结构和区域布局，划定粮食生产功能区和重要农产品生产保护区，建设特色农产品优势区。优化产品结构。积极发展优质农产品、专用农产品、特色农产品，增加绿色优质农产品供给。

2. 加快粗放经营向绿色引领的循环型农业转变，提升持续发展能力。促进投入品减量增效。实施化肥农药使用量零增长行动，推进有机肥替代化肥、绿色防控替代化学防治，提高化肥农药利用率。促进耕地地力提升。加快建设高标准农田，深入开展耕地质量保护与提升行动，实现藏粮于地。促进用地养地结合。推进耕地轮作休耕常态化实施，促进生态环境改善和资源永续利用。

3. 加快人工劳作向机艺融合的替代型农业转变，提升劳动生产效率。培育适宜机械作业的新品种。加快培育适宜全程机械化作业的品种，用育种手段攻克全程机械化“第一关”。集成农机农艺融合的技术模式。以提高机械作业适应性为重点，集中力量攻克影响全程机械化作业的技术瓶颈。培育机械作业为主的服务组织。大力培育农机服务组织，开展机耕机收、秧苗统育统栽、病虫统防统治、肥料统配统施等农机作业服务。

4. 加快分散经营向利益联结的规模型农业转变，提升组织化程度。培育新型经营主体和服务主体。积极引导土地规范流转，培育新型经营主体。发展多元社会化服务组织，开展全程托管服务。加强小农户与新型经营主体的利益联结。完善风险共担、利益共享的利益联结机制，引导和组织小农户参与新型经营主体的经营活动。构建农业产业化联合体。培育以规模经营为依托、以利益联结为纽带的一体化农业经营组织，促进资源要素共享，提升农业产业化水平。

三、以实施乡村振兴战略为统领，切实抓好夯实农业综合生产能力各项政策措施落实

乡村振兴战略是一项系统工程，需要统筹兼顾、精准施策，持续发力、久久为功。夯实农业综合生产能力，重点是做到“五个加力推进”。

（一）加力推进设施建设，在强基固本产业兴旺中推进农业现代化

1. 加快“两区”划定。加快划定粮食生产功能区和重要农产品生产保护区，到2019年，全面完成9亿亩粮食生产功能区和2.38亿亩重要农产品生产保护区的划定工作。优先保障区域内生产补贴、救灾补助等资金，优先实施科技示范、基建设施等项目，优先扶持从事生产、加工、经营的家庭农场、合作社、龙头企业等新型主体，巩固和提升粮食核心产能。

2. 建设旱涝保收高标准农田。按照“旱涝保收、高产稳产、生态友好”的要求，整合现有各类渠道资金，加大对高标准农田建设的投入力

度，重点向粮食主产区倾斜，优先建设高标准口粮田，到2020年确保建成8亿亩、力争建成10亿亩高标准农田。

3. 加强耕地质量保护建设。深入开展耕地质量保护与提升行动，以土壤改良、培肥地力、养分平衡、质量修复为重点，分类指导、分区推进，改造和消解土壤障碍因素，提升耕地内在质量。开展东北黑土地保护利用试点，综合运用复合型农艺措施，遏制黑土地退化趋势，恢复提升土壤有机质含量。

（二）加力推进绿色发展，在环境友好生态宜居中推进农业现代化

1. 推进化肥农药减量增效。在化肥减量上，扎实开展果菜茶有机肥替代化肥行动，选择一批既是果菜茶生产大县又是畜禽养殖大县开展示范，加快有机肥推广应用。在农药减量上，重点推行绿色防控减量、统防统治减量、精准施药减量、高效药械减量，提高农药利用率。力争到2020年主要农作物化肥农药使用量实现负增长，利用率达到40%以上。

2. 加快发展节水农业。结合实施国家节水行动，推进品种节水、农艺节水、设施节水、机制节水，加快推广喷灌、滴灌、水肥一体化技术，积极探索奖补结合的水价综合改革，增强农民节水意识。

3. 推行耕地轮作休耕。扎实开展耕地轮作休耕制度试点，扩大试点规模，充实试点内容，完善试点功能，提升试点水平，加快构建绿色种植制度。

（三）加力推进科技创新，在培育动能增强活力中推进农业现代化

1. 加快种业科技创新。加快选育一批适销对路、品质优良的粮棉油糖和果菜茶等作物新品种，建设一批国家级制种基地、果树无病毒良种

繁育基地、茶叶无性系繁育基地和蔬菜集约化育苗基地，促进品种更新换代。

2. 加快技术集成创新。深入开展绿色高质高效创建，集中力量攻克影响单产提高、品质提升、效益增加和环境改善的技术瓶颈，分区域、分作物集成组装一批高产高效、资源节约、生态环保的成熟技术模式，提升农业生产科技水平。

（四）加力推进质量兴农，在提质增效生活富裕中推进农业现代化

1. 推进棉油糖标准化生产。集成推广集约化育苗、轻简化栽培等区域性、标准化绿色技术模式，促进棉油糖增产增效。

2. 提升园艺产品质量。鼓励有实力的企业跨区域整合资源，组建产销集团，形成资源集中、生产集群、营销集约的格局。培育一批品质好、叫得响、占有率高的农业品牌。

3. 开发农业多功能。推进农业与旅游、文化、健康等产业深度融合，拓展农业的多种功能。发展休闲农业和乡村旅游，建设生产休闲一体化观光旅游示范基地，挖掘农业外部增收潜力。

（五）加力推进改革强农，在机制创新体系完善中推进农业现代化

1. 积极发展土地流转型规模经营。支持种植大户、家庭农场、农民合作社等新型经营主体发展，充分发挥其在使用新品种新技术、生产优质安全农产品等方面的示范带动作用。

2. 积极发展服务带动型规模经营。积极发展多元社会化服务组织，加快发展农业生产性服务业，加快构建现代农业经营体系。

3. 大力推进产业化经营。推进农业产业化龙头企业发展，培育具有

国际竞争力的现代农业产业集团。积极发展农社对接、农商对接、电子商务，推进物联网、云计算、大数据、移动互联等现代信息技术应用，促进全产业链提挡升级。

（执笔单位：农业农村部种植业管理司）

在更高水平上确保国家粮食安全

党中央、国务院历来高度重视粮食问题，始终把确保国家粮食安全摆在突出位置。习近平总书记多次强调，解决好十几亿人的吃饭问题，始终是我们党治国理政的头等大事。保障国家粮食安全是实现经济发展、社会稳定、国家安全的重要基础。党的十九大报告作出“实施乡村振兴战略”的重大部署，并再次强调“确保国家粮食安全，把中国人的饭碗牢牢端在自己手中”。为促进粮食资源的顺畅流通、科学调控、高效配置，实现“为耕者谋利、为食者造福、为业者护航”，更好地服务乡村振兴战略，在更高水平上确保国家粮食安全，必须加快夯实粮食流通基础，努力构建更高层次、更高质量、更有效率、更可持续的粮食安全保障体系。

一、背景情况

习近平总书记明确指出，保障国家粮食安全是一个永恒的课题，任何时候这根弦都不能松。

总体看，我国粮食安全基础仍不稳固，粮食安全形势依然严峻。从中长期看，受人口、耕地、水资源、气候、能源、国际市场等因素变化影响，我国粮食供需“紧平衡”的趋势不会变；种植结构调整、休耕轮作实施、库存消化加快、价格形成机制完善、群众存粮意愿降低等都将给粮食供需和市场形势带来新变化。从当前来看，粮食结构性矛盾突出，粮食生产逐步向核心主产区集中，粮食跨省流通量将大幅增加；粮食市场化程度持续提高，市场主体日益多元，粮食宏观调控难度增大，政府储备粮等政策性粮食监管力度亟待加强。

具体看，一是目前我国尚未出台保障国家粮食安全的专门法律，不能为实现广积粮、积好粮、好积粮提供必要的法制保障。二是中央和地方、省级和市县级储备全方位协同运作还不顺畅，调控的精准性和有效性还需进一步提高。三是现代化粮食流通体系尚未形成，粮食流通基础设施布局不合理，粮食物流通道不畅，粮食流通效率不高，应急保供能力不强。四是随着粮食收储制度改革的深入推进，粮食企业传统经营模式将难以为继，现代企业制度不健全、市场化经营能力不强、企业活力不足、经营管理人才缺乏等问题逐步显现。五是服务农户粮食产后能力较弱，粮食质检体系还不完善，优质绿色粮油产品供给不足，难以满足城乡居民日益增长的消费需求。六是粮食安全省长责任制的考核“指挥棒”的作用需要进一步加强。

二、内涵要义

要实现在更高水平上确保国家粮食安全的总目标，需要认真落实“一个具体保障、四个具体抓手、一个考核机制”。

（一）一个具体保障

即粮食安全保障立法。党的十九大报告作出了“深化依法治国实践”的重大部署，夯实流通基础、完善保障体系也必须坚持立法先行。通过立法，把党中央、国务院关于粮食工作的战略、方针、政策上升为国家法律，有利于保护和提高粮食综合生产能力，增强粮食储备和流通能力，维护粮食市场秩序，满足城乡居民安全健康消费需要。

（二）四个具体抓手

1. 建立现代化粮食储备体系。粮食储备主要用于调节粮食供求、稳定粮食市场以及应对重大自然灾害或者其他突发事件等。目前我国政府粮食储备分为中央储备和地方储备。

中央储备粮粮权属于国务院，是全国或较大范围内稳预期、应大灾、守底线的“压舱石”，储备规模由国家有关部门根据国家宏观调控需要和财政承受能力提出，报国务院批准。中央储备粮按照《中央储备粮管理条例》和有关规章制度及相关政策进行管理。

地方储备粮粮权属于地方政府，是区域内稳市场、保应急、守安全的“第一道防线”，储备规模由国家有关部门核定，报请国务院同意后下达总量计划。地方储备粮管理办法由地方政府根据实际参照中央储备粮管理制度制定，并相应承担支出责任。

为确保政府粮食储备常储常新，同时发挥轮换吞吐调控市场作用，政府粮食储备实行轮换机制。为保证粮食宏观调控的前瞻性、精准性和实效性，必须按照市场在粮食资源配置中起决定性作用和更好发挥政府作用的要求，建立现代化粮食储备体系，创新体制机制，强化预期管理，注重预调微调，更好地服务保障国家粮食安全。

2. 完善现代粮食流通体系。将粮食仓储、物流、应急、加工、市场等粮食流通各环节有机统一，形成完整的产业链条，是完善现代粮食流通体系、提高粮食流通效率的重要途径。一是以优化布局、调整结构、提升功能为重点，合理改建、扩建和新建粮食仓储设施。完善散粮接发设施，全面推广散粮装卸和运输。二是进一步完善“北粮南运”八大跨省粮食物流通道，全力打造沿海、沿长江、沿运河、沿京哈、沿京沪、沿京广、沿陇海、沿京昆等“两横、六纵”8条重点线路，着力推进铁路散粮运输系统工程、港口散粮运输提升工程、粮食物流（产业）园区及粮食物流公共信息平台等重点项目。三是加强城乡粮食应急供应网点建设和维护，依托现有社会资源构建布局合理、设施完备、运转高效、保障有力的粮食应急供应保障体系，确保应急供应网点覆盖乡镇、街道（社区）和直辖市、省会城市、计划单列市人口集中的社区。四是推广应用新技术新装备，全面推进粮食流通装备和技术的研究开发与推广应用，包括快速中转新仓型、移动烘干清理设施、绿色储粮新技术以及多式联运物流衔接技术和集装单元化技术等。五是大力发展信息化，通过信息化与粮食各环节业务的深度融合，提升企业运营效率和管控水平，提高粮食信息共享程度。通过应用多参数粮情检测、智能控温等智能化仓储设备，有效提升仓储保管水平。

3. 推动粮食行业转型发展。一是深化国有粮食企业改革。完善法人治理结构，提高企业资产质量和效率活力。适应粮食安全新形势和市场化改革新要求，树立市场经济意识，发展混合所有制经济。做强做优做大一批国有粮食企业，有效发挥稳市场、保供应、促发展、保安全的重要载体作用。支持各类粮食企业合作融合、产销衔接，全力抓好“农头工尾”“粮头食尾”，做大做强粮食流通全产业链。二是大力发展粮食产业经济。大力推动“三链协同”，加速延伸产业链，突出优化创新链，不断提升价值链。以加工转化为核心环节，向前后两端延伸产业链条，提高产出效益、增强产业发展后劲；以科技创新为核心，把增强技术实力作为粮食产业转型升级的战略支点，深入实施科技兴粮和人才兴粮工程，着力提高粮食行业创新发展能力；突出产品提挡，以市场需求为导向，调优产品结构，开发绿色优质粮油新产品，增加产品供给，同时，抓住品牌带动，鼓励企业增品种、提品质、创品牌，培育一批质量好、美誉度高、消费者认可的粮油品牌。

4. 深入实施“优质粮食工程”。为深入贯彻习近平总书记“要把增加绿色优质农产品供给放在突出位置，狠抓农产品标准化生产、品牌创建、质量安全监管，推动优胜劣汰、质量兴农”的重要指示精神，建立优质优价的粮食流通体系，在更高水平上保障国家粮食安全，财政部和原国家粮食局在粮食流通领域适时启动了“优质粮食工程”。一是建立专业化社会化的粮食产后服务体系，为种粮农民提供“代清理、代干燥、代储存、代加工、代销售”的“五代”服务等。二是完善粮食质量安全检验监测体系，健全粮食质检体系运行机制，确保粮食质检体系健康良性运行、履行职责、发挥作用。三是开展“中国好粮油”行动，依托示范县和示范企业开展“中国好粮油”示范工程，提高绿色优质粮油供给水平。

（三）一个考核机制

2014 年国务院出台《国务院关于建立健全粮食安全省长责任制的若干意见》(国发〔2014〕69 号)，明确各省（区、市）人民政府必须切实承担起保障本地区粮食安全的主体责任。为促进粮食安全省长责任制的落实，2015 年国务院办公厅又出台了《关于印发粮食安全省长责任制考核办法的通知》(国办发〔2015〕80 号)。国务院对省级人民政府进行年度考核，由国家发展改革委等 13 个部门和单位组成国家考核工作组，负责具体实施年度考核。

三、具体措施

（一）推进粮食安全保障立法

大力推动粮食安全保障立法，积极推动《粮食流通管理条例》和《粮食储备管理条例》制、修订，力求尽早颁布实施。指导各地立足实际，加快制、修订地方性法规，为区域粮食安全提供法律保障。

（二）建立现代化粮食储备体系

按照信息互通、吞吐联动、形成合力、高效调控的原则，推进中央和地方储备、省级和市县级储备全方位协同运作。地方各级粮食行政管理部门和所在地中储粮分公司、直属企业，共享储备信息和管理经验，共同分析研判市场形势，在储备布局、品种结构、轮换动用、统计监测、信息化建设等方面明确职责，分工合作，在引导生产、调控市场、保供稳价、应急动用等方面形成合力，避免逆向操作抵消调控效能，增强调控的精准性和有效性，降低运营成本，进一步提高调控水平。

（三）完善现代粮食流通体系

建立健全现代粮食流通体系建设投入的长效机制，落实信贷、税收等优惠政策。积极探索财政资金引导社会投入粮食流通的新机制，发挥财政资金“四两拨千斤”的作用，积极调动社会资金参与，形成多元化、多渠道、多层次的投融资体系。继续争取中央预算内投资支持粮食安全保障调控和应急设施专项，同时争取各级发展改革、财政等部门加大支持力度。积极争取金融机构贷款支持，充分发挥政策性金融机构对粮食流通基础设施建设的重要支持作用，争取商业性金融机构的资金支持。

（四）推动粮食行业转型发展

1. 深化国有粮食企业改革。一是继续推进“一县一企、一企多点”一体化网络。科学规划、合理布局收购网点和储备库点，原则上一个县（市、区）至少有一个资产、财务、信用状况较好的骨干企业，业务要辐射到较为偏远的产粮乡镇、贫困村，解决农民就近卖粮和贫困户基本口粮等问题。二是支持打造中央粮食企业、国家级粮食产业化龙头企业、跨区域（包括跨市、县）经营的区域性粮食企业集团等一批骨干粮食企业。

2. 大力发展粮食产业经济。一是选准一批规模优势突出、创新能力强、带动作用大的龙头企业，给予倾斜支持；扶持一批有技术、有市场、有潜力的骨干企业，加快改造提升、做强做大；引导帮助一批技术落后、产不适销的企业，转型转产、焕发生机。二是鼓励开发绿色优质、营养健康的粮油产品，丰富产品种类，推动地方特色粮油食品产业化。加强粮食产品分级、包装、仓储、物流和营销宣传，提高附加值和竞争力。开展“互联网+粮食”行动，鼓励发展粮食电子商务，推广网上粮店、农商直供等商业模式。

（五）大力实施“优质粮食工程”

一是争取多方支持。争取中央财政继续安排资金对“优质粮食工程”给予支持，争取做到全覆盖。在摸清各地粮食风险基金使用、结余情况的基础上，争取财政部支持，调整风险基金使用范围，用于“优质粮食工程”等方面的支出。争取中国农业发展银行等政策性银行对实施“优质粮食工程”的企业给予信贷支持。二是充分发挥绩效评价的“指挥棒”作用，督促相关省份提高重视程度、加大资金筹集力度，切实推动项目实施。三是做好品质测评工作。尽早摸清优质品率的底数，掌握优质优价收购情况，不断提升优质品率、提高促农增收水平。四是完善标准体系，出台各类技术要点和指南，制、修订“中国好粮油”系列产品标准以及“中国好粮油”产品标准配套的检测方法标准。五是加强典型引领。深度挖掘、培树典型，掌握第一手资料，通过多种方式宣传推广，供各地参考借鉴。

（六）完善粮食安全省长责任制考核机制

一是在对基础内容考核的同时，突出对年度重点任务的考核，通过抓基础不断增强抵御风险的能力，通过抓重点不断提高保障质量水平。二是加强考核过程管理，将年度考核和日常监督结合起来，促进关键节点任务完成。三是针对各地省情、粮情和区域特点，对部分事项考核按不同区域区别对待、各有侧重，增强考核的针对性和有效性，更好体现区域特色。四是对有些省份没有的考核事项，取消自动得分，另行设置相关考核内容，力求与各地实际情况结合更紧密，做到考核与工作实绩挂钩；对部分重点考核事项设置倒扣分项，进一步体现从严考核的要求。

（执笔单位：国家粮食和物资储备局规划建设司）

大力实施质量兴农战略

党的十九大明确提出，我国经济已由高速增长阶段转为高质量发展阶段，必须坚持质量第一、效益优先，推动经济发展质量变革、效率变革、动力变革。当前，农业正处在转变发展方式、优化经济结构、转换增长动力的攻关期，面临着加快向高质量发展转变的必然要求。《乡村振兴战略规划（2018—2022年）》提出，要大力实施质量兴农战略，加快推进农业由增产导向转向提质导向，实现由农业大国向农业强国转变。这是党中央、国务院科学把握我国社会主要矛盾转化和农业发展阶段作出的重大战略决策，为当前和今后一个时期推动农业转型升级指明了方向、明确了重点。

一、我国农业发展进入数量扩张向质量提升转变的重要关口

进入21世纪特别是党的十八大以来，在中央强农惠农富农政策有力支持和各级各方面共同努力下，我国农业现代化建设取得举世瞩目的巨大成就，农业农村发展进入发展方式转变、产业结构调整、增长动力转换的新阶段，推进质量兴农基础良好，正当其时。

（一）市场供应总体较为充裕，为推进质量兴农打开了时间窗口

粮食产量自2013年以来连续5年都在12000亿斤以上，国家粮食安

全基础更加稳固；“菜篮子”产品市场供应充足，人均油、肉、蛋、水产品占有量比 10 年前分别提高了 17%、34.8%、18.8%和 38.8%，替代了部分传统主食以及薯类等副食。农产品质量安全例行监测总体抽检合格率达到 97%以上，初步适应了人民群众从“吃饱”向“吃好”的跨越需求。

（二）生产布局集中度逐步提升，为推进质量兴农奠定了产业基础

粮食生产功能区、重要农产品生产保护区划定工作加快推进，粮食和重要农产品生产进一步向主产区集中。特色农产品优势区建设稳步推进，畜禽生产加快向环境容量大的地区转移，优势特色产业分布、功能布局更趋合理，“五常大米”“赣南脐橙”“洛川苹果”等特色区域品牌块状崛起，优质农产品生产的新空间布局初步形成。

（三）支撑条件向现代科技装备转变，为推进质量兴农提供了持久动力

超级稻等原创性科技成果不断涌现，大马力、自动化农机装备在适宜地区广泛推广，农业物联网、大数据等信息技术应用领域不断拓展，农业科技进步贡献率达到 57.5%，农作物耕种收综合机械化率超过 67%，成为促进农业升级换代的主要动力。

（四）多元主体适度规模经营深入发展，为推进质量兴农强化了主体保障

农村承包地确权登记颁证比例已超过 80%，流转比例超过 36%，土地托管、服务联盟、产业化联合体等多种形式适度规模经营发展迅速，集体产权制度、农垦体制等改革深入推进，培育新型经营主体和带动小

农户齐头并进，各类主体竞相高标准发展的态势更加明显。

（五）农业多种功能不断挖掘，为推进质量兴农开辟了新的路径

传统种养业持续健康发展，农产品加工业迅速成为支柱产业，农村电商、创意农业、农文旅综合体等新业态从“盆景”走向“风景”，全年规模以上农产品加工业主营业务收入达到23万亿元，休闲农业和乡村旅游全年接待游客超过30亿人次，一二三产业融合发展格局初步建立。

这些变化充分表明，我国农业发展已进入了新阶段，我们有条件有能力把质量效益摆在更加突出的位置，加快转变过去主要依靠拼资源消耗、拼要素投入的发展方式，唱响质量兴农、绿色兴农、品牌强农的主旋律，着力推动农业由增产导向转向提质导向。

二、以习近平总书记关于质量兴农的重要论述为指导，准确把握推进质量兴农的基本路径

习近平总书记在2017年底中央农村工作会上强调，走质量兴农之路，要突出农业绿色化、优质化、特色化、品牌化。我们要深入学习贯彻习近平总书记关于质量兴农的重要论述，以推进绿色化、优质化、特色化、品牌化为基本路径，加快推动农业发展质量变革、效率变革、动力变革，全面提升农业质量效益和竞争力。

（一）绿色化

统筹治理山水林田湖草，加快发展资源节约型、环境友好型、生态保育型农业，促进农业发展与生态空间布局相协调、与资源环境承载能力相匹配，让绿色这个农业的本色更加清亮。推进投入品减量化，加快

推广节水节肥节药绿色技术，大规模实施化肥、农药零增长行动，全面推广测土配方施肥技术，开展病虫害统防统治和绿色防控服务，提高农业投入品减施增效水平。推进生产清洁化，全面开展农业环境污染防控，稳步推进土壤污染修复、水体污染防治，深入开展农村生活垃圾处理。推进废弃物资源化，加快推进秸秆、畜禽粪污、废旧农膜、农药包装废弃物、农林产品加工剩余物资源化利用，促进农业废弃物“变废为宝”。推进产业模式生态化，积极推广猪-沼-果、稻渔共生等种养结合模式，加快发展生态循环农业。

（二）优质化

加强优质农产品品种研发推广，构建优势区域布局和专业化生产格局，推进种植业、畜牧业、渔业等农业全程标准化生产，增加绿色优质安全农产品供给，全面提高农业供给体系质量和效率。深入实施藏粮于地、藏粮于技战略，积极发展优质稻米、强筋弱筋小麦、优质蛋白大豆、双低油菜、高产高糖甘蔗等大宗优质农产品，因地制宜发展青贮玉米等优质饲草料，大力发展绿色优质、适销对路的水果、茶叶、蔬菜等产品。深化以生猪和草食畜牧业为重点的畜牧业结构调整，扩大优质肉牛肉羊生产，加强优质奶源基地建设，大力促进奶业振兴。积极推广深水网箱、池塘工程化、工厂化循环水等先进、生态的养殖方式，培育绿色生态特色水产品。加快发展现代高效林业，实施兴林富民行动，健全耕地草原森林河流湖泊休养生息制度，满足人民对优质生态产品的强烈需求。

（三）特色化

依托区域资源禀赋和产业基础，充分发挥特色产业资源优势，大力推进特色农产品优势区创建，打造一批彰显地域特色、体现乡村气息、承载乡村价值、适应现代需要的特色产业，推动实现各类特色农业差异化发展。开展特色农业种质资源收集保存，因地制宜建立种质资源保护区和种质圃，加强濒危野生植物资源原生境和自然保护区管理。把具有独特品种、特殊品质、特定区域的特色农产品做大做强，把地方土特产和小品种做成带动农民增收的特色产业集群。深入挖掘特色农业产业历史文化底蕴，创新农事体验、农耕文化展览、农事节庆等农业文化载体，形成一批具有历史底蕴、鲜明地域特征、“小而美”的特色农耕文化名片。推进特色产业精准扶贫，加大贫困地区龙头企业、农民合作社等新型经营主体培育力度，促进贫困群众从产业发展中获得持续稳定收益。

（四）品牌化

大力实施农业品牌战略，培育一批叫得响、过得硬、有影响力的农产品区域公用品牌、企业品牌、农产品品牌，建立国家农业品牌目录，加快构建富有中国特色的农业品牌体系。充分利用农业展会、产销对接会、电商等营销平台，借助互联网、大数据、云计算等现代信息技术，全面加强品牌市场营销，焕发“老字号”农产品活力，培育网红农业品牌，打造一批特色鲜明、质量过硬、信誉可靠的农业品牌。广泛利用广播电视、报刊纸媒等传统媒体和门户网站、微信微博、直播平台等“互联网＋”新兴手段，讲好农业品牌的中国故事，以传统农耕文明增添品牌文化底蕴，提升农业品牌内在价值。强化品牌授权管理和产权保护，严厉惩治仿冒假劣行为。

三、坚持问题导向，进一步明确质量兴农的重点任务

以制约质量兴农的关键领域和薄弱环节为突破口，通过优化要素配置、产业结构、空间布局，促进农业生产、加工、流通、营销全面升级，

加快一二三产业融合，持续提高农业创新力、竞争力、全要素生产率，打造质量兴农升级版。

（一）加快农业绿色发展

调整完善农业生产力布局，立足匹配水土资源，落实主体功能定位，明确优化发展区、适度发展区、保护发展区，加快推进农业产能向粮食生产功能区、重要农产品生产保护区转移集聚，建设一批特色农产品优势区。节约高效利用水土资源，严守耕地红线，全面落实永久基本农田特殊保护制度，优先在“两区”大规模推进高标准农田建设，实施规模化高效节水灌溉，加强节水灌溉工程建设和节水改造。科学使用农业投入品，建立完善节水、节肥、节药激励约束机制，实施化肥减量增效行动、绿色防控替代化学防治行动、化学农药减量替代计划。督促生产主体严格落实兽药使用休药期规定，规范使用饲料添加剂，减量使用兽用抗菌药物。全面加强产地环境保护与治理，制定农田污染控制标准，严格工业和城镇污染物处理和达标排放，加强东北黑土地保护利用，加大耕地轮作休耕制度试点力度。持续推进农作物秸秆、畜禽粪污、废旧农膜等农业废弃物资源化利用。

（二）推进农业全程标准化

把健全农业全产业链质量标准体系和推进全程标准化生产作为质量兴农的重要举措，推进农业生产有标可依、产品有标可检、执法有标可判。加快建立与农业高质量发展相适应的农业标准及技术规范，以农兽药残留、畜禽屠宰为重点制定一批国家标准，补充完善农业投入品质量标准、质量安全评价技术规范及合理使用准则，建立健全农产品等级规格、品质评价、产地初加工、农产品包装标识、田间地头冷库与冷链物流标准体系。严格农业生产过程管控，指导生产经营者规范建立农产品生产记录台账，加快推进规模经营主体按标生产，确保农业生产全流程安全可控。实施农产品质量全程控制生产基地创建工程，促进产地环境、生产过程、产品质量、包装标识等全流程标准化，在“菜篮子”大县、畜牧大县和现代农业产业园全面推行全程标准化生产。推动实施农产品认证登记发展计划，大力发展绿色、有机、地理标志等优质特色农产品，支持企业申请国际通行的农产品认证，促进政府间标准互认合作，加快推动国内农产品质量达到国际先进水平。

（三）促进全产业链融合

以规模种养为基础，做大做强农产品初加工和精深加工业，做活生产性服务、休闲农业和乡村旅游等第三产业，加快推进农村一二三产业融合发展。统筹农产品初加工、精深加工和综合利用加工协调发展，促进农产品就地就近转化增值。推进休闲农业和乡村旅游升级发展，推动农业与文化、教育、科普、养生养老等产业深度融合，积极发展新产业新业态新模式。组织实施产业兴村强县行动、农产品产地初加工补助等项目，大力创建农村一二三产业融合发展先导区、现代农业产业园、加工园区等产业平台，促进乡村产业链延伸、利益链拓展。强化农产品产地市场体系建设，着力补齐冷链仓储物流设施短板，加快建立农产品产销对接服务体系，发展订单农业、订制农业，充分发挥中国国际农产品交易会、中国农民丰收节等展会和重大活动的平台作用。推进电子商务进农村综合示范，谋划推动“互联网+”农产品出村工程，加快拍卖、电子结算、直供直销、连锁经营等新流通方式推广运用。

（四）培育提升农业品牌

开展中国农业品牌提升行动，以粮食生产功能区、重要农产品生产保护区、特色农产品优势区、现代农业产业园为主要平台，分类推进区域公用品牌、农产品品牌和企业品牌建设，加快建立差异化竞争优势的品牌战略实施机制，构建特色鲜明、互为补充的农业品牌体系。深入挖掘品牌文化内涵，充分利用各种传播渠道，大力宣传推介中国农业品牌文化，创新品牌营销方式，提升品牌农产品市场占有率，促进农产品优质优价。完善品牌发展机制，建立农业品牌目录，强化农产品商标及地理标志商标注册和保护，加大对套牌和滥用品牌行为惩处力度，构建我国农产品品牌保护体系。实施特色优势农产品出口提升行动，巩固果蔬、茶叶、水产等传统出口产业优势，着力加强市场潜力大、具有出口竞争优势的农业品牌建设。

（五）提高农产品质量安全水平

坚持农产品质量安全“产出来”和“管出来”协同推进，强化基层监管能力，加强执法监管，加快追溯体系建设应用，确保不发生重大农产品质量安全事件。建立监测信息报告制度，统筹制定全国统一的农产品质量安全监测计划，改进监测方法，扩大监测范围，加快形成以国家为龙头、省为骨干、地市为基础、县乡为补充的农产品质量安全监测网络。强化农产品质量安全风险评估及预警，开展生物毒素、农兽药残留、重金属、致病微生物等危害因子风险评估及对产品营养品质影响评价。出台国家农产品质量安全追溯管理办法，健全完善追溯管理与市场准入衔接机制，构建从产地到市场到餐桌的全程可追溯体系。推动建立食用农产品合格证制度，健全产地准出市场准入衔接机制。深入开展国家农产品质量安全县创建活动，打造农产品质量安全区域样板。

（六）强化农业科技创新

围绕破解现代种业、农业废弃物资源化利用、农业绿色投入品等制约农业高质量发展的“卡脖子”问题，将农业科研方向由增加产量转为提高品质和综合效益，改善农业科技创新基础设施条件，着力创新一批关键核心技术，提升科技成果转化应用水平，形成创新驱动质量兴农的良好局面。开展农产品品质评定、安全保障、质量检测等方面共性关键技术研究，培育和推广适宜口感好、品质佳、营养丰、多抗广适新品种。大力推进粮棉油糖及饲草等作物生产全程机械化和丘陵山区机械化发展，加强绿色高效新机具新技术的示范推广。深化基层农技推广体系改革，推进公益性农技推广机构与经营性服务组织融合发展。打造“数字版”农业农村，形成耕地、草原、渔业等资源“数字底图”和农村资源资产权属“数据库”，建设“天空地”一体化的农业遥感应用体系。

（七）建设高素质农业人才队伍

以农民合作社和家庭农场为重点，大力实施新型农业经营主体培育工程，完善家庭农场人才培育机制，支持农民合作社质量提升，引导推动农业产业化龙头企业建立现代企业制度，构建家庭农场、农民合作社、农业龙头企业、农业社会化服务组织等新型经营主体协同发展新格局，加快将新型经营主体培育成为推进质量兴农的主力军。推动建立职业农民制度，实施新型职业农民培育工程，强化政策激励，引导有志青年加入职业农民队伍，鼓励大学生、返乡农民工投身质量兴农建设，激发亿万农民创业创新创造活力。加快培育专业化农业服务组织，大力推广农业生产托管等多样化服务模式，探索完善全程托管、“互联网＋农机作业”“全程机械化＋综合农事”等农机服务新模式，加快发展智慧农机服务合作社。支持专业化服务组织与小农户开展多种形式的联合与合作，推进农业生产全程社会化服务，帮助小农户对接市场，更好更快融入现代农业。深化农垦改革，加快建成一批稳定可靠的大型粮棉油糖胶等重要农产品绿色生产加工基地，培育一批具有国际竞争力的农垦企业集团，发挥农垦在质量兴农中的带动引领作用。

（执笔单位：农业农村部发展规划司）

构建现代农业经营体系

党的十九大报告明确提出，巩固和完善农村基本经营制度，构建现代农业产业体系、生产体系、经营体系。2018 年中央一号文件进一步部署，强调巩固和完善农村基本经营制度，实施新型农业经营主体培育工程，发展多种形式适度规模经营。《乡村振兴战略规划（2018—2022年）》就建立现代农业经营体系作出系统规划部署，从巩固和完善农村基本经营制度、壮大新型农业经营主体、发展新型农村集体经济、促进小农户生产和现代农业发展有机衔接四个方面提出明确要求。

一、巩固和完善农村基本经营制度

在农村土地集体所有的基础上，实行农户家庭承包经营制度，是党的农村政策的基石，充分调动了亿万农民的生产积极性，极大解放和发展了农村生产力。2002 年颁布的农村土地承包法和 2007 年颁布的物权法明确规定，耕地的承包期为 30 年。2017 年，党的十九大报告提出，第二轮承包到期后再延长 30 年。2018 年中央一号文件进一步要求，落实农村土地承包关系稳定并长久不变政策，衔接落实好第二轮土地承包到期后再延长 30 年的政策，让农民吃上长效“定心丸”。这与实现“两个一百年”奋斗目标的战略构想高度契合，历史节点和标志性意义重大。这一重大决策既可以给亿万农户吃上“定心丸”，使他们放心进城务工，流转土地经营权，多途径增加收入；也可以给新型经营主体稳定预期，使他们放心投入，改良土壤、提升地力，建设农田基础设施，大力发展现代农业，为农业农村现代化提供更强劲的动力。当前和今后一个时期，随着我国工业化、城镇化深入推进，大量农业人口转移到城镇，农村土地流转规模不断扩大，新型经营主体大量涌现，土地承包权主体同经营权主体分离的现象越来越普遍。适应这一发展趋势，中央提出实行农村土地所有权、承包权、经营权分置，这是我国农业农村领域继家庭承包制后又一重大理论突破和制度创新，是农村基本经营制度的自我完善，符合生产关系适应生产力发展的客观规律。贯彻中央要求，实行“三权”分置改革，将围绕正确处理农民和土地关系这一改革主线，通过科学界定“三权”内涵、权利边界及相互关系，逐步建立规范高效的“三权”运行机制，健全归属清晰、权能完整、流转顺畅、保护严格的农村土地产权制度，优化土地资源配置，培育新型经营主体，促进适度规模经营发展，进一步巩固和完善农村基本经营制度，为发展现代农业、增加农民收入、建设社会主义新农村提供坚实的保障。

二、壮大新型农业经营主体

近年来，随着工业化、信息化、城镇化进程加快和农村青壮年劳动力大量转移，家庭农场、农民合作社、农业产业化龙头企业、农业社会化服务组织等新型农业经营主体不断发育成长，成为构建现代农业经营体系的重要主体。新型农业经营主体是建立于家庭承包经营基础之上，适应市场经济和农业生产力发展要求，从事专业化、集约化生产经营，组织化、社会化程度较高的现代农业生产经营组织形式。新型经营主体的形成，与家庭承包经营制度的建立相伴而生，是农业生产分工分业不断深化的产物。

党中央、国务院高度重视培育新型农业经营主体。2017 年，中办、国办印发了《关于加快构建政策体系培育新型农业经营主体的意见》，明确了新型农业经营主体的地位作用及相关政策，指明了发展方向。党的十九大明确提出，发展多种形式适度规模经营，培育新型农业经营主体，健全农业社会化服务体系，实现小农户和现代农业发展有机衔接。2018年中央一号文件指出，实施新型农业经营主体培育工程，培育发展家庭农场、合作社、龙头企业、社会化服务组织和农业产业化联合体，发展多种形式适度规模经营。

（一）家庭农场蓬勃发展

2014年，原农业部下发了《关于促进家庭农场发展的指导意见》，指导各地以县为单位明确家庭农场具体标准并建立名录。工商部门也就家庭农场注册登记作出了相关规定，引导家庭农场规范发展，提升经营管理水平。据调查，截至2017年底，全国纳入农业部门名录管理的家庭农场达到54.8万户，比2013年的13.9万户增长了近3倍，有26个省开展了示范家庭农场创建，共认定县级以上示范家庭农场7.8万户。一是经营产业更加多元。实践中，刚刚组建的家庭农场往往只从事种植或养殖一种产业，并主要限于农业生产环节；经过若干年的发展，许多家庭农场的经营范围逐步走向多元化，从粮经结合，到种养结合，再到种养加一体化，一二三产业融合发展。在全国纳入农业部门名录管理的家庭农场中，种养结合的农场占比10.8%，比2013年提升5个百分点。二是发展模式更加多样。家庭农场加强与其他新型经营主体的联合与合作，呈现了多种多样的发展模式。如上海市松江区的“家庭农场＋农业社会化服务”模式，通过108个农机联合互助点，带动1000多个家庭农场发展规模化经营，显著降低了农业生产成本。浙江省海盐县的“家庭农场＋合作社＋龙头企业”模式，由家庭农场组建合作社，再通过合作社与农业产业化龙头企业签订农产品收购合同，既稳定了企业原料供给又增加了家庭农场收入。

（二）农民合作社提质增效

党的十八大以来，合作社数量持续增长。截至 2018 年 9 月，全国依法登记的农民合作社达 213.8 万家，国家农民合作社示范社近 6300 家。围绕实施乡村振兴战略，要按照高质量发展的要求，强化农民合作社基础作用，加快培育发展农民合作社。一是促进合作社规范发展。引导合作社依法加强章程等基础制度建设，强化民主管理，完善治理机制，加强规范运行。深入开展示范社创建行动，把示范社作为扶持重点，对发展合作社事业作出突出贡献的单位和个人予以表彰和奖励。加强农民合作社辅导员队伍建设，指导合作社报送年度报告并向社会公示。配合有关部门加强监管，依法注销违法经营的农民专业合作社，对连续两年未从事经营活动的依法吊销其营业执照。二是鼓励发展农民合作社联合社。三个以上的专业合作社可以自愿组建并依法登记为联合社，设立成员大会、理事会、监事会，共同出资、共创品牌、共享利益。

（三）农业产业化龙头企业转型升级

龙头企业作为新型农业经营主体的中坚力量，是构建现代农业经营体系的重要参与者、贡献者和引领者，已成为保障主要农产品有效供给、建设现代农业和促进农民就业增收的重要依靠，成为深化农业供给侧结构性改革和建设现代化农业强国的重要力量。到 2017 年底，经县级以上农业产业化主管部门认定的龙头企业达 8.7 万家，其中省级以上重点龙头企业 1.7 万家，国家重点龙头企业 1242 家。当前，要推动龙头企业建立产权清晰、权责明确、管理科学的现代企业制度，进一步完善法人治理结构，提升经营管理能力，实现健康长远发展。引导企业按照做精基地、做深加工、做新业态的要求，向上游育种、肥料、饲料等环节前伸，向下游农产品精深加工、市场营销等环节后延，在“互联网＋农业”等方面集成优势、勇当先锋，加强企业间联合与合作，构建从育种到田头、田头到餐桌的全产业链。鼓励龙头企业进一步加大科技研发投入力度，强化产学研协同，努力掌握发挥核心支持作用的知识产权，不断提升自主创新能力和科技成果转化能力，并积极支持符合条件的龙头企业创建农业高新技术企业。

（四）发展多种形式适度规模经营

通过土地流转和农业生产托管实现多种形式适度规模经营是发展现代农业的必由之路。近年来，各地按照依法自愿有偿原则，引导土地经营权有序流转，土地适度规模经营取得积极进展，实现了集中连片种植和集约化经营，节约了生产成本，促进了农业发展和农民增收。据统计，截至 2017 年底，全国家庭承包耕地流转面积达到 5.12 亿亩，占家庭承包经营耕地总面积的 37%；全国经营规模 50 亩以上的农户数达到 402.1 万户，占总农户数的 1.5%。同时，截至 2017 年底，全国以综合托管系数计算的农业生产托管面积为 2.41 亿亩，从事农业生产托管的服务组织数量达到 31.2 万个，服务对象数量达到 3754.3 万个（户）。农业生产托管在带动小农户发展现代农业、发展壮大集体经济、促进粮食生产节本增效、推进农业绿色发展等方面发挥了显著作用。但也要看到，土地经营规模不是越大越好，应把握好适度原则。应从我国人多地少、农村情况千差万别的实际出发，积极稳妥地推进土地流转和适度规模经营。一是引导经营权有序流转。鼓励农户依法采取转包、出租、互换、转让、入股等方式流转承包地。支持农民以土地、资金、劳动、技术、产品为纽带，开展多种形式的合作与联合，适度扩大经营规模。二是完善土地流转服务。健全土地经营权流转市场，规范市场运行机制。引导土地流转双方签订书面流转合同，保护流转双方的权益。研究建立土地经营权流转合同网签备案制度，研究制定和推广使用土地流转合同示范文本。

三是完善工商资本租地监管和风险防范制度。指导各地对工商资本长时间、大面积租赁农户承包土地建立上限控制、分级备案、审查审核、风险保障金和事中事后监管“五项制度”，严格准入门槛，加强事中事后监管，防止土地“非农化”、损害农民土地权益。四是大力发展农业生产托管。把发展农业生产托管作为推进农业生产性服务业、带动普通农户发展适度规模经营的主推服务方式。指导农户等经营主体在不流转土地的条件下，将农业生产中的耕种防收等全部或部分环节委托给生产性服务组织完成，采取政策扶持、典型引领、项目推动等措施，加大支持推进力度，发展服务规模经营。

三、发展新型农村集体经济

深化农村集体产权制度改革，发展壮大集体经济，是以习近平同志为核心的党中央作出的重大决策部署，是实施乡村振兴战略的有力抓手。截至2017年底，全国农村集体账面资产总额3.44万亿元，集体所有的土地资源66.9亿亩，这些都是农村集体经济组织成员的重要财产，是农业农村发展的重要物质基础。为探索路径、积累经验，2015年，原农业部、中央农办、原国家林业局确定在29个县（市、区）开展农村集体资产股份权能改革试点，2017年底试点任务已经全部完成。2016年，《中共中央 国务院关于稳步推进农村集体产权制度改革的意见》（以下简称《意见》）正式发布，对改革进行了总体部署。2017年，原农业部、中央农办确定在100个县开展农村集体产权制度改革试点，试点周期两年，各地正在有序开展改革试点。目前，全国已有超过13万个村组完成改革，确认集体成员超过2亿人，量化资产总额6664.7亿元，农民股金分红累计3251亿元。

按照《意见》和2018年中央一号文件精神，农村集体产权制度改革要重点抓好六个方面工作。一是全面开展农村集体资产清产核资。按照中央统一部署，对集体所有的各类资产进行全面清产核资，摸清集体家底。在此基础上，将集体资产的所有权确权到不同层级的农村集体经济组织成员集体。二是全面确认农村集体经济组织成员身份。以县或地市为单位统一制定成员身份确认的指导意见，规范工作流程，指导集体经济组织在群众民主协商基础上制定成员身份确认的具体程序、标准和管理办法。三是推进经营性资产股份合作制改革。将农村集体经营性资产折股量化到本集体经济组织成员，股权设置应以成员股为主，股权管理提倡实行不随人口增减变动而调整的方式。四是赋予农民集体资产股份权能。建立集体资产股权登记制度，健全集体收益分配制度，结合实际确定集体资产股份有偿退出的条件和程序，研究制定集体资产股份抵押、担保贷款办法，指导集体经济组织制定农民持有集体资产股份继承的办法。五是发挥农村集体经济组织功能作用。有集体统一经营资产的村组，特别是城中村、城郊村、经济发达村等，应建立健全农村集体经济组织，县级农业部门负责向农村集体经济组织发放组织登记证书。在基层党组织领导下，探索明晰农村集体经济组织与村民委员会的职能关系。六是多种形式发展农村集体经济。引导农村集体经济组织探索通过资产租赁、农业开发、生产服务、乡村旅游、联合发展等途径壮大集体经济，推动资源变资产、资金变股金、农民变股东，增强集体经济发展活力和实力。

党的十九大报告提出，深化农村集体产权制度改革，保障农民财产权益，壮大集体经济。农业农村部认真贯彻落实中央的新要求新部署新战略，推动农村集体产权制度改革向纵深发展，集体经济实力不断增强，为实施乡村振兴战略、实现农民共同富裕奠定基础。一是全面部署农村集体资产清产核资工作。国务院召开全国农村集体资产清产核资推进会，进行动员部署，指导各地清查核实农村集体各类资产。开发清产核资管理系统，建立健全农村集体资产登记、保管、使用、处置等制度。截至

2018年10月底，全国共有4134个乡镇、27.9万个村、114.1万个组完成清产核资。加快农村集体资产监督管理平台建设，提高集体资产管理制度化、规范化、信息化水平。二是扩大农村集体产权制度改革试点。2018年新确定150个县开展整县试点、50个地市开展整市试点、3个省开展整省试点，同时鼓励地方结合实际自主扩大试点面。中央农办、农业农村部组织召开全国农村集体产权制度改革试点推进会，进行再动员、再部署，确保到2021年底基本完成股份合作制改革。三是制定完善支持农村集体经济发展的法律政策。深入研究农村集体经济组织法律相关问题，推动农村集体经济组织立法工作。联合有关部门出台农村集体经济组织登记赋码工作文件，部署开展集体经济组织登记赋码。引导各地从实际出发探索发展集体经济有效途径，盘活用好集体各类资源资产。四是加强农村集体产权制度改革宣传培训。召开新闻发布会，全面介绍改革进展。举办专题培训，系统讲解农村集体产权制度改革、清产核资、组织登记等内容，全年培训1500多人。五是加大改革督察力度。组织全国农村集体产权制度改革部际联席会议成员单位组成6个督察组，赴12个省份开展督察，形成报告报送中办改革办。

四、促进小农户生产和现代农业发展有机衔接

党中央、国务院高度重视小农生产。党的十九大报告提出，实现小农户和现代农业发展有机衔接。2018年中央一号文件提出，促进小农户和现代农业发展有机衔接，研究制定扶持小农生产的政策意见。2018年9月20日，中央全面深化改革委员会第四次会议审议通过了《关于促进小农户和现代农业发展有机衔接的意见》。目前，全国有2.3亿承包农户，户均经营规模在半公顷左右，他们是我国农业生产最基本的组织形式，在稳定农业生产、解决农民就业增收、传承农耕文明、促进农村社

会和谐等方面具有不可替代的作用。按照中央决策部署安排，秉承立足服务小农、提高小农、富裕小农的理念，坚持农业生产经营规模宜大则大、宜小则小，统筹兼顾培育新型农业经营主体和扶持小农户，加快构建扶持小农户发展的政策体系，促进传统小农向现代小农转变，让小农户共享改革发展成果。一是保护合法权益。保护小农户承包地、宅基地、集体资产收益等财产权益，参与农业现代化和新型城镇化的发展权益，以及平等享受社会保障、公共服务等方面的权益。强化财政支持小农户政策，健全针对小农户补贴机制。二是提升自身发展能力。加强小农户科技装备应用，改善小农户生产基础设施。扶持有务农意愿的小农成为规模适度的家庭农场。支持发展特色优质农产品，鼓励创业就业，进入新产业新业态。三是开展合作与联合。鼓励小农户之间加强合作，引导农民合作社健康发展，完善集体经济组织功能，提高农业生产、农村生活的组织化程度。四是支持带动发展。发展农业生产性服务业，引导新型经营主体完善与小农户利益联结机制，推进面向小农户产销服务，提升互联网及金融服务小农户水平，拓宽小农户农业保险覆盖面。五是健全面向小农户的社会化服务体系。加快发展面向小农户的农业生产性服务，实施小农户生产托管服务促进工程，搭建区域农业生产性服务综合平台，创新农业技术推广服务机制，促进公益性农技推广机构和经营性服务组织融合发展。大力发展多种形式和模式的农业生产托管，支持托管服务组织，按照现代农业建设短板和农民受欢迎程度，面向从事粮棉油糖等大宗农产品生产的小农户开展关键环节的托管服务，推动农业生产托管规范发展。

（执笔单位：农业农村部政策与改革司）

强化农业科技支撑

一、提升农业科技创新水平

实施乡村振兴战略，要强化科技支撑，建立健全国家农业科技创新体系。以建设农业现代化强国为根本任务，根据保障国家粮食安全、食品安全与生态安全的重大需求，以及不同地区不同生态条件下的农业产业发展要求，统筹中央与地方科技创新资源，明确企业、高校、科研院所等创新主体在创新链不同环节的功能定位，强化基础研究、应用基础研究、技术研究与开发、成果转化与推广应用科技工作的系统布局，建立健全符合农业发展特点和农业科技发展规律、各类创新主体协调互动和创新要素高效配置的国家农业科技创新体系，并将农业科技创新体系作为国家创新体系和国家现代化经济体系的重要组成部分进行重点建设。

国家农业科技创新体系的重点任务：

一是围绕现代农业产业科技体系建设，支持高校、科研机构、涉农龙头企业、规模化农业合作社、家庭农场等创新主体大力发展产业科技。重点围绕涉及国计民生的重大产业问题，布局科技创新任务，积极培育新产业、新业态。进一步完善农业科技园区布局，提高农业科技园区的建设质量。围绕农业供给侧结构性改革，推动农业产业结构调整和优化布局，推动农村一二三产业融合发展，实现一产强、二产优、三产活，延伸农业产业链，提升价值链，推动农业产业化经营，形成农业产业集群，提高农业产业综合效益。

二是围绕现代农业生产科技体系建设，用现代物资装备武装农业，用现代科学技术提升农业，用现代生产方式改造农业。强化支持现代种业科技、智能装备科技、绿色农业科技，着力解决事关农业现代化发展的重大理论与技术问题，大力发展现代种业，大幅度提高农业机械化作业水平与农业设施装备水平，大力实施农业标准化战略，加大农业绿色发展的研发力度，推动生态循环农业发展。

三是围绕现代农业经营科技体系建设，突出科技创新支撑农业现代化经营体系的升级和完善。支持“互联网＋”等创新型经营模式，依靠科技创新提升新产业、新业态、新产品的创意设计水平，提高产业和产品经营的智慧化信息化水平，支撑农业产业的规模化经营，打造品牌农业产品，构建支撑各类经营主体参与便捷、流通成本降低、产品质量提升的现代农业经营科技体系。

四是围绕现代农业科技社会化服务体系建设，促进农业农村科技服务更加多元、更加便捷、更加有效。充分发挥新农村发展研究院在人才培养、科学研究、社会服务和文化传承等方面的优势，构建农科教相结合的农业农村科技服务模式。深入推行科技特派员制度，发挥科技特派员在产前产中产后服务业发展中的作用，鼓励科技特派员创办领办企业，服务农民创业就业。支持发展科技超市、科技 110、农业科技专家大院、科技小院、农科驿站、科技直通车、12396 新农村科技服务热线等农业科技社会化服务模式。加大科技服务信息化产品研发，加大农产品市场大数据建设，完善农业技术推广体系。

针对农业现代化发展的重大科技需求，围绕农业可持续发展的重大理论问题，加大对农业基础研究的支持力度，提高原始性创新能力，培育原始性重大成果。加强农业应用基础研究，围绕农业产业发展重大战略需求，重点开展关键共性技术、前沿引领技术、现代工程技术、颠覆性技术创新研究，解决农业现代化发展的关键问题。围绕粮食安全、食品安全、生态安全，部署种业创新、现代食品、农机装备、农业污染防治、农村人居环境整治等一批重大科研项目。推进现代种业发展，深入实施现代种业提升工程，开展良种重大科研联合攻关，培育具有国际竞争力的种业龙头企业，推动建设种业科技强国。2022年前，农业科技要在已经部署实施七大农作物育种、化肥农药减施增效、面源污染和重金属污染农田综合防控、畜禽疫病防控与高效安全养殖等8个重点专项基础上，继续实施蓝色粮仓科技创新、主要经济作物优质高产与产业提质增效科技创新、绿色宜居村镇技术创新3个专项，加快实施种业自主创新重大项目，加强农业节水、农业废弃物资源化利用、森林绿色发展、现代牧场、第二粮仓、智能农业装备、新一代农业生物技术等研发部署。

坚持问题导向，进一步深化农业科技体制改革，进一步完善项目形成机制。改革科技评价制度，建立以科技创新质量、贡献、绩效为导向的分类评价体系，正确评价科技创新成果的科学价值、技术价值、经济价值、社会价值、文化价值。制定完善科技人才分类评价标准和操作办法，研究建立高层次人才收入分配激励机制。改变以静态评价结果给人才贴上"永久牌"标签的做法，改变片面将论文、专利、资金数量作为人才评价标准的做法。按照管、办、评分离的原则，进一步完善第三方机构评估的办法。根据农业科研的特点和规律，研究制定差别化农业科技评价制度。

二、打造农业科技创新平台基地

平台基地是支撑农业科技创新的"土壤"，打造健全平台基地是促进农业科技创新"生根发芽"的核心。围绕国家农业农村发展的重大战略需求和抢占世界科技前沿阵地的需求，继续推动国家重点实验室、国家技术创新中心、国家工程研究中心等国家级创新平台基地建设。把国家农业高新技术产业示范区、国家农业科技园区、省级农业科技园区建设成为农业创新驱动发展的先行区、农业供给侧结构性改革的试验区和农业科技人才高地、创新高地和产业高地，形成具有国际竞争力的农业高新技术产业，连片带动乡村振兴。新建一批科技创新联盟，支持农业上市企业、龙头企业建立高水平研发机构。完善农业领域国家技术创新中心，加强重大共性关键技术和产品研发与应用示范。建设农业科技资源开放共享与服务平台，充分发挥国家重大科研基础设施、大型科学装置和科研设施、野外科学观测试验站、南繁科研育种基地等重要公共科技资源优势，推动面向科技界开放共享，整合和完善科技资源共享服务平台。

三、加快农业科技成果转化应用

科技成果转化应用是科技创新的“初心”，也是进一步推进创新的“动力”。加快农业科技成果转化应用，必须彻底打通关卡，破解实现技术突破、产品制造、市场模式、产业发展“一条龙”转化的瓶颈。

建立一批公益性、专业化的技术转移机构和面向市场的技术服务网络，通过研发合作、技术转让、技术许可、作价投资等多种形式，打通“最后一公里”，拆除阻碍产业化的“篱笆墙”，疏通应用基础研究和产业化连接的快车道，促进创新链和产业链精准对接，加快科研成果从样品到产品再到商品的转化，使科技成果得到充分应用，实现科技成果市场价值。

要加强地方农业科技成果转化工作，按照全国一盘棋的格局，充分发挥地方在承接农业科技成果应用转化的主战场作用，形成对接国家科技成果转化应用的创新合力，围绕区域产业核心优势和基础，大力发展省、市、县技术交易市场，形成完善的科技成果转化工作网络。支持县域内企业加强与高等学校、科研院所的产学研合作，支持有条件的县（市）加强农业科技成果转化和产业化，推进创新型县（市）和创新型乡镇建设。

要贯彻新发展理念，围绕绿色兴农重大需求，发展生态、高效、优质、安全农业，加大农业节肥节水节药、循环农业、面源污染治理、农林防灾减灾以及农产品绿色物流等绿色技术应用开发与推广，加快形成资源利用高效、生态系统稳定、产地环境良好、产品质量安全的绿色农业发展格局。

要面向基层，重心下移，加快建立完善公益性与市场化相结合的农业科技推广服务体系和方式，加强基层农业技术推广服务力量建设。充分发挥科技特派员作用，鼓励科技特派员创办领办科技型企业、专业合作社、专业技术协会。加强对贫困地区返乡农民工、大学生村官、乡土人才、科技示范户的培训，培养壮大“一懂两爱”的脱贫致富带头人和新型职业农民队伍。加强星创天地、新农村发展研究院等建设，支持在贫困地区建设一批农村科技服务基地，健全农业科技社会化服务体系，加大先进适用技术的推广应用力度。

要加快完善科技成果使用、处置、收益管理和激励制度，加强农业科技知识产权保护，加快落实以增加知识价值为导向的分配政策，让农业科技人员积极性、主动性、创造性充分释放。

创新型县（市）建设是促进农业科技成果转化落地应用的关键抓手。2022年前，要重点支持推动县域创新驱动发展，支持县域开展以科技创新为核心的全面创新，打造县域发展新引擎，培育县域发展新动能，选取100个产业优势明显、创新基础扎实、示范带动能力强的县（市）开展创新县（市）建设，加强乡镇科技创新工作，建设一批创新型乡镇。

加强优势科研单位与县（市）科技合作平台建设，加快发展县（市）科技成果转化与创新服务平台，以培育壮大农村特色新兴产业为抓手，推进一二三产业融合发展，拓展农业产业增值空间，为县域经济发展提供新动能。

（执笔单位：科学技术部农村科技司）

改革创新价格机制　促进乡村振兴发展

中共中央、国务院印发《乡村振兴战略规划（2018—2022年）》（以下简称《规划》），提出要完善稻谷、小麦最低收购价政策，加快建立健全农业支持保护制度；推进农业水价综合改革，促进农业绿色发展；探索建立农村垃圾污水处理农户付费制度，完善财政补贴和农户付费合理分担机制，持续改善农村人居环境，为下一步改革创新价格机制，促进乡村振兴发展指明了方向。

一、完善粮食最低收购价政策，稳定口粮生产

2004年和2006年，国家先后对稻谷、小麦实行最低收购价政策，较好地保护了农民种粮积极性，促进了粮食生产稳定发展，为保障国家粮食安全、增加农民收入、稳定价格总水平、引导结构调整、促进规模经营等发挥了重要作用。但随着粮食连续丰收以及国内外经济增速放缓、国际市场粮食价格大幅下跌，国内粮食市场出现价格高于国际市场、库存持续增加、市场活力减弱等问题，最低收购价政策在新形势下面临困难和挑战，需要进行适当完善。

近几年，根据党中央、国务院关于推进农业供给侧结构性改革的决策部署，以及深化粮食等重要农产品收储制度和价格形成机制改革的总体要求，针对粮食市场的形势变化，坚持并不断完善稻谷、小麦最低收购价政策。2015年稻谷、小麦最低收购价在连续7年提高后首次保持稳定；2016年早籼稻最低收购价首次下调，比上年每斤下调2分；2017年

稻谷最低收购价全面小幅下调，早籼稻、中晚籼稻、粳稻每斤分别下调3分、2分、5分；2018年稻谷最低收购价继续下调，早籼稻、中晚籼稻、粳稻每斤分别下调0.1元、0.1元、0.2元，分别调整至每斤1.2元、1.26元、1.3元，并同步建立补贴机制；2018年小麦最低收购价首次下调，比上年每斤下调3分，调整至每斤1.15元，2019年进一步调整至每斤1.12元。随着政策的调整完善，释放了明确的改革信号，引导农民调整种植结构、扩大优质粮生产，增强了市场主体活力，托市收购量总体减少，改革效果初步显现。

稻谷和小麦是最主要的口粮品种，在国家粮食安全战略中有着特殊重要的地位，国家高度重视稳定口粮生产、保护农民种粮积极性。下一步，将认真落实党中央、国务院关于深化农产品收储制度和价格形成机制改革的决策部署，根据国内外市场形势变化进一步完善最低收购价政策，增强政策灵活性和弹性，逐步将最低收购价调整至合理水平，真正发挥其应有的作用，同时完善农业补贴政策和相关配套措施，更加有效地发挥市场机制作用和保障农民种粮收益。

二、推进农业水价综合改革，促进农业绿色发展

2014年10月，国家发展改革委、财政部、水利部和农业农村部（以下简称“四部门”）在全国27个省选择了不同的水资源条件、灌溉方式和经济发展水平的80个县共200万亩灌溉面积开展试点，探索创新农业用水管理体制和水价形成机制改革。从改革地区成效看，亩均节水110立方米，灌溉历时平均缩短约20%，水费实收率提高到95%以上，同时促进了农业发展方式转变，提高了水利设施的管护水平。

在此基础上，2016年1月，国务院办公厅印发《关于推进农业水价综合改革的意见》（以下简称《意见》），明确了改革的总体目标和工作任

务，用10年左右时间，建立健全合理的农业水价形成机制，农业用水价格总体达到运行维护成本水平，农业用水总量控制和定额管理普遍实行，可持续的精准补贴和节水奖励机制基本建立，先进适用的农业节水技术措施普遍应用，农业种植结构实现优化调整，促进农业用水方式由粗放式向集约化转变。农田水利工程设施完善的地区要通过3～5年时间努力率先实现改革目标。

《意见》印发后，四部门紧密配合，各司其职，指导支持各地稳步推进农业水价综合改革。各级政府积极落实改革主体责任，遵循因地制宜、试点先行的原则，以点带面，积极探索，统筹机制建立和工程建设，逐步扩大改革实施范围。据统计，截至2017年底，全国近800个县（灌区）开展了改革，实施面积累计达到5200万亩以上，其中2017年新增3000万亩以上，改革面积稳步扩大，探索形成了一批典型做法和经验。

推进农业水价综合改革，是坚持节水优先、空间均衡、系统治理、两手发力的新时期治水思路的必然要求，事关国家水安全、国家粮食安全和农业可持续发展，既是现实之需，更是长远发展之要。

首先，有利于保障国家水安全。我国水资源短缺，人均占有水资源量不足世界平均水平的1/3；全国2/3的城市存在不同程度的缺水问题，其中110座城市严重缺水。在水资源十分紧缺的同时，我国农业水资源利用效率不高，粗放、浪费用水问题普遍存在，不少地区对水是商品的意识淡薄，农业用水跑冒滴漏问题严重。农业是用水大户，占总用水量60%以上，2017年我国农田灌溉水有效利用系数只有0.548，远低于0.7～0.8的世界先进水平，节水潜力巨大。农业水价综合改革通过采取工程节水、设施节水、农艺节水、管理节水等措施提升农业用水效率，减少农业用水总量和强度，有利于缓解我国用水紧张的态势，保障国家水安全。

其次，有利于维护国家粮食安全。粮食安全关系到国计民生，丝毫马虎不得。水是支撑农业发展最重要的物质资源，水利是农业的命脉。长期以来，农田水利基础设施薄弱，运行维护经费不足，农业用水管理不到位，农业水价形成机制不健全，价格水平总体偏低，农田水利工程运行维护经费难以得到有效保障。通过农业水价综合改革，统筹价格和补贴，构建农田水利工程的良性运行机制，有利于从根本上破解农田水利工程“有人建、没人管”的顽瘴痼疾，进而夯实国家粮食安全的水利基础，提高粮食生产保障能力。

再次，有利于推动农业供给侧结构性改革。农业供给侧结构性改革是农业发展面临的重要任务之一，关系到农业高质量发展和可持续发展。农业水价综合改革是农业供给侧结构性改革总体部署的一部分。农业水价综合改革的目标之一就是发挥水价的杠杆作用，引导农民节约用水，推动工程设施完善，优化调整农业种植结构。特别是在调结构方面，可以促进地表水过度利用、地下水严重超采等缺水地区适度调减高耗水作物面积，选育推广需水少的耐旱节水作物，建立作物生育阶段与天然降水相匹配的农业种植结构与种植制度。

推进农业水价综合改革，需要准确把握好以下原则，一是坚持综合施策，协同配套。将农业水价形成机制与精准补贴和节水奖励机制、工程建设和管护机制、用水管理机制协同推进，以水价机制为核心，以奖补机制为保障，以工程和计量设施建设为硬件基础，以“总量控制、定额管理”为制度基础，以工程管护机制为重要依托，统筹推进农业水价综合改革，形成促进农业节水的政策合力。二是坚持因地制宜、分类推进。统筹考虑当地水资源条件、种植结构、耕作方式、经济发展水平、用水习惯等因素，借鉴成熟的改革经验，按照分类施策原则，积极探索创新，形成适合本地实际的改革模式。三是坚持花钱买机制，总体不增加农民负担。按照总体上不增加农民负担的原则，切实保护农民合理用水权益，改革地区要同步建立精准补贴和节水奖励机制，对定额内用水的提价部分由财政给予补贴，节约部分适当奖励；超定额用水不再予以补贴，并逐步实行累进加价制度。四是坚持先建机制、后建工程。大中型灌区续建配套节水改造、高标准农田建设、新增千亿斤粮食田间工程、农业综合开发等项目要同步推进机制建立，明确将计量设施建设、相关机制建立作为项目实施的重要内容。要充分利用设施节水、农艺节水、管理节水等措施腾出的空间，及时推进水价改革，合理调整农业用水价格，避免产生新的历史欠账。五是坚持试点先行，稳步推进。选择具备条件的地区先行开展农业水价综合改革，抓好试点示范，探索可复制、可推广的经验，用试点的实际成效统一各方面思想，提高认识，增强信心，形成示范效应，以点带面，逐步推开。

三、探索建立垃圾污水处理农户付费制度，完善财政补贴和农户付费合理分担机制

当前，农村人居环境已成为生态环境保护的短板，垃圾随地扔、污水靠蒸发等现象还很普遍，已成为民生之患、民心之痛，这些问题解决不好，建设美丽乡村就无从谈起。党中央、国务院高度重视农业农村污染治理，部署开展人居环境整治行动，着力打造美丽乡村，为老百姓留住鸟语花香田园风光。为此，在补齐农村垃圾污水处理设施短板的同时，要逐步建立健全可持续的垃圾污水处理设施长效投入机制和运行管护机制，探索建立垃圾污水处理农户付费制度，并完善财政补贴和农户付费合理分担机制。

基本原则是：坚持污染者付费，实现生态环境成本内部化，培养农民付费意识，抑制污染物排放；坚持激励约束并重促进环保设施良性运行，同时使保护生态环境成为农民的自觉行动，形成共建共享农村生态文明的良好局面；坚持合理分担，清晰界定财政和收费的责任边界，统

筹考虑当地财政支付能力和用户承受能力，确定成本分担机制；坚持因地分类施策，支持各地结合本地污染防治形势、社会承受能力等，研究制定具体的农户付费制度。

具体来说，一是探索建立付费制度。在已实行垃圾处理制度的农村地区，建立农村垃圾处理收费制度；在已建成污水集中处理设施的农村地区，探索建立污水处理农户付费制度。综合考虑污染防治形势、治理成本和农民承受能力等因素，合理确定付费标准。二是完善财政补贴和农户付费合理分担机制。鼓励各地建立农户付费、村集体补贴、财政补助相结合的垃圾污水处理设施管护经费筹集机制，保障农村垃圾污水处理设施良性运行。三是因地制宜选择收费模式。可以根据当地设施配备情况、垃圾污水处理量、设施运营模式等，因地制宜选择按户、按人、按量等方式计收。

（执笔单位：国家发展改革委价格司）

推动农村产业深度融合

《乡村振兴战略规划（2018—2022 年）》（以下简称《规划》）深入贯彻落实习近平新时代中国特色社会主义思想和党的十九大精神，聚焦实施乡村振兴战略，从发展壮大乡村产业的战略高度，对推进农村一二三产业融合发展进行了全面部署。这是党中央从建设现代化经济体系、实施乡村振兴战略的全局出发，对农村一二三产业融合发展作出的新定位、提出的新要求，为推动农村产业融合持续向纵深发展，不断开创农村产业融合发展新局面，指明了方向。

一、充分认识推动农村产业深度融合的重要意义

当前，我国农业农村发展正处在转型升级的关键时期，面临着动力转换、方式转变、结构优化、效益提升的艰巨任务。推动农村产业深度融合，加快构建现代乡村产业体系，对于深入实施乡村振兴战略，激发农业农村内生动力，不断提高我国农业综合效益和竞争力，具有十分重要的意义。

（一）推动农村产业深度融合，是推动乡村产业振兴、实现高质量发展的迫切需要

产业振兴是乡村振兴的物质基础。实现乡村产业振兴，仅仅依靠发展农业是不够的，必须按照实现高质量发展的要求，着眼提高农业全产业链收益，通过构建现代乡村产业体系，切实做强一产、做优二产、做

活三产。农村产业融合发展正是这样一种“对症良方”，通过依托种养业加快发展二、三产业，延伸产业链、提升价值链、拓展多功能，可以推动构建现代农业产业体系、生产体系、经营体系，促进农业生产加工销售各环节紧密对接，推进农业由增产导向转向提质导向，全面提高农业的质量效益和竞争力。

（二）推动农村产业深度融合，是促进农民持续增收、决胜全面建成小康社会的迫切需要

对“三农”工作来讲，最艰巨的任务是促进农民增收，最能体现工作成绩的也是促进农民增收。习近平总书记多次指出，检验农村工作成效的一个重要尺度，就是看农民的钱袋子鼓起来没有。推进农村产业融合发展，不仅有利于优化农业生产体系，促进农业节本增收、提质增收，而且有利于盘活农村资源资产，激发农村创业创新活力，增加农民经营性收入、工资性收入和财产性收入，通过融合发展建立的利益联结机制，可以让农民进入到全产业链收益分配的“利益圈”“价值圈”，开辟农民稳定增收的新渠道。

（三）推动农村产业深度融合，是进一步提升农村发展水平、促进城乡融合发展的迫切需要

习近平总书记指出，能否处理好城乡关系，关乎社会主义现代化建设全局。现阶段，城乡差距大最直观的是基础设施和公共服务差距大。解决农村发展问题，既要从农业农村自身挖潜力，更要推进城乡统筹、三产融合，以大力发展农村产业来“增财气”“聚人气”，促进资金、技术、人才等现代要素更多流向农村，带动农村基础设施建设和公共服务水平的提高，带动农民思想观念和生活方式的转变，避免农村在现代化进程中落伍掉队、出现凋敝。从这个意义上讲，农村产业融合发展，是

实现协调发展、开放发展、共享发展的重要举措，是推动城乡融合发展的一项重大战略。

二、农村一二三产业融合发展取得的成效及存在的问题

近年来，随着我国人民生活水平不断提高和城镇化、信息化的快速发展，城乡发展格局发生重要变化，农业产业链不断延伸，农业功能日益拓展，农村一二三产业不断呈现融合发展势头，必须因势利导，加快推进。为此，党中央、国务院审时度势、高度重视，自2014年底召开的中央农村工作会议首次提出推进农村一二三产业融合发展以来，近几年来的中央一号文件等一系列重要文件都把农村产业融合发展放在重要位置，《规划》对推进农村产业融合发展作出了全面部署。近年来，习近平总书记、李克强总理多次对农村产业融合发展作出重要指示批示。在2017年底召开的中央农村经济工作会议上，总书记强调指出，“农村一二三产业融合不是简单的一产‘接二连三’，关键是完善利益联结机制”。李克强总理也要求，要延伸产业链、打造供应链、提高附加值，拓宽农民增收空间，促进农村产业提质增效。

按照党中央、国务院决策部署，各地区各部门不断加大工作力度，完善政策举措，大力推动制度、技术和商业模式创新，推进农牧结合、农林结合、循环发展，促进农业产业链向两端延伸，不断挖掘农业的生态、文化、旅游等多方面功能，将农村产业发展与新型城镇化、美丽乡村建设等结合起来，探索出不少行之有效的新模式，农村产业融合发展取得了显著成效。近年来的实践证明，农村产业融合的快速推进，有力地促进了农业产品结构、产业结构、经营结构的调整，显著改善了农业供给质量，催生了农村新产业新业态，为农村创新创业开辟了新天地，为农民就业增收打开了新空间，为保持经济社会平稳健康发展作出了重

要贡献。

在充分肯定农村产业融合发展取得成效的同时，也必须看到，当前我国农村产业融合发展正处在起步阶段向加速阶段迈进的关键时期，构建农村产业融合发展体系的关键问题尚未破解，面临着许多新情况、新问题、新挑战，其突出表现，一是不同地区的工作推进力度仍不平衡，中央和地方之间、不同部门之间的协同配合仍有待加强；二是要素瓶颈制约仍较突出，土地、资金、人才、技术等关键要素支撑仍不到位，用地难、融资难、人才缺乏等“老大难”问题普遍存在；三是农民与新型经营主体紧密的利益联结机制尚未构建起来，农民公平合理参与二、三产业增值收益的保障机制仍不健全；四是产业融合发展层次不高，农村产业融合发展主体“多而不强”，产品档次和文化内涵有待提升，部分休闲农业和乡村旅游产品存在同质化倾向。

三、准确把握推动农村产业深度融合发展的内涵要义

推动农村产业深度融合发展，不仅是简单地打破产业界限，而且需要把现代产业发展理念和组织方式引入农业，着力构建农业与二、三产业交叉融合的现代产业体系。为此，必须以新发展理念为引领，以市场需求为导向，以完善利益联结机制为核心，以制度、技术和商业模式创新为动力，加快发展根植于农业农村、由当地农民主办、彰显地域特色和乡村价值的产业体系，推动乡村产业全面振兴。在这个过程中，必须注意把握好以下几点：

（一）推动农村产业深度融合发展的核心，是完善产业发展与农民之间紧密的利益联结机制

从市场机制的角度看，单纯的融合发展并不能自动让农民更多受益，

如果不建立起有效的利益联结机制和保障机制，就算是产业发展起来了，大部分农民还是只能作为打工者获得收益，不能作为农村资源资产的主人去分享应得的发展红利。牢记产业融合发展的初心，必须始终坚持把农民更多分享增值收益作为基本出发点，让农民充分参与和分享增值收益。

（二）推动农村产业深度融合发展的关键，是运用现代理念和现代技术改造提升农业，推动农村各产业融通发展

推进产业融合发展，要重点在延伸产业链、提升价值链、促进技术渗透上用力气，在一二三产业间优化各种生产要素组合配置，实现整个产业链上下游环节的系统协调，打破过去农业管生产、工业管加工、商业管销售的产业形态，让三次产业在融合发展中同步升级、同步增值、同步受益。

（三）推动农村产业深度融合发展的根本途径，是充分发挥市场机制作用和更好发挥政府作用

农村产业融合发展是农民和市场主体的创造，推进农村产业融合发展，应该坚持按市场原则办事，充分发挥市场在资源配置中的决定性作用，顺势而为，充分调动和发挥各类经营主体的积极性、创造性。同时，推进农村产业融合发展，政府要积极作为，在初期给予必要的政策扶持，搭建好公共服务平台，改善基础设施条件，建设和规范要素市场，维护好公平竞争的市场秩序。

（四）推动农村产业深度融合发展的基本底线，是确保国家粮食安全和生态安全，守住乡村独特文脉

推进农村产业融合发展必须守住一些基本底线，不能把农业综合生

产能力搞低了，不能把生态环境搞坏了，不能把农村乡愁搞没了。切实制止“非农化”等问题，确保国家粮食安全不出现大的闪失。充分考虑农村的资源环境承载能力，避免污染“上山下乡”。传承农村的地脉和文脉，充分体现农村特点，切实留住乡情乡愁。

四、推进农村产业深度融合发展的具体措施

针对推进农村产业深度融合发展工作中的“堵点”“难点”，要坚持问题导向，创新思路、强化支持、优化环境，把农村产业融合发展不断推向纵深。

（一）深入发掘农业农村新功能新价值

顺应城乡居民消费拓展升级趋势，结合各地资源禀赋，深入发掘农业农村的生态涵养、休闲观光、文化体验、健康养老等多种功能和多重价值。依托现代农业产业园、农业科技园、农产品加工园、农村产业融合发展示范园等，促进农业内部融合、延伸农业产业链、拓展农业多种功能、发展农业新型业态、产城融合等多模式融合发展。遵循市场规律，推动乡村资源全域化整合、多元化增值，增强地方特色产品时代感和竞争力，形成新的消费热点，增加乡村生态产品和服务供给。加快培育一批“农字号”特色小镇，在有条件的地区建设培育特色商贸小镇，推动农村产业发展与新型城镇化相结合。

（二）加快培育农村产业融合主体

发挥农业产业化龙头企业在构建产业融合发展体系中的关键作用，加快培育农商产业联盟、农业产业化联合体等新型产业链主体，打造一批产加销一体的全产业链企业集群。打造农产品销售公共服务平台，健

全农产品产销稳定衔接机制，支持家庭农场、合作社等新型经营主体带领小农户发展农产品加工、直销等业务，支持供销、邮政及各类企业把服务网点延伸到乡村。推进农业循环经济试点示范和田园综合体试点建设。

（三）加大对农村新产业新业态的支持力度

实施休闲农业和乡村旅游精品工程，建设一批设施完备、功能多样的休闲观光园区、森林人家、康养基地、乡村民宿、特色小镇。发展乡村共享经济、创意农业、特色文化产业。实施农产品加工业提升行动，鼓励企业兼并重组，淘汰落后产能，支持主产区农产品就地加工转化增值。加速新理念新技术向农业农村融合渗透，推动农村新产业新业态健康有序发展。大力建设具有广泛性的促进农村电子商务发展的基础设施，鼓励支持各类市场主体创新发展基于互联网的新型农业产业模式，深入实施电子商务进农村综合示范，加快推进农村流通现代化。

（四）建立紧密利益联结机制

加快推广“订单收购＋分红”“土地流转＋优先雇用＋社会保障”“农民入股＋保底收益＋按股分红”等多种利益联结方式，将企业与农民从简单的产品购销、劳务关系、土地流转，转变为紧密的合作共赢关系，让农户分享加工、销售环节收益。更好发挥政府扶持资金作用，强化龙头企业、合作组织联农带农激励机制，探索将新型农业经营主体带动农户数量和成效作为安排财政支持资金的重要参考依据。鼓励农业产业化龙头企业通过设立风险资金、为农户提供信贷担保、领办或参办农民合作组织等多种形式，与农民建立稳定的订单和契约关系。完善涉农股份合作制企业利润分配机制，明确资本参与利润分配比例上限。鼓励将符合条件的财政资金特别是扶贫资金量化到农村集体经济组织和农户后，以自愿入股方式投入新型农业经营主体，对农户土地经营权入股部分采取特殊保护，探索实行农民负盈不负亏的分配机制。

（五）完善农村产业融合服务体系

继续发挥农村产业融合发展部门协同推进机制作用，研究重大问题，协调支持政策，督促贯彻落实。加快完善土地、资金、人才等要素支撑的政策措施，确保各项政策可落地、可操作、可见效。统筹存量和增量，以盘活存量、优化城乡用地布局为突破口，落实好新型主体、新兴产业用地政策，加快探索建立农村产业融合发展的用地保障机制。在加大财政投入力度、加强涉农资金统筹整合的同时，创新支持方式，撬动更多金融和社会资金投向农村产业融合发展。坚持鼓励创新、包容审慎的监管原则，对利用闲置农房发展民宿、养老等项目，要出台消防、特种行业经营等领域便利市场准入、加强事中事后监管的管理办法。

（六）强化典型示范带动作用

围绕产业融合模式、主体培育、政策创新和投融资机制，依托“三园三区”、“百县千乡万村”试点示范工程、国家农村产业融合发展示范园等引领示范平台，深入开展农村产业融合发展试点示范，形成典型和示范引领效应，以点带面推动农村产业融合加快发展。不断总结基层带有普遍意义的经验和做法，形成可复制可推广的经验，把试点示范的“盆景”尽快变成“风景”。加强对试点示范的宣传引导，为推进农村产业融合发展营造良好的舆论环境。

（执笔单位：国家发展改革委农村经济司）

推进乡村旅游可持续健康发展

实施乡村振兴战略，是以习近平同志为核心的党中央在深刻把握我国现实国情农情、深刻认识我国城乡关系变化特征和现代化建设规律的基础上，着眼于党和国家事业全局，着眼于实现“两个一百年”的伟大目标和补齐农业农村短板的问题导向，对“三农”工作作出的重大战略部署和新的目标要求。《乡村振兴战略规划（2018—2022年）》（以下简称《规划》）细化实化工作重点和政策措施，部署若干重大工程、重大计划、重大行动，形成了今后5年落实乡村振兴战略的政策框架。乡村旅游是旅游业的重要组成部分，是实施乡村振兴战略的重要力量，在加快推进农业农村现代化、城乡融合发展、贫困地区脱贫攻坚等方面发挥着重要作用。随着大众旅游时代的到来，我国旅游业发展迎来了黄金机遇期，乡村振兴战略的实施，更是难得的历史机遇，习近平总书记在参加党的十九大贵州代表团讨论时提出，要对乡村旅游做分析和预测，提前制定措施，确保乡村旅游可持续发展。习近平总书记关于乡村旅游可持续发展的重要指示，为我们下一步工作的开展提供了根本遵循。

一、加强规划引领，优化区域布局

《规划》提出，要优化乡村发展布局，分类推进乡村发展，对于特色保护类村庄，尊重原住居民生活形态和传统习惯，加快改善村庄基础设施和公共环境。乡村旅游也要考虑规划和布局，要推动旅游产品和市场相对成熟的区域、交通干线和A级景区周边的地区深化开展乡村旅游，支持具备条件的地区打造乡村旅游目的地，实施乡村旅游规模化、集群化发展。东部地区围绕服务中心城市，加快推进环都市乡村旅游度假带建设；中西部地区围绕脱贫攻坚，积极推动乡村旅游与新型城镇化有机结合，合理利用古村古镇、民族村寨、文化村寨，打造一批乡村旅游精品线路；东北地区依托农业、林业、避暑、冰雪等优势，打造乡村旅游新高地。加强东、中西部旅游协作，促进旅游者和市场要素流动，形成互为客源、互为市场、互动发展的良好局面。加强乡村旅游产品与城市居民休闲需求的对接，统筹城乡基础设施和公共服务，加大城市人才、智力资源对乡村旅游的支持，促进城乡间人员往来、信息沟通、资本流动，加快城乡一体化发展进程。注重旅游资源开发的整体性，鼓励相邻地区打破行政壁垒，统筹规划，协同发展。支持有条件的地区编制乡村旅游发展规划，鼓励突破行政区域限制，跨区域整合旅游资源，制定区域性乡村旅游发展规划。乡村旅游发展规划要符合当地实际，强化乡土风情、乡居风貌和文化传承，尊重村民发展意愿，注重规划衔接与落地实施。

二、完善基础设施，提升公共服务

基础设施是乡村旅游发展的基础和保障。要结合美丽乡村建设、新型城镇化建设、移民搬迁等工作，实施乡村绿化、美化、亮化工程，提升乡村景观，改善乡村旅游环境。加快交通干道、重点旅游景区到乡村旅游地的道路交通建设，提升乡村旅游的可进入性。鼓励有条件的旅游城市与游客相对聚集的乡村旅游区间开通乡村旅游公交专线、乡村旅游直通车，方便城市居民和游客到乡村旅游消费。提高乡村公路等级标准，加快建设乡村旅游公路，鼓励发展游步道、自行车道等慢行系统，完善乡村旅游内部交通。引导自驾车房车营地、交通驿站建设向特色村镇、风景廊道等重要节点延伸布点，定期发布乡村旅游自驾游精品线路产品和服务体系。加强乡村旅游供水供电、垃圾污水处理以及停车、环卫、通讯等配套设施建设，提升乡村旅游发展保障能力。实施“厕所革命”新三年计划，推进旅游厕所向乡村拓展。推动建立乡村旅游咨询服务体系，在有条件、游客数量较大的乡村旅游区建设游客咨询服务中心，进一步完善乡村旅游标识标牌建设，强化解说、信息咨询、安全救援等服务体系建设，完善餐饮住宿、休闲娱乐、户外运动、商品购物、文化展演、民俗体验等配套服务，促进乡村旅游便利化。加快推动乡村旅游信息平台建设，完善网上预订、支付、交流等功能，推动乡村旅游智慧化。

三、丰富文化内涵，提升产品品质

《规划》提出，合理利用村庄特色资源，发展乡村旅游和特色产业，形成特色资源保护与村庄发展的良性互促机制。要发展乡村特色文化产业，推动文化、旅游与其他产业深度融合、创新发展。因此，下一步发展乡村旅游，要在保护的基础上，有效利用文物古迹、传统村落、民族村寨、传统建筑、农业遗迹、灌溉工程遗产、非物质文化遗产等，融入乡村旅游产品开发。促进文物资源与乡村旅游融合发展，支持在文物保护区域因地制宜适度发展服务业和休闲农业，推介文物领域研学旅游、体验旅游、休闲旅游项目和精品旅游线路，发挥文物资源对提高国民素质和社会文明程度、推动经济社会发展的重要作用。支持农村地区地域特色文化、民族民间文化、传统手工艺、优秀戏曲曲艺等传承发展，创新表现形式，开发一批乡村文化旅游产品。鼓励乡村与专业艺术院团合作，打造特色鲜明、体现地方人文的文化旅游精品。大力发展乡村文化创意产业，建设乡村文化创意基地。支持在乡村地区开展红色旅游、研学旅游。对接旅游者观光、休闲、度假、康养、科普、文化体验等多样化需求，促进传统乡村旅游产品升级，加快开发新型乡村旅游产品。结合现代农业发展，建设一批休闲观光园区、农业公园、田园综合体和农业庄园，探索发展休闲农业和乡村旅游新业态。结合乡村山地资源、森林资源、水域资源、地热冰雪资源等，发展森林观光、山地度假、水域休闲、冰雪娱乐、温泉养生等旅游产品。鼓励有条件的地区，推进乡村旅游和中医药相结合，开发康养旅游产品。充分利用农村土地、闲置宅基地、闲置农房等资源，开发建设乡村民宿和养老基地。鼓励开发具有地方特色的服饰、手工艺品、农副土特产品、旅游纪念品等旅游商品。制定完善乡村旅游各领域、各环节服务规范和标准，加强经营者、管理者、当地居民等技能培训，提升乡村旅游服务品质。提升当地居民旅游观念和服务意识，提升文明习惯，掌握经营管理技巧。鼓励先进文化、科技手段在乡村旅游产品体验和服务、管理中的运用，增加乡村旅游发展的知识含量。大力开展专业志愿者支援乡村行动，鼓励专业人士参与乡村景观设计和乡村旅游策划等活动。探索运用连锁式、托管式、共享式、会员制、分时制和职业经理制等现代经营管理模式，提升乡村旅游的运营能力和管理水平。

四、创建旅游品牌，加大市场营销

《规划》提出，实施休闲农业和乡村旅游精品工程，发展乡村共享经济等新业态，推动科技、人文等元素融入农业。创新宣传形式，广泛宣传乡村振兴相关政策和生动实践，营造良好社会氛围。按照《规划》要求，我们要树立乡村旅游品牌意识，提升品牌形象，增强乡村旅游品牌的影响力和竞争力。鼓励各地整合乡村旅游优质资源，推出一批特色鲜明、优势突出的乡村旅游品牌，构建全方位、多层次的乡村旅游品牌体系。建立全国乡村旅游重点村名录，开展乡村旅游精品培育工程，培育一批全国乡村旅游精品村和精品单位。鼓励具备条件的地区集群发展乡村旅游，积极打造有影响力的乡村旅游目的地。支持资源禀赋好、基础设施完善、公共服务体系健全的乡村旅游点申报创建A级景区、旅游度假区、特色小镇等品牌。发挥政府积极作用，鼓励社会力量参与乡村旅游宣传推广和中介服务，鼓励各地开展乡村旅游宣传活动，拓宽乡村旅游客源市场。依托电视、电台、报纸等传统媒体资源，利用旅游推介会、博览会、节事活动等平台，扩大乡村旅游宣传。充分利用新媒体、自媒体，支持电商平台开设乡村旅游频道，开展在线宣传推广和产品销售等。

五、注重农民受益，助力脱贫攻坚

《规划》提出要把打好精准脱贫攻坚战作为实施乡村振兴战略的优先任务，推动脱贫攻坚与乡村振兴有机结合相互促进。始终坚持把农民更多分享增值收益作为基本出发点，着力增强农民参与融合能力，创新收益分享模式。优化农村创新创业环境，放开搞活农村经济，合理引导工商资本下乡，推动乡村大众创业万众创新，培育新动能。按照《规划》要求，鼓励各地从实际出发，积极探索推广多方参与、机制完善、互利共赢的新模式新做法。建立健全多元的利益联结机制，让农民更好分享旅游发展红利，提高农民参与的积极性和获得感。积极推广“旅行社带村”“景区带村”“能人带户”“公司＋农户”“合作社＋农户”等模式。支持旅行社利用客源优势，宣传推介乡村旅游资源并组织客源，通过联合营销等方式共同开发市场。积极推进景区辐射带动周边发展乡村旅游，实现乡村与景区共生共荣、共建共享。大力支持懂经营、善管理的本地及返乡能人投资旅游，以吸纳就业、带动创业的方式带动农民增收致富。不断壮大企业主导乡村旅游经营，吸纳当地村民参与经营管理。充分发挥合作社统一组织生产、管理与销售的作用，引导规范专业化服务与规模化经营相结合。重视基层干部和旅游带头人的素质提升，大力开展旅游扶贫培训，组织旅游扶贫重点村村干部培训班，围绕乡村旅游策划规划、开发建设、经营管理、宣传营销等方面，通过课堂教学、案例教学和现场教学等多种形式进行培训，提高乡村旅游基层干部和旅游带头人的理论水平和专业素养，促进乡村旅游科学化、专业化发展。

六、整合资金资源，强化要素保障

乡村振兴是一项系统性工程，《规划》指出，要打造农村产业融合发展新载体新模式，推动要素跨界配置和产业有机融合。要整合政府、企业、社会等多方资源，推动政策、技术、资本等各类要素向农村创新创业集聚。加强乡村振兴用地保障，健全多元投入保障机制，创新金融支农产品和服务。加大对乡村旅游项目的资金支持力度。鼓励有条件、有需求的地方统筹利用现有资金渠道，积极支持提升村容村貌，改善乡村旅游重点村道路、停车场、厕所、垃圾污水处理等基础服务设施。按规定统筹的相关涉农资金可以用于培育发展休闲农业和乡村旅游。各地应将乡村旅游项目建设用地纳入国土空间规划和年度土地利用计划统筹安排。在符合生态环境保护要求和相关规划的前提下，鼓励各地按照相关规定，盘活农村闲置建设用地资源，开展城乡建设用地增减挂钩，优化建设用地结构和布局，促进休闲农业和乡村旅游发展，提高土地集约利用水平。鼓励通过流转等方式取得属于文物建筑的农民房屋及宅基地使用权，统一保护开发利用。在充分保障农民宅基地用益物权的前提下，探索农村集体经济组织以出租、入股、合作等方式盘活利用闲置宅基地和农房，按照规划要求和用地标准，改造建设乡村旅游接待和活动场所。支持利用历史遗留工矿废弃地、荒滩等土地开发乡村旅游。鼓励金融机构为乡村旅游发展提供信贷支持，创新金融产品，降低贷款门槛，简化贷款手续，加大信贷投放力度，扶持乡村旅游龙头企业发展。依法合规推进农村承包土地的经营权、农民住房财产权抵押贷款业务，积极推进集体林权抵押贷款、旅游门票收益权质押贷款业务，扩大乡村旅游融资规模，鼓励乡村旅游经营户通过小额贷款、保险等实现融资。鼓励保险业向乡村旅游延伸，探索支持乡村旅游的保险产品。将乡村旅游纳入各级乡村振兴干部培训计划，加强对县、乡镇党政领导发展乡村旅游的专题培训。通过专题培训、送教上门、结对帮扶等方式，开展多层次、多渠道的乡村旅游培训。各级人社、农业农村、文化和旅游、扶贫等部门要将乡村旅游人才培育纳入培训计划，加大对乡村旅游的管理人员、服务人员的技能培训，培养结构合理、素质较高的乡村旅游从业人员队伍。开展乡村旅游创客行动，组织引导大学生、文化艺术人才、专业技术人员、青年创业团队等各类“创客”投身乡村旅游发展，促进人才向乡村流动，改善乡村旅游人才结构。

（执笔单位：文化和旅游部资源开发司）

持续改善农村人居环境

党的十八大以来，在以习近平同志为核心的党中央坚强领导下，各地认真贯彻落实党中央、国务院决策部署，扎实开展改善农村人居环境工作，取得了较好成效。截至2017年底，全国农村生活垃圾得到处理的行政村比例达70%以上，较2014年提高26个百分点；农村危房改造2029万户，农村通公路率达到99.9%；农村饮水安全问题基本得到解决，有290多个县开展了农村生活污水治理；建成了5万多个美丽乡村，这是新中国成立以来我国农村人居环境建设取得的标志性成就。

一、充分认识改善农村人居环境工作的重要意义

改善农村人居环境，建设美丽宜居乡村，是实施乡村振兴战略的一项重要任务，事关全面建成小康社会，事关广大农民根本福祉。

（一）改善农村人居环境是实施乡村振兴战略的重要抓手

党的十九大报告提出，实施乡村振兴战略，这是顺应亿万农民对美好生活的期待而作出的重大决策部署。改善农村人居环境是实施乡村振兴战略的第一场硬仗，是促进乡村全面振兴的一项综合性举措，对于加快改变乡村发展面貌、实现生态宜居，对于推动农村新产业新业态发展、实现产业兴旺，对于弘扬乡村优良传统和淳朴民风、实现乡风文明，对于促进乡村社会和谐稳定、实现治理有效，对于改善农民生产生活条件、实现生活富裕，都具有十分重要的意义。抓好改善农村人居环境，就能

为实施乡村振兴战略开好头、起好步，奠定坚实基础。

（二）改善农村人居环境是解决城乡发展不平衡、农村发展不充分的重要举措

当前，发展不平衡，最突出的是城乡发展不平衡；发展不充分，最突出的是农村发展不充分，特别是农村的基础设施和公共服务与城市差距较大。我国农村人居环境状况虽然有了相当大的改观，但是农村“脏乱差”问题依然十分严重。全国还有近1/3村庄的生活垃圾没有得到收集和处理，80%左右的行政村生活污水没有得到治理，不少农村居民还没有使用卫生厕所。补齐乡村建设这块突出短板，解决城乡发展不平衡、农村发展不充分的问题，要求我们持续改善农村人居环境，不断推进农村基础设施和公共服务建设。

（三）改善农村人居环境是持续增强广大农民群众幸福感、获得感的重要内容

在大多数农村地区，由于缺规划，有新房没新村，有新村没新貌，不同程度存在环境“脏乱差”现象，一些农村连基本的卫生厕所、生活污水处理都未得到有效解决。在教育、医疗、文化等公共服务方面，农民和城市市民差距更明显。行路难、如厕难、环境脏、村容村貌差、基本服务落后，是影响广大农民群众生活水平的主要痛点。我们要顺应农民群众的新期待，持之以恒把改善农村人居环境这一惠民实事抓好抓出成效，全面提升广大农民群众的获得感、幸福感。

二、扎实开展农村人居环境整治三年行动

党中央、国务院高度重视改善农村人居环境。习近平总书记亲自关

心、亲自部署农村人居环境整治这项重大工作。2013 年 5 月，习近平总书记对农村人居环境工作作出重要批示，要求认真总结浙江省开展“千村示范、万村整治”工程的经验并加以推广。2017 年 10 月，习近平总书记在党的十九大报告中明确提出开展农村人居环境整治行动。2017 年 11 月，习近平总书记主持召开第十九届中央全面深化改革领导小组第一次会议，审议通过了《农村人居环境整治三年行动方案》。2017 年 12 月，习近平总书记在中央农村工作会议上作出重要讲话，就实施好农村人居环境整治三年行动方案专门作出部署。2018 年 4 月，习近平总书记再次对浙江“千村示范、万村整治”工程作出重要批示，要结合实施农村人居环境整治三年行动计划和乡村振兴战略，进一步推广浙江好的经验做法，建设好生态宜居的美丽乡村。按照中央关于实施乡村振兴战略的部署安排，到 2022 年，农村人居环境显著改善，生态宜居的美丽乡村建设扎实推进；到 2035 年，农村生态环境根本好转，生态宜居的美丽乡村基本实现；到 2050 年，乡村全面振兴，农业强、农村美、农民富全面实现。落实乡村振兴战略目标要求，实现乡村全面振兴、全面建成生态宜居美丽乡村，一个重要抓手就是实施农村人居环境整治行动。

2018 年初，中共中央办公厅、国务院办公厅印发了《农村人居环境整治三年行动方案》，明确指出要全面贯彻党的十九大精神，以习近平新时代中国特色社会主义思想为指导，紧紧围绕统筹推进“五位一体”总体布局和协调推进“四个全面”战略布局，牢固树立和贯彻落实新发展理念，实施乡村振兴战略，坚持农业农村优先发展，坚持绿水青山就是金山银山，顺应广大农民过上美好生活的期待，统筹城乡发展，统筹生产生活生态，以建设美丽宜居村庄为导向，以农村垃圾污水治理、“厕所革命”和村容村貌提升为主攻方向，动员各方力量，整合各种资源，强化各项举措，加快补齐农村人居环境突出短板，为如期实现全面建成小康社会目标打下坚实基础。

《农村人居环境整治三年行动方案》强调，要坚持因地制宜、分类指导，根据地理、民俗、经济水平和农民期盼，科学确定本地区整治目标任务，既尽力而为又量力而行，集中力量解决突出问题，做到干净整洁有序；坚持示范先行、有序推进，学习借鉴浙江等先行地区经验，坚持先易后难、先点后面，通过试点示范不断探索、不断积累经验，带动整体提升；坚持注重保护、留住乡愁，统筹兼顾农村田园风貌保护和环境整治，注重乡土味道，强化地域文化元素符号，综合提升田水路林村风貌，慎砍树、禁挖山、不填湖、少拆房，保护乡情美景，促进人与自然和谐共生、村庄形态与自然环境相得益彰；坚持村民主体、激发动力，尊重村民意愿，根据村民需求合理确定整治优先序和标准，建立政府、村集体、村民等各方共谋、共建、共管、共评、共享机制；坚持建管并重、长效运行，先建机制、后建工程，合理确定投融资模式和运行管护方式，推进投融资体制机制和建设管护机制创新，探索规模化、专业化、社会化运营机制，确保各类设施建成并长期稳定运行；坚持落实责任、形成合力，强化地方党委和政府责任，明确省负总责、县抓落实，切实加强统筹协调，加大地方投入力度，强化监督考核激励，建立上下联动、部门协作、高效有力的工作推进机制。

《农村人居环境整治三年行动方案》提出，到2020年，实现农村人居环境明显改善，村庄环境基本干净整洁有序，村民环境与健康意识普遍增强。东部地区、中西部城市近郊区等有基础、有条件的地区，人居环境质量全面提升，基本实现农村生活垃圾处置体系全覆盖，基本完成农村户用厕所无害化改造，厕所粪污基本得到处理或资源化利用，农村生活污水治理率明显提高，村容村貌显著提升，管护长效机制初步建立。使中西部有较好基础、基本具备条件的地区，人居环境质量得到较大提升，力争实现90%左右的村庄生活垃圾得到治理，卫生厕所普及率达到85%左右，生活污水乱排乱放得到管控，村内道路通行条件明显改善。

地处偏远、经济欠发达等地区，在优先保障农民基本生活条件基础上，实现人居环境干净整洁的基本要求。

三、以农村垃圾污水治理、“厕所革命”和村容村貌提升为主攻方向，深入推进农村人居环境整治

（一）启动村庄清洁行动

干净整洁有序是农村人居环境整治的基本要求。中央农办、农业农村部会同有关部门组织开展村庄清洁行动，引导农民群众从自己身边的小事抓起，从自己动手能干的实事做起，在较短时间内推动村庄环境发生变化，是推进农村人居环境整治的重要抓手和关键举措。在行动目标上，着力解决村庄环境“脏乱差”问题，实现村庄内垃圾和粪污无乱堆乱放，污水乱泼乱倒现象明显减少，房前屋后整洁有序，畜禽养殖科学规范，达到干净、整洁、有序标准。在行动内容上，重点推动“三清一改”：清垃圾、清塘沟、清畜禽粪污等农业生产废弃物，改变影响农村人居环境的不良习惯。“三清一改”只是规定动作，也鼓励各地结合实际，不断创新，将农村人居环境整治的其他任务作为自选动作。在组织形式上，以少花钱、管长远、成效好为原则，通过充分发挥各级基层组织作用，发动农民群众积极参与，培育形成维护村庄环境卫生的主人翁意识，自己动手建设美丽家园。

（二）全面推进农村生活垃圾治理

2015 年，经国务院同意，住房城乡建设部会同有关部门印发了全面推进农村垃圾治理的指导意见，建立了农村生活垃圾全面治理逐省验收制度。目前，已有 8 个省份通过验收，其他省（区、市）也提出了到

2020年申请验收的计划安排。截至2017年底，全国农村生活垃圾得到处理的行政村比例从2013年的36.6%提高到74%，近3年年均提高8.7个百分点。2018年6月，住房城乡建设部、生态环境部、水利部、农业农村部联合印发《关于做好非正规垃圾堆放点排查和整治工作的通知》，进一步督促各地采取积极稳妥、切合实际、有力管用措施，加强垃圾处理设施建设，强化城镇垃圾、工业固体废物违法违规向农村转移监督管理和执法检查，积极消化非正规垃圾堆放点存量，严格控制增量。到2020年底，基本遏制城镇垃圾、工业固体废物违法违规向农村地区转移问题，基本完成农村地区非正规垃圾堆放点整治。

（三）开展厕所粪污治理

厕所污水占生活污水比例不大，但污染程度占生活污水污染的90%左右，农村不少传染疾病是由厕所粪便污染和不安全饮水引起的。最近几年，习近平总书记多次就农村改厕作出重要指示。现阶段要大力推进“厕所革命”，到2022年底，以整村推进的方式，重点完成26万个行政村的农村户用厕所改造工作。对东部地区、中西部城市近郊区等有基础、有条件的地区，要加快推进户用卫生厕所建设和改造，基本完成无害化改造；对其他地区要普及不同水平的卫生厕所，使卫生厕所普及率达到85%左右。对人口规模较大且有需求的村庄，配套建设公共厕所。在建设或改造户用卫生厕所的同时，必须同步对厕所粪污进行无害化处理或资源化利用，不能厕所改了，但粪污仍然直接排放。

（四）梯次推进农村生活污水治理

从各地实践看，开展农村生活污水治理，采取纳入城市管网、建村集中污水处理站、建分户污水处理设施任何一种处理方式，平均每户农户的建设费用是1万元左右。相对改厕而言，这项工作的投资量更加巨大，且现阶段运行管理能力也跟不上。今后将以县为单位开展农村生活污水统筹治理示范，总结并推广示范县经验，扩大示范县数量，在有条件的地区推动城镇污水管网向周边农村延伸覆盖。继续实施农村环境综合整治项目，支持重点地区的村庄治理生活污水。加快制定农村生活污水处理排放标准。到2020年，实现东部地区、中西部城市近郊区等有基础、有条件的地区农村生活污水治理率明显提高，中西部有较好基础、基本具备条件的地区生活污水乱排乱放得到管控。同时指导地方以房前屋后河塘沟渠、排水沟等为重点实施清淤疏浚，采取综合措施恢复水生态，逐步消除农村黑臭水体，并将农村水环境治理纳入河长制、湖长制管理。

（五）提升村容村貌

总体上，我国的村容村貌比较落后，其中最影响农村风貌的是农房风貌。我国大多数地区农房缺乏设计、外观呆板。今后将从以下几个方面加强对农房风貌的管理：一是探索将农房建筑风貌纳入乡村建设规划许可进行管理；二是推广现代乡土建筑等改良型传统民居，开展田园建筑示范；三是引导建筑师下乡帮助地方开展农房设计，推动建设体现地域特点、民族特色和时代特征的现代农房；四是组织开展农村建筑工匠培训，让工匠成为提升农村建筑风貌的一支主体力量。同时，大力推进村庄绿化，充分利用闲置土地开展植树造林等活动，建设绿色生态村庄。

（六）推进农业生产废弃物资源化利用

畜禽养殖废弃物、秸秆、农膜残留对农村人居环境影响巨大，必须加快建立回收和资源化利用体系。一是推进畜禽粪污资源化利用。以农用有机肥和农村能源为主要利用方向，聚焦规模养殖场和畜牧大县，开展畜牧业绿色养殖示范县创建活动。加强粪肥科学还田利用指导，推动有机肥替代化肥。二是推进农作物秸秆综合利用。构建政府、企业、农民三方利益联结机制，集成推广一批秸秆收、储、运、用的县域典型模式，建立秸秆利用长效机制。三是推进农膜回收利用。要研究制定地膜污染防治办法，加快可降解地膜生产技术研发和应用，加快标准地膜推广应用，加大农膜回收利用力度。四是推进农村清洁能源开发利用。提高农村清洁能源比重，宜气则气、宜电则电，把提升农民生活质量与改善大气环境统一起来。

（七）推动构建长效机制

三分建、七分管，处理农村垃圾、治理污水、改造厕所等，不仅仅要建成工程，还必须建立管护长效机制，让老百姓用得好、长受益。要坚持以用为本、建管并重，在规划设计时，及早考虑建成后的运行维护问题，建立有制度、有标准、有队伍、有经费、有督查的农村人居环境设施运行维护机制。要创新市场化运营模式，培育多种形式的农村人居环境整治市场主体，采取城乡统筹、整县打包、建运一体等多种方式，吸引第三方治理企业、村集体、农民合作社等参与项目建设和运维。与此同时做好宣传引导，编印农民群众喜闻乐见、特色鲜明、朗朗上口的宣传标语，通过“小手拉大手”、节庆演出、宣传栏、明白纸等方式，加强卫生防疫、健康生活等宣传教育，培养农民形成良好卫生习惯。发挥舆论监督和群众监督作用，建立农村“脏乱差”问题投诉举报渠道，形成人人参与、人人监督、不断改进的良好氛围。

总之，我们要以建设美丽乡村作为全国农村人居环境改善的最高标准，力争通过一二十年的努力，综合推进乡村规划管控、农民生产生活改善、村庄环境整治、风貌提升等工作，使农村山水林田路房整体改善，充分展现美丽乡村的魅力和经济、社会、教育、文化等多方面价值，实现农村人居环境全面提升。

（执笔单位：农业农村部农村社会事业促进司）

集中治理农业环境突出问题

集中治理农业环境突出问题是实施乡村振兴战略的一项重要任务，事关全面建成小康社会，事关农村生态文明建设。《乡村振兴战略规划（2018—2022年）》将集中治理农业环境突出问题作为规划实施的一项重要内容，明确提出有效遏制农业生态环境恶化趋势。这是党中央坚持以人民为中心的发展思想，贯彻新发展理念，牢牢把握新时代我国“三农”工作的特征，顺应广大农民群众对美好生活的向往而作出的重大决策部署，意义重大而深远。

一、深刻认识集中治理农业环境突出问题的重要性和紧迫性

党的十八大以来，以习近平同志为核心的党中央坚持把解决好“三农”问题作为全党工作重中之重，将农业农村生态环境保护作为推进农村生态文明建设的重要内容，不断加大污染治理力度，农业农村生态环境质量得到改善。但是，我国农业面源污染严重，农业面源污染和生态退化趋势尚未有效遏制，农业环境形势严峻。必须集中治理农业环境突出问题，为农民创造优美宜居的生产生活环境和美好家园。

（一）集中治理农业环境突出问题是决胜全面建成小康社会的重大任务

小康全面不全面，生态环境质量是关键。全面建成小康社会，生态环境是突出短板，农业农村生态环境保护更是短板中的短板。中央财经委员会第一次会议明确要求打好农业农村污染防治攻坚战。中共中央、国务院印发的《关于全面加强生态环境保护　坚决打好污染防治攻坚战的意见》对农业农村污染防治攻坚战作出部署安排。经国务院同意，生态环境部、农业农村部联合印发《农业农村污染治理攻坚战行动计划》，明确了农业农村污染治理攻坚战目标任务。这表明党中央、国务院对农业农村环境污染治理的高度重视，必须把集中治理农业环境突出问题作为决胜全面建成小康社会的重大任务，拿出硬办法、硬措施，为如期实现全面建成小康社会目标打下坚实基础。

（二）集中治理农业环境突出问题是满足人民日益增长的美好生活需要的必然要求

当前，我国社会主要矛盾已经转化为人民日益增长的美好生活需要和不平衡不充分的发展之间的矛盾。而发展不平衡不充分的问题在农村最为突出，农业农村生态环境保护滞后于农村经济社会发展。必须按照实施乡村振兴战略的总要求，牢固树立和践行绿水青山就是金山银山的理念，强化污染治理、循环利用和生态保护，把为农民群众创造优美宜居的生产生活环境作为治理农业环境突出问题的根本出发点和落脚点，顺应广大农民群众过上美好生活的期待，增强广大农民的获得感和幸福感。

（三）集中治理农业环境突出问题是推动农业绿色发展的重要抓手

总体上看，我国农业主要依靠资源消耗的粗放经营方式没有根本改变，绿色优质农产品和生态产品供给还不能满足人民群众日益增长的需要。要通过集中治理农业环境突出问题促进农业转型升级和绿色发展，实行最严格的生态环境保护制度，优化种植和养殖生产布局、规模和结构，转变农业发展方式，推动各地构建人与自然和谐共生的农业发展新格局。

二、准确把握集中治理农业环境突出问题的内涵要义

（一）坚持以人民为中心，切实解决农民群众最关心最直接最现实的突出农业环境问题

农业环境问题点多面广，多年来农业环境治理工作基础薄弱、欠账较多，必须统筹规划、突出重点问题。要紧紧围绕保障人民群众食品安全，集中治理关系人民群众切身利益的突出农业环境问题，重点是推进重金属污染耕地防控和修复、加强重有色金属矿区污染综合整治、加强农业面源污染治理、加大地下水超采区治理力度和范围、严格工业和城镇污染处理及达标排放等，切实改善农业农村生产生活环境。

（二）贯彻新发展理念，推进农业绿色发展

我国农业发展方式粗放，化肥、农药等农业投入品过量使用，畜禽粪污、农作物秸秆等农业废弃物未得到合理处置，必须坚持新发展理念，以绿色发展引领乡村振兴，推进农业清洁生产，实施源头控制、过程拦

截、末端治理与循环利用相结合的综合防治，促进农业发展与资源环境相协调，走资源节约、环境友好的现代农业发展道路。

（三）创新体制机制，推动农业环境监管体系建设

我国农业农村生态环境监管体系建设滞后，地方各级政府农业环境监管能力薄弱，必须创新生态环境保护体制机制，不断完善政策措施，建立重心下移、力量下沉、保障下倾的农业农村生态环境监管执法工作机制，强化基层生态环境监管执法力量，构建政府为主导、企业为主体、社会组织和公众共同参与的农业农村生态环境治理体系，切实提高农业环境监管能力。

三、把集中治理农业环境突出问题的重点任务落到实处

（一）强化土壤污染防治

我国土壤环境质量堪忧，污染地块和农用地环境风险日益凸显，土壤污染状况不容乐观。要深入实施土壤污染防治行动计划，扎实开展土壤污染状况详查工作，严格监测产地污染，摸清农用地土壤污染状况，明确农用地土壤污染防治重点区域。贯彻落实土壤污染防治法，完善相关标准规范。实施农用地分类管理，切实加大优先保护类耕地保护力度。以粮食镉等重金属超标区域为重点，加大涉镉等重金属行业企业排查整治，推进重金属污染耕地防控和修复。加快推进土壤污染综合防治先行区建设和土壤污染治理与修复技术应用试点实施。加强矿产资源开发集中地区，特别是重有色金属矿区地质环境治理和生态修复。实施重金属矿产资源开发活动集中区域环境综合整治工程，切断重金属等污染物进入农田的途径，集中解决一批重金属污染突出问题。实施重有色金属矿

区国土绿化工程，恢复矿区生态系统。

（二）加强农业面源污染治理

农业资源环境是农业生产的物质基础和农产品质量安全的源头保障，直接关系人们“菜篮子”“米袋子”的安全。要统筹推进污染防治和循环利用，实现农业投入品减量化、生产清洁化、废弃物资源化、产业模式生态化，从源头减少农业面源污染。大力发展节水农业，加快农业高效节水体系建设。深入推进测土配方施肥和农作物病虫害统防统治与全程绿色防控，提高农民科学施肥用药意识和技能，推动化肥、农药使用量实现负增长。推进农业绿色生产，积极发展有机农业、循环农业和生态农业等环境友好型农业，强化资源保护与节约利用。推进畜禽粪污资源化利用，根据资源环境承载力，优化畜禽养殖区域布局，推进畜牧大县整县实现畜禽粪污资源化利用。推进水产养殖业绿色发展，优化水产养殖空间布局，依法加强养殖水域滩涂统一规划，科学划定禁止养殖区、限制养殖区和养殖区。

（三）加大地下水超采区治理力度和范围

要加强地下水动态监测，实行地下水取用水总量控制和水位控制。各省、自治区、直辖市人民政府要尽快核定并公布地下水禁采和限采范围。在地下水超采区，禁止农业、工业建设项目和服务业新增取用地下水，并逐步削减超采量，实现地下水采补平衡。

（四）严格工业和城镇污染处理和达标排放

当前，我国基层环境监管能力仍然不足，大部分乡镇没有专门的农村环保工作机构和人员，难以有效开展工作。要落实乡镇生态环境保护职责，明确承担农业农村生态环境保护工作的机构和人员，确保责有人负、事有人干。推动环境监测、执法向农业农村延伸。建立工业和城镇污染向农业转移防控机制。制定农田污染控制标准，建立监测体系，严格工业和城镇污染物处理和达标排放，依法禁止未经处理达标的工业和城镇污染物进入农田、养殖水域等农业区域。

（执笔单位：生态环境部土壤生态环境司）

着力推进乡村生态振兴

习近平总书记在党的十九大报告中明确提出“产业兴旺、生态宜居、乡风文明、治理有效、生活富裕”的总要求，为乡村振兴指明了方向，明确了目标。实施乡村振兴战略，必须把生态振兴作为一项重大而紧迫任务，切实抓紧抓好。

一、生态振兴是乡村振兴的必然要求

生态是乡村的重要特征，良好生态是乡村最大优势和宝贵财富。进入新时代，实现乡村生态振兴具有重大意义。

（一）生态振兴是实现乡村生态宜居的应有之义

乡村振兴，生态宜居是关键。把生态宜居作为一个整体来统筹谋划、安排部署，既营造健康良好的自然生态，又营造绿色惬意的人居生态，体现了以人民为中心的发展思想，顺应了新时代城乡居民美好生活的新期待，也彰显了生态振兴的重要地位。与城市相比，乡村总体上保持着浓郁的自然气息，生活环境最接近自然，生活方式最融入于自然。随着经济发展和社会进步，在发达国家和我国部分发达地区，“回归乡村”成为一种新趋势。而生态良好、宜居宜养宜业宜游，则是吸引人们“回归乡村”的重要原因。我们要努力实现乡村生态振兴，促进自然生态、人居生态的良性循环和有机统一。

（二）生态振兴是实现乡村绿色发展的重要内容

乡村振兴，走的是具有中国特色的乡村振兴之路，也是绿色发展之路。绿色发展引领乡村振兴是一场深刻革命，直接催生和促进绿色生态、绿色产业、绿色消费实现更深层次、更高水平的大发展、大变革、大融合。绿水青山就是金山银山，良好生态是乡村绿色发展的重要支撑点、增长点。实现乡村生态振兴，既是保护自然价值、增值自然资本的过程，也是使绿水青山持续发挥生态、经济、社会等多种效益的过程。

（三）生态振兴是实现农业农村现代化的生动体现

到2035年我国将基本实现社会主义现代化，生态环境根本好转，美丽中国、生态宜居的美丽乡村基本实现。到本世纪中叶我国将全面建成富强民主文明和谐美丽的社会主义现代化强国，生态文明全面提升，乡村全面振兴，农业强、农村美、农民富全面实现。我们要把乡村生态振兴贯穿于国家现代化、农业农村现代化的全过程、各阶段，努力建设绿色、生态、美丽的现代化乡村。

党的十八大以来，以习近平同志为核心的党中央高度重视生态文明建设，我国乡村生态环境保护发生了历史性、转折性、全局性变化。5年来，以天然林资源保护、新一轮退耕还林还草、草原生态保护、生态效益补偿等为主体，国家组织实施了一批“千亿”量级的重大生态工程，全国完成造林5.08亿亩，森林面积达到31.2亿亩，森林覆盖率达到21.66％，森林蓄积量达到151.37亿立方米。全面停止天然林商业性采伐，天然林保护范围扩大到全国，19.44亿亩天然乔木林得到有效保护。累计安排新一轮退耕还林还草任务4240万亩。启动了国家储备林建设工程，建设和划定国家储备林4766万亩。草原面积达60亿亩，综合植被盖度达到55.3％。湿地保护率由43.5％提高到49％，部分重要湿地生态状况明显改善。累计治理沙化土地 1.5 亿多亩，绿进沙退的趋势进一步巩固，沙化土地封禁保护面积达 2315 万亩。国家级自然保护区达 474 处，重点保护野生动植物种群和数量稳中有升。

当前，我国生态文明建设正处于压力叠加、负重前行的关键期，已进入提供更多优质生态产品以满足人民日益增长的优美生态环境需要的攻坚期，也到了有条件有能力解决生态环境突出问题的窗口期。改革开放 40 年来，我国综合国力、经济实力、科技实力大幅提升，为乡村生态振兴奠定了坚实的物质基础，提供了强大的支撑保障。大力推进乡村生态振兴，面临着新机遇，进入了新阶段。

二、准确把握生态振兴的基本内涵

《乡村振兴战略规划（2018—2022 年）》（以下简称《规划》）将生态振兴作为重要内容，作出了系统阐述和科学安排。实现乡村生态振兴，要坚持人与自然和谐共生的基本原则，践行绿水青山就是金山银山的科学理念，秉持生态惠民、生态利民、生态为民的根本宗旨。集中体现在《规划》第三篇“构建乡村振兴新格局”、第六篇“建设生态宜居的美丽乡村”。

（一）严格保护生态空间

《规划》提出优化乡村生产生活生态空间，特别是要保护山清水秀的生态空间，延续人和自然有机融合的乡村空间关系。加快构建以“两屏三带”为骨架的国家生态安全屏障，全面加强国家重点生态功能区保护，建立以国家公园为主体的自然保护地体系。《规划》提出加大乡村生态保护与修复力度，统筹山水林田湖草系统治理，大力实施重要生态系统保护修复重大工程，健全重要生态系统保护制度，健全生态保护补偿机制。

（二）建设美丽宜居村庄

村庄是主要的生活空间。《规划》以建设美丽宜居村庄为导向，综合提升田水路林村风貌，促进村庄形态与自然环境相得益彰。依“林”而美，要全面推进乡村绿化，充分利用空闲土地组织开展各种形式的义务植树等活动，建设具有乡村特色的绿化景观，切实保护乡村原生植被。《规划》首次提出村庄绿化覆盖率指标，到2020年村庄绿化覆盖率达到30%，到2022年村庄绿化覆盖率达到32%，努力构建“山地森林化、农田林网化、村屯园林化、道路林荫化、庭院花果化”的乡村绿化格局。依“水”而秀，《规划》提出加强乡村水环境治理，开展乡村湿地保护恢复和综合治理，整治乡村河湖水系，建设乡村湿地小区。

（三）大力发展生态产业

乡村生态振兴，是生态好、村庄美、百姓富的有机统一。生态产业是生态经济体系的重要组成，最符合产业生态化、生态产业化的要求。乡村拥有丰富的自然生态资源，发展生态产业优势明显、潜力巨大。《规划》提出大力发展生态旅游、生态种养等产业，打造乡村生态产业链。进一步盘活森林、草原、湿地等自然资源，允许集体经济组织灵活运用现有生产服务设施用地开展相关经营活动。各地可因地制宜，遵循规律，加快发展冰雪海上运动、生态科考、生态康养等产业，创建一批特色生态旅游示范村镇和精品线路，大力发展市场需求旺盛、经济价值较高的木本油料、特色林果、林下经济、草食畜牧业、中药材种植等特色产业。

三、扎实做好乡村生态振兴重点工作

《规划》形成了今后5年落实中央一号文件的政策框架。当前和今后一个时期，要高度重视和大力做好《规划》实施工作，精心部署，稳步推进，把乡村生态振兴各项工作落到实处、见到实效。

（一）实施重要生态系统保护修复重大工程

乡村是维护国家生态安全的主战场，也是实施生态保护修复工程的主阵地。乡村美则国家美。乡村生态安全，国家生态安全就有了坚实基础。要深入实施天然林资源保护、新一轮退耕还林还草、三北长江珠江等重点防护林体系建设、草原保护与修复、湿地保护与修复、荒漠化石漠化综合治理、濒危野生动植物保护、生物多样性保护等工程，优化生态安全屏障体系。适时启动一批新的生态保护修复工程。

（二）提升生态系统质量和稳定性

在精准提升森林质量、维护森林生态安全的同时，大力提升草原、湿地、荒漠等自然生态系统的功能和质量，优化自然生态系统内部结构和组成。健全耕地草原森林河流湖泊休养生息制度，完善天然林和公益林保护制度，出台《天然林保护修复制度方案》。严格实施草原禁牧和草畜平衡制度。完善荒漠生态保护制度，加强沙区天然植被和绿洲保护。推进田园生态系统保护，探索与现代农业相适应的田园生态系统保护与修复模式。划定并严守生态保护红线，对良好自然生态实行最严格的保护。建立以国家公园为主体的自然保护地体系，保护自然生态系统的原真性和完整性。

（三）提高乡村绿化美化水平

启动大规模国土绿化行动，稳定国家重点工程造林规模，完成营造林 3128 万公顷。抓好雄安新区白洋淀上游、内蒙古浑善达克、青海湟水三个规模化林场建设试点。积极培育珍贵树种和大径材，加快建设国家储备林 333 万公顷。开展“百县千场万村”行动，重点推进国土绿化

100个重点县、1000个重点林场建设，每年绿化美化2万个乡村。严格保护乡村古树名木，挂牌率达到95%。加强基本农田林网建设，控制率达到90%以上。重点推进村内绿化、围村片林和农田林网建设，努力实现庭院、村屯、沟渠、通道、农田全面增绿。

（四）加强乡村小微湿地保护和恢复

小微湿地是乡村生态肌体中的重要细胞。对于单块面积不足8公顷的小池塘，宽度不足10米的小河小溪，以及大量的小灌渠等各种小微湿地，加快保护与修复，恢复受损溪流湿地的生态状况，再现乡村荷叶飘香、碧波荡漾等场景。推进退耕（牧）还湿、退养还滩、生态补水，开展污染和有害生物防控，保护生物多样性。开展乡村湿地小区、湿地公园建设。

（五）大力做好生态扶贫工作

生态振兴与生态扶贫密切联系，既要解决自然生态的问题，也要解决人的生产生活问题，在一个战场打赢生态振兴与脱贫攻坚两场战役。大力推进生态补偿扶贫，深入实施天然林资源保护、造林补贴、森林抚育补贴、森林生态效益补偿、草原生态保护补助奖励等重大工程和重大措施。大力推进生态产业脱贫，发展林下经济、木本油料、森林旅游、特色林果等绿色富民产业。大力推进林业科技创新脱贫，组织选派林业专家、科技特派员，与贫困户实现一对一精准对接帮扶，培训新型职业林农，提升贫困人口技能，为贫困地区持续输送林业实用科技成果。扩大生态护林员规模，到2020年新增30万名生态护林员和草管员，建设生态扶贫专业合作社（队）1.2万个。

（执笔单位：国家林业和草原局规划财务司）

加强乡村文化建设

乡村振兴，文化同行。文化是实现农村全面发展、提高农民生活质量、促进农业转型升级的重要力量。实现乡村振兴，离不开乡村文化的繁荣发展，离不开乡村文明程度的不断提高，要通过全面加强乡村文化建设，为乡村振兴提供强大的价值引导力、文化凝聚力和精神推动力。

一、充分认识文化建设在乡村振兴战略中的重要作用

我国是一个拥有近6亿农村常住人口的发展中大国，农村文化建设任务艰巨繁重。习近平总书记指出，要推动乡村文化振兴，加强农村思想道德建设和公共文化建设，以社会主义核心价值观为引领，培育文明乡风、良好家风、淳朴民风，改善农民精神面貌，提高乡村社会文明程度，焕发乡村文明新气象。实施乡村振兴战略，必须充分发挥文化引领风尚、教育人民、服务社会、推动发展的重要作用，促进乡村文化繁荣发展，使广大农村群众既富“口袋”又富“脑袋”，推动农民更富、农村更美、农业更强。

（一）加强乡村文化建设，有利于保护优秀传统文化、延续乡村文化血脉

习近平总书记多次强调，农村是我国传统文明的发源地，乡土文化的根不能断，农村不能成为荒芜的农村、留守的农村、记忆中的故园。

乡村文化是中华文化的重要组成部分，体现了中华民族一脉相承的精神追求和精神特质。几千年形成的民风民俗、伦理道德、乡规民约等，是农村生生不息、有序发展的重要思想文化基础。加强乡村文化建设，将进一步传承发展好乡村优秀传统文化这一“根脉”，发挥其在凝聚人心、引导村民、淳化民风方面的作用，使之成为推动乡村振兴的精神支撑和道德引领。

（二）加强乡村文化建设，有利于丰富乡村文化生活、增强农民群众的幸福感

当前，随着农村地区物质生活水平的不断提高，农民群众对精神文化生活的需求也更加迫切，农村的精神文明建设不可或缺。加强乡村文化建设，将为农民群众提供更好、更多可供选择的文化产品和服务，让他们有条件享受到健康丰富的精神文化生活，在文化参与、文化体验中得到精神上的慰藉和满足，进一步增强文化获得感和生活幸福感。

（三）加强乡村文化建设，有利于重塑乡村文化生态、焕发新时代乡村魅力

实施乡村振兴战略，需要通过文化的力量改变乡村面貌，用文化点亮乡村，构建人与自然和谐共生的乡村发展新格局。加强乡村文化建设，将把乡村的内在美和外在美更好地结合起来，重塑乡村美好的文化生态。通过深入挖掘乡村特色文化，把文化元素融入美丽乡村建设，进一步扮靓乡村公共空间，打造优美人居环境，提升乡村文化品位，让更多的乡村重现原生田园风光和原本乡情乡愁。

（四）加强乡村文化建设，有利于推动农村地区经济发展、实现农民就业增收

实施乡村振兴战略，迫切需要激发农村地区发展的内生动力和创造活力。加强乡村文化建设，可以更好地发挥文化在创新创造方面的重要作用，把农村地区的文化资源禀赋转化为发展优势。通过引导农村地区因地制宜发展特色文化产业和旅游业，将有力地促进农村经济绿色发展，拓宽农民群众就业增收渠道，让广大农民群众享受到产业发展带来的实际成果。

二、当前乡村文化建设的现状

近年来，围绕全面建成小康社会总目标，中央和地方有关部门坚持重心下移，抓重点、补短板、强弱项，不断加大对农村地区文化建设的投入力度，农村文化建设取得了长足发展，农民群众精神文化生活日益丰富，文化在价值引导、凝聚人心方面发挥了重要作用，农村文化建设呈现出积极向好的发展态势。

（一）农村文化扶贫工作取得积极进展

加强对农村贫困地区文化建设的倾斜支持，在项目、资金、人才等方面提供帮扶，对口支援有效开展，文化扶贫工作取得积极成效。通过实施贫困地区百县万村综合文化服务中心示范工程和民族自治县、边境县综合文化服务中心覆盖工程，改善了农村贫困地区公共文化服务的设施条件。丝绸之路文化产业带、藏羌彝文化产业走廊建设持续推进，带动农村贫困地区特色文化产业加快发展。

（二）农村公共文化服务体系建设全面推进

以乡镇综合文化站、村级综合性文化服务中心建设为重点，加快推进农村公共文化设施建设，促进公共文化资源向农村基层倾斜延伸。截至 2017 年底，全国共有乡镇综合文化站 33997 个，29.4 万个行政村建成基层综合性文化服务中心，基层文化资源进一步有效整合，基本公共文化服务标准化均等化水平逐步提高。流动文化车工程、文化信息资源共享工程、村文化活动室设备购置项目在农村地区深入实施，送戏下乡、送图书下乡成为常态，进一步满足了农民群众文化需求。农民自办文化不断发展壮大，农村群众性文化活动蓬勃开展。

（三）农村文化遗产保护工作有序推进

近年来，各地重视加强农村地区文物保护利用和非遗传承工作。历史文化名村、传统村落的保护工作不断加强，一批古民居、古遗址实现了依法有效保护。农村地区非物质文化遗产项目的发掘和保护力度不断加大，农村地区非遗传承人得到更好扶持，参与研习培训的非遗传承人群不断扩大。传统工艺振兴计划的实施进一步带动了农村地区非遗传承实践，非遗的传承活力得到鲜明体现。

（四）特色文化产业和乡村旅游成为农村经济的新增长点

在规划引领和政策推动下，许多农村地区依托当地文化资源发展传统工艺、民俗演艺等特色文化产业，因地制宜发展乡村旅游，为农村经济发展注入了活力，农民群众在离土不离乡的情况下实现了增收致富。一些地区通过实施“一县一品”“一村一品”工程，培育形成了一批特色鲜明的文化产品，打造了一批主导产业突出的特色文化乡村，有效带动了农村经济发展和农民增收。

同时，我们也要清醒看到，当前乡村文化建设的基础仍然比较薄弱，还存在一些急需破解的难题和瓶颈。在工业现代化、新型城镇化进程中，村庄空心化、农村老龄化问题日益突出。一些农村地区的公共文化服务体系不完善、服务效能不高，农民群众文化获得感不强。农村贫困地区的文化扶贫任务依然艰巨，农村地区文化投入的精准性和持续性需要进一步增强。乡村优秀传统文化的传承面临一定困境。农民群众的精神文化需求呈现出差异化、多样化、个性化的特点，如何进一步精准对接群众文化需求，把“要文化”“送文化”“种文化”有机结合起来仍是亟待解决的重要课题。综合来看，当前乡村文化建设中存在发展不平衡不充分的问题，乡村文化建设距离高质量发展的要求、距离农民群众对美好生活的新期待存在着一定差距。

三、加强乡村文化建设的主要任务

党的十八大以来，习近平总书记就建设美丽乡村、实施乡村振兴战略等作出一系列重要指示，为新时代加强乡村文化建设指明了方向、提供了遵循。党的十九大报告明确提出，实施乡村振兴战略，按照产业兴旺、生态宜居、乡风文明、治理有效、生活富裕的总要求，建立健全城乡融合发展体制机制和政策体系，加快推进农业农村现代化。加强乡村文化建设，必须以习近平新时代中国特色社会主义思想为指导，以社会主义核心价值观为引领，以满足农民群众美好生活需要为出发点和落脚点，围绕文化育民、文化惠民、文化乐民、文化富民，全面加强乡村文化建设，努力延续乡村历史文脉，重塑乡村文化生态，彰显乡村文化关怀，激发乡村文化创新创造活力，让农民群众有更多的文化获得感，不断提高农民群众生活质量和幸福程度，推动乡村可持续发展。

（一）着眼文化育民，加强农村文化遗产保护利用，传承发展优秀传统文化

加强农耕文化保护传承，切实保护好农村文化遗产资源，深入挖掘其中蕴含的优秀思想观念、人文精神、道德规范，推动优秀传统文化实现创造性转化、创新性发展，发挥其在凝聚人心、教化群众、淳化民风等方面的重要作用。加强农村地区考古发掘和可移动文物、不可移动文物的有效保护，探索文物古迹、传统村落、民族村寨、传统建筑、农业遗迹、灌溉工程等历史文化遗产的保护方式和活化利用途径。实施古村落古民居保护工程，推进全国重点文物保护单位和省级文物保护单位集中成片传统村落整体保护利用项目，注重保护原有风貌，做到农村文化遗产与生产生活、自然环境相得益彰。秉承“见人见物见生活”的理念，加强对农村非物质文化遗产项目的有效保护，增强非物质文化遗产传承活力。在具备条件的农村地区设立非遗综合性传习中心、传习所和传习点，加强非遗传承发展的载体保护，促进非遗活态传承。实施非遗传承人群研修研习培训计划，扩大农村地区非遗传承人群，提高传承实践能力。加强农村非物质文化遗产展示宣传，支持举办各类群众喜闻乐见的民俗活动。加强非遗传承环境保护，建设“遗产丰富、氛围浓厚、特色鲜明、民众受益”的文化生态保护区，切实保护好农村文化生态。

（二）着眼文化惠民，健全农村现代公共文化服务体系，满足农村群众基本文化需求

推动各地贯彻落实《公共文化服务保障法》和《国家基本公共文化服务指导标准》，着力填平补齐农村公共文化服务设施，促进设施达标、资源共享，实现城乡公共文化服务体系融合发展，更好满足农村群众基本文化需求。大力推进农村基层综合性文化服务中心建设，加强设施统

筹利用和资源共建共享。推进县级文化馆图书馆总分馆制，实现县域公共文化服务的有效覆盖，不断提升服务效能。继续实施全国文化信息资源共享工程、数字图书馆推广工程、边疆万里数字文化长廊建设工程等，使农民群众能便捷获取优质数字文化资源。在政策、资金、项目等方面进一步向农村贫困地区倾斜，实施贫困地区村综合文化服务中心全覆盖工程和公共文化服务提挡升级项目，加大对贫困地区村级文化设施设备的资助力度。加强对农村特殊群体的文化帮扶，为农村留守妇女儿童、老年人和返乡农民工提供适宜的文化产品和服务，给予文化关怀，保障他们的基本文化权益。

（三）着眼文化乐民，广泛开展群众文化活动，丰富乡村文化生活

支持在农村地区开展形式多样的宣传教育、科学普及和文化娱乐活动，涵养乡风文明，促进移风易俗。深入开展“深入生活，扎根人民”主题实践活动，鼓励更多艺术家深入农村基层开展采风创作、结对帮扶、文艺演出等活动，为农村营造浓郁的文化艺术氛围。实施戏曲进乡村工程，推动各地将地方戏曲演出纳入基本公共文化服务目录，支持各地举办地方戏展演活动，方便农民看戏。将上网服务场所和文化娱乐行业转型升级工作向农村地区延伸，丰富服务业态，扩大服务人群，为农村群众提供健康的文化休闲场所和多样化的文化服务。完善群众文艺扶持机制，加大对农村地区群众自办文艺团体的扶持引导力度。鼓励农村自办文化，扶持乡土文化能人，引导开展群众便于参与、乐于参与的文化活动，为农民群众搭建自我展示的平台。组织好群星奖获奖作品和优秀作品巡演等示范性活动，办好中国农民歌会，引导各地积极打造群众文化活动品牌。

（四）着眼文化富民，发展农村特色文化产业和旅游业，促进农民就业增收

大力推动工艺品、演艺娱乐、文化创意、特色节庆、乡村旅游发展，促进乡村特色文化资源与现代消费需求有效对接，着力推动文化产业和旅游业融合发展，进一步丰富产品形态，延伸产业链条，将农村地区的文化资源优势转化为发展优势。支持农村地区实施一批特色文化产业重点项目，培育特色文化企业、产品和品牌，打造一批特色文化产业乡镇和文化产业群。实施传统工艺振兴计划，将农村地区具有市场潜力和发展前景的传统工艺项目纳入各级传统工艺振兴目录予以重点扶持。开展非遗传统手工艺技能培训，帮助农民群众掌握一门手艺或技术。支持有较强设计能力的企业、高校和机构在农村地区设立传统工艺工作站，积极搭建平台，整合资源，提升传统工艺产品的设计和制作水平，培育形成品牌。深入挖掘农耕民俗、民间节庆、康养休闲、生态环境等资源，以文化为灵魂、旅游为载体，发展高品质的乡村旅游业。丰富乡村旅游的文化内涵，提高乡村旅游发展质量和服务水平，进一步聚拢乡村人气，增添乡村魅力。创建一批特色生态旅游示范村镇，培育一批有示范效应的休闲农庄、森林人家、乡村民宿、康养基地，打造绿色环保的乡村生态旅游产业链。

（执笔单位：文化和旅游部政策法规司）

统筹推进乡村文化和社会建设

《乡村振兴战略规划（2018—2022年）》（以下简称《规划》）全面描绘了加快推进农业农村现代化、走中国特色社会主义乡村振兴道路的宏伟蓝图，顺应了亿万农民对美好生活的期待，关乎亿万农民的获得感和幸福感，关乎全面建成小康社会全局。《规划》提出了产业兴旺、生态宜居、乡风文明、治理有效、生活富裕的总体要求，并对繁荣发展乡村文化、健全现代乡村治理、保障和改善农村民生、增加农村公共服务供给、加快农业转移人口迁徙、强化乡村振兴人才支撑等农村文化和社会建设作出了重大战略部署，为推动乡村文化振兴、提高农村美好生活保障水平提供了行动指南。

一、科学把握乡村文化和社会建设的总体要求

《规划》坚持农民主体地位，切实发挥农民在乡村振兴中的主体作用，充分调动农民的积极性、主动性、创造性，把维护农民群众根本利益、促进农民共同富裕作为出发点和落脚点，把进一步提升农村基本公共服务水平、进一步满足农民精神文化生活需求、进一步加强乡村治理能力作为主要发展目标，主动回应群众关切，解决突出民生问题，不断提升亿万农民的获得感、幸福感、安全感。

（一）坚持以社会主义核心价值观为引领

以传承发展中华优秀传统文化为核心，以乡村公共文化服务体系建

设为载体，培育文明乡风、良好家风和淳朴民风，激发乡村文化创新活力，推动乡村文化振兴，建设邻里守望、诚信重礼、勤俭节约的文明乡村。

（二）把国家社会事业发展的重点放在农村

促进公共教育、医疗卫生、社会保障等资源向农村倾斜，逐步建立健全全民覆盖、普惠共享、城乡一体的基本公共服务体系，推进城乡基本公共服务均等化。

（三）加快农业转移人口市民化

促进有能力在城镇稳定就业和生活的农业转移人口有序实现市民化，是完善城乡融合发展体制机制、全体人民共享改革发展成果的一项重要举措。不断扩大教育、就业、医疗、社保、住房保障等城镇基本公共服务覆盖面，保障符合条件的未落户农民工在流入地平等享受城镇基本公共服务。

（四）把人力资本开发放在首要位置

实行更加积极、更加开放、更加有效的人才政策，激发人才要素活力，大力培育造就乡土人才，鼓励社会人才投身乡村建设，推动乡村人才振兴，让各类人才在乡村大施所能、大展才华、大显身手。

二、结合职能加强乡村公共服务和社会治理

近年来，国家发展改革委结合职能，统筹推进农村社会事业发展，持续推进五大公共服务工程，指导地方统筹基层综合公共服务平台发展，着力加强保障和改善民生水平，促进城乡基本公共服务均等化，乡村公

共服务和社会治理取得了积极成效。

（一）出台基本公共服务均等化规划

2017年，国家发展改革委牵头会同相关部门报请国务院印发了《“十三五”推进基本公共服务均等化规划》（国发〔2017〕9号），明确了基本公共教育、劳动就业创业、社会保险、医疗卫生、社会服务、住房保障、文化体育、残疾人服务等八大领域的重点任务、保障措施和职责分工等，建立了国家基本公共服务项目清单制度。规划还明确提出要缩小城乡服务差距，加快基本公共服务制度建设城乡统筹设计、实施；把社会事业发展重点放在农村和接纳农业转移人口较多的城镇，补齐农村和特大镇基本公共服务短板；鼓励和引导城镇公共服务资源向农村延伸，促进城市优质资源向农村辐射。

（二）加强农村地区公共服务设施建设

党的十八大以来，国家发展改革委积极支持农村地区社会事业基础设施建设。“十二五”时期，教育领域共安排中央预算内投资1387亿元，其中近90%投向了中西部地区，超过80%投向县级以下农村地区。卫生领域累计安排中央预算内投资1366亿元，重点向农村贫困地区和中西部地区倾斜，基本实现每个乡镇建好一所卫生院，80%的居民15分钟能够到达最近的医疗点。文化领域累计安排资金62.4亿元，支持偏远农村地区直播卫星接收设备、广播电视无线发射台站基础设施、贫困地区县级广播电视播出机构制播能力等建设，持续提升农村地区广播电视覆盖水平，解决偏远农村地区看电视听广播难的问题。

“十三五”以来，在组织实施教育现代化推进、全民健康保障、文化旅游提升、公共体育普及、社会服务兜底等五大公共服务工程中，进一步加大对农村地区支持力度。如《“十三五”社会服务兜底工程实施方案》明确，中央投资重点向革命老区、民族地区、边疆地区、贫困地区倾斜，重点支持一批养老、儿童福利、未成年人保护、精神卫生、殡葬和残疾人服务设施。又如《“十三五”公共体育普及工程实施方案》明确，通过体彩公益金支持农民体育健身工程项目建设，建设内容包括灯光篮球场、乒乓球场等室外健身场地，并配备室内健身器材。

（三）统筹基层综合公共服务平台发展

为推进农村基层综合公共服务资源有效整合和设施共建共享，2015年国家发展改革委商有关部门印发实施了《关于农村基层综合公共服务平台统筹发展的指导意见》（发改社会〔2015〕481号），把农村基层综合公共服务平台界定为在行政村设置为广大农村居民公共生活和社会治理提供服务的综合性场所和重要载体，明确了各地推进农村公共服务资源整合、统筹发展的总体要求、主要任务和保障措施，指导地方对基层公共服务体系建设进行科学统筹规划，推动地方进一步健全管理模式，并鼓励各地因地制宜地开展不同模式的探索创新和经验总结。各地在此基础上积极探索创新，有效解决了一部分农村地区公共设施短缺、资源供给不足、服务质量不高等问题，并对推动公共资源下沉、统筹基层公共服务资源共建共享共用、改善乡村治理和民风村貌起到了重要促进作用。

三、统筹推进乡村文化和社会建设任务有效落实

（一）健全服务体系，优化服务供给，促进乡村文化繁荣

一是保护利用传统文化。保护好历史文化名镇名村、传统村落、传统民居、文物古迹、民族村寨、农业遗迹遗产等，推动农耕文化遗产合

理适度利用。实施非物质文化遗产传承发展工程，进一步完善非遗保护制度。在农村地区推广实施中国非遗传承人群研修研习培训计划，在具备条件的农村地区设立非遗综合性传习中心、传习所和传习点。

二是加强基层设施建设。要推动县级图书馆、文化馆总分馆制，发挥县级公共文化机构辐射作用，加强基层综合性文化服务中心建设，实现乡村两级公共文化服务全覆盖，提升服务效能。在贫困地区百县万村综合文化服务中心示范工程和贫困地区民族自治县、边境县村综合文化服务中心覆盖工程的基础上，进一步扩大实施范围，加大对贫困地区村级文化设施建设的支持力度，实现贫困地区村级综合文化服务中心全覆盖。

三是丰富文化产品内容。要完善农村新闻出版广播电视公共服务覆盖体系，推进数字广播电视户户通，探索农村电影放映的新方法新模式，完善农家书屋出版物补充更新，推进农家书屋延伸服务和提质增效，建设城乡阅报栏（屏）。继续实施全国文化信息资源共享工程、数字图书馆推广工程、边疆万里数字文化长廊等公共数字文化工程，积极发挥新媒体的作用，使农民群众能便捷获取优质数字文化资源。

四是健全文化服务体系。按照有标准、有网络、有内容、有人才的要求，到2022年，实现村综合性文化服务中心覆盖率达到98%、县级及以上文明村和乡镇占比超过50%、100%的村都有体育健身场所等一系列目标，确实保障农民群众享受基本公共文化服务的权益，使广大农民群众和城市群众共享国家经济社会发展成果。

（二）提升服务水平，扩大服务覆盖，加快发展农村社会事业

一是继续增加农村公共服务供给。围绕农民群众最关心最直接最现实的利益问题，结合落实《“十三五”推进基本公共服务均等化规划》和

国家基本公共服务清单项目，继续把国家社会事业发展的重点放在农村，促进公共教育、医疗卫生、社会保障等资源向农村倾斜，逐步建立健全全民覆盖、普惠共享、城乡一体的基本公共服务体系，推进城乡基本公共服务均等化。

二是提升乡村教育质量。重点破解城乡义务教育发展不平衡不充分的突出矛盾，在交通便利、公共服务成型的农村地区合理布局义务教育学校，办好一批寄宿制学校、边境地区学校，保留并办好必要的小规模学校，乡村小规模学校和乡镇寄宿制学校全部达到各省（自治区、直辖市）确定的基本办学标准。加大对中西部贫困地区、民族地区、边远地区、革命老区等教育薄弱地区高中阶段教育发展支持力度，努力办好乡镇普通高中。加强普惠性幼儿园建设，重点保障中西部农村适龄儿童入园需求。

三是推进健康乡村建设。以贫困地区为重点，加强乡镇卫生院、社区卫生服务机构和村卫生室标准化建设，提升基层医疗卫生服务能力和水平。推进乡镇卫生院和村卫生室一体化管理。打造30分钟基层医疗服务圈，逐步养成农村居民就医习惯，初步形成分级诊疗格局。

四是实施全民参保计划。开展全民参保登记，记录并补充完善各类人员参加社会保险情况，建立全面、完整、准确、动态更新的社会保险基础数据库，为全面参保和精确管理提供支持。以在城乡之间流动就业和居住农民为重点，鼓励持续参保，积极引导在城镇稳定就业的农民工参加职工社会保险。

五是提升农村养老服务能力。通过邻里互助、亲友相助、志愿服务等模式，大力发展农村互助养老服务。依托农村社区综合服务中心（站）、综合性文化服务中心、村卫生室、农家书屋、全民健身等设施，为留守、孤寡、独居、贫困、失能等老年人提供丰富多彩的关爱服务。统筹规划建设公益性养老服务设施，与农村基本公共服务、农村特困供养服务、农村互助养老服务相互配合，形成农村基本养老服务网络。

（三）深化制度改革，注重要素引导，加快农业转移人口市民化

一是进一步深化户籍制度改革。户籍制度改革应置于乡村振兴战略、区域协调发展战略的实施中统筹考虑，从促进人口有序流动、优化人口空间布局的角度，与土地、财政、教育、就业、医疗、养老、住房保障等相关改革协同推动。考虑到户籍制度改革已进入新阶段，农业转移人口市民化和基本公共服务常住人口全覆盖的目标已不再局限于户口本身，而是背后附着的一系列福利。因此，建议从经济发展全局出发，积极推进户籍制度改革，逐步成为人口统计的重要环节，不断创新人口服务管理方式和机制。

二是持续提升居住证“含金量”。积极扩大居住证覆盖人群，加快实现基本公共服务常住人口全覆盖；探索建立居住证与基本公共服务供给衔接机制；鼓励地方各级政府根据本地实际不断扩大对居住证持有人的公共服务范围并提高服务标准，例如天津、河北、山西、黑龙江、江苏、江西、山东、湖北、重庆、陕西等部分地区居住证持有人的子女可以按规定参加当地的中考、高考。建立与居住年限、社保缴纳年限等相挂钩的常住外来人口权益保障机制，向常住人口释放更多的服务和福利。

三是激活农村土地要素，完善农业转移成本分担机制。探索建立农村“三权”维护和自愿有偿退出机制。进一步扩大和拓宽农村土地制度改革各项试点工作的范围和内容，尽快搭建农业转移人口建设用地（宅基地及房屋）、农村集体产权流转、退出的统一平台，让农业转移人口的农村土地资产和农村权益能够自由交易，并转化为进城资本。

（四）坚持以人为本，集聚多元力量，强化乡村振兴人才支撑

一是优先发展涉农教育事业。促进城乡优质教育资源共享，强化乡镇中心学校统筹、辐射和指导作用，推动城乡教师交流轮岗，完善城乡学校对口支教制度，统筹城乡师资配置并向乡村学校倾斜；深化产教融合，加强涉农院校和学科专业建设，提升教育服务农业农村发展能力，大力支持“互联网＋农业教育培训”发展。

二是培育和发掘乡土人才。不仅要进一步加大农业技术培训，培育和发展乡村本土的“龙头大户”、新型职业农民等农业生产型人才，还要发掘并保护乡村工匠、文化能人、非遗传承人等农村各类实用人才和传统文化人才，延续乡土人脉。

三是引导鼓励各方人才投身乡村振兴。利用农业农村优先发展的各类政策，通过提升待遇和改善工作条件，促使农业科技教育人才进驻并服务农业农村；通过构建优越的创新创业政策环境，吸引各领域专业技术人才进入农村和外出打工人才返乡创业，深入开展城乡产业融合及产教融合；通过为各类人才提供良好的事业发展空间和人生价值实现平台，实现“梧桐引凤”“以才聚才”，不断强化人才“集聚效应”，实现乡村发展人力资本的整体提升。

四是构建“事农为荣、入乡为耀”的人才评价使用机制和价值认同氛围。对于从事农业、进入农村和热心“三农”工作的人，不仅要在人才使用的体制机制上向他们倾斜，不断提高并充分保障他们的各类权益，而且要在社会价值认同的导向上，形成“事农为荣、入乡为耀”的环境氛围。让一切参与“三农”工作的、尤其是年轻人才感觉到身份的自豪和事业的荣耀，这既是乡村振兴坚实的人才基础，也关乎乡村振兴的美好未来。

（执笔单位：国家发展改革委社会发展司）

加强农村基层党组织对乡村振兴的全面领导

党的十九大提出实施乡村振兴战略，是决胜全面建成小康社会、全面建设社会主义现代化国家的重大历史任务，是新时代“三农”工作的总抓手。习近平总书记在乡村振兴的“五个振兴”中明确提出“组织振兴”，强调要打造千千万万个坚强的农村基层党组织，培养千千万万名优秀的农村基层党组织书记，为乡村振兴提供坚强的政治保证和组织保证。在2018年7月召开的全国组织工作会议上，习近平总书记指出，基层党组织组织能力强不强，抓重大任务落实是试金石，也是磨刀石。加强农村基层党组织对乡村振兴的全面领导，推进抓党建促乡村振兴，就是要以习近平总书记重要指示精神为根本遵循，紧紧围绕中央关于乡村振兴的决策部署，推动农村基层党组织在带领群众完成乡村振兴重点任务中发挥领导作用，提升组织力；在不断增强农民群众获得感、幸福感、安全感中提高威信、提升影响，引导群众自觉听党话、跟党走。

一、强化农村基层党组织的领导核心地位

农村基层党组织是党在农村基层组织中的战斗堡垒，是党在农村全部工作和战斗力的基础。习近平总书记指出，无论农村社会结构如何变化，无论各类经济社会组织如何发育成长，农村基层党组织的领导地位不能动摇、战斗堡垒作用不能削弱；要建立和完善以党的基层组织为核心、村民自治和村务监督组织为基础、集体经济组织和农民合作组织为纽带、各种经济社会服务组织为补充的农村组织体系，使各类组织各有

其位、各司其职。现实中，一些农村基层党组织领导力、组织力不强，各种组织各干各的，拧不成一股绳。解决这些问题，关键是要加强以党组织为核心的农村基层组织建设，推动农村基层党组织在乡村振兴中发挥领导作用。

（一）健全党组织领导的体制机制

党的十九大提出，要坚持和加强党的全面领导。这一要求在农村基层落实落地，关键是强化农村基层党组织领导核心地位。按照中央要求，全面推行村党组织书记通过法定程序担任村民委员会主任和村级集体经济组织、合作经济组织负责人，推行村“两委”班子成员交叉任职，提高村民委员会成员、村民代表中的党员比例，进一步健全村党组织全面领导隶属本村的各类组织和各项工作的体制机制。凡是农村的重要事项和重大问题都要经村党组织研究讨论，村级重大事项决策实行“四议两公开”，即村党组织提议、村“两委”会商议、党员大会审议、村民会议或村民代表会议决议，决议公开、实施结果公开，加强村务监督。健全党组织领导的自治、法治、德治相结合的乡村治理机制，深化村民自治实践，推广“枫桥经验”，推进乡村法治建设，推进文明乡风建设，提升乡村德治水平。随着城乡融合发展逐步推进，会有更多的外出务工经商人员、本乡本土大学毕业生、外出农民工等各方面人才返乡创业，这部分群体需要纳入村党组织统一领导，引导他们心往一处想、劲往一处使，防止出现撇开村党组织另搞一套、弱化党组织领导的问题。

（二）创新组织设置

党组织在农村基层的有效覆盖，是党组织实施领导、协调整合农村基层社会的重要基础，党的组织、工作覆盖不了，党的领导作用就无从谈起。要坚持支部建在村上，实现对农村各领域全覆盖。当前，农村出现两个重要变化：一个是新型农村经济组织和社会组织大量涌现，根据党内统计，截至2017年底，全国有农民专业合作社43.4万个，农村专业技术协会3.6万个；另一个是外出务工人员不断增加，2017年全国农民工总量达到2.87亿人。适应这种变化，就要按照有利于推动改革发展、有利于充分发挥党组织和党员作用、有利于团结动员群众的原则，推进党组织设置创新，探索依托产业链、在外出党员集中地等成立党组织，扩大党组织覆盖面。这里面要注意把握一条，就是坚持以行政村为基本单元。从农村改革开放几十年的历程看，以行政村为基本单元的架构总体是稳定的、成熟的，村民小组和自然村的治理不能代替行政村的治理功能，创新组织设置应当沿着以行政村为主的基本架构，强化行政村党组织的领导地位。理顺隶属关系，农村经济组织、社会组织中成立的党组织，一般由所在村党组织领导和管理；跨村跨乡的经济组织、社会组织中成立的党组织，由批准其成立的上级党组织或县级党委组织部门确定隶属关系。同时，加强对农村新型经济组织和社会组织的党建工作，引导他们始终坚持为农民服务的正确方向；加强党支部标准化、规范化建设，夯实乡村振兴的组织基础。

（三）深入教育宣传和组织发动群众

党的十九大提出，党支部要担负好组织群众、宣传群众、凝聚群众、服务群众的职责。农村基层党组织落实好这一要求，就要充分发挥政治功能，加强对群众教育引导，组织发动群众共同完成乡村振兴各项任务。通过新时代文明实践中心（站、所）、农民夜校等渠道，把习近平新时代中国特色社会主义思想和乡村振兴好政策传递到千家万户，激发广大群众投身乡村振兴、建设美好生活的内生动力。培育和践行社会主义核心价值观，组织开展健康向上、群众喜闻乐见的文体活动和精神文明创建活动，开展移风易俗、弘扬时代新风，用党的先进思想、先进理论、先进文化占领乡村文化阵地，引导群众涵养文明乡风、良好家风、淳朴民风。在推动乡村产业振兴、人居环境整治、美丽乡村建设、发展壮大村级集体经济、完善乡村治理等重点任务中，发挥党组织的组织功能和组织优势，动员广大群众人人出力、全面参与。同时，各级投放公共服务资源要以乡镇、村党组织为主渠道落实，确保党组织有钱办事、有资源服务群众和组织群众。

（四）持续整顿软弱涣散村党组织

习近平总书记在全国组织工作会议上强调指出，对软弱涣散基层党组织，要不断进行整顿，使组织不断保持生机活力。中组部从2014年开始，部署持续整顿软弱涣散基层党组织，基层党组织建设整体水平不断提升。近3年各地共排查整顿6.2万个，解决了带富致富能力不强、办事不公开等一批突出问题。2015年，中组部会同有关方面联合印发通知，对全国选派第一书记工作作出安排部署，3年来，全国累计选派第一书记45.9万人，现有20.6万人奋战在脱贫攻坚一线，实现了建档立卡贫困村和党组织软弱涣散村全覆盖。各级党委特别是县乡党委要重点针对带领致富能力不强、组织动员力弱，办事不公、管理混乱，组织生活不正常，宗族宗教宗派和黑恶势力干扰渗透、“黄赌毒”等问题，每年摸底倒排、精准施策、限期提升。包村部门、第一书记和驻村工作队，要把整顿工作作为一项重要任务，做到不提升不脱钩。

二、推动农村基层党组织带头人队伍整体优化提升

习近平总书记指出，提衣提领子、牵牛牵鼻子，办好农村的事，要靠好的带头人，靠好的基层党组织；一方面要发挥好本土人才的作用，另一方面要通过第一书记、大学生村官、农村工作队等形式筑牢基层党

组织。2018 年中央一号文件明确提出，实施农村带头人队伍整体优化提升行动。近年来，村党组织书记素质结构不断优化，大专及以上学历的比例逐年提升，但与乡村振兴提出的更高标准和要求还有差距，要把“整体优化提升”的要求落实到带头人选、育、管、用各环节，把村党组织书记这支党在农村基层的基本力量、基本队伍不断建强用好，真正做到选得好、拉得出、顶得上。

（一）着力选优配强

坚持德才兼备，选拔思想政治素质好、道德品行好、带富能力强、协调能力强、公道正派、廉洁自律、热心为群众服务的优秀党员担任村党组织书记。拓宽视野选人，注重从本村致富能手、外出务工经商返乡人员、本乡本土大学毕业生、退役军人中培养，从机关优秀年轻干部、后备干部中下派担任村党组织书记。全面落实县级备案管理制度，县委把好标准关、人选关、任免关，统筹教育培训、考核监督、激励保障，切实选优配强、管严用好。乡镇党委要“下深水”，逐村摸排选拔。严格人选把关，规范村“两委”换届选举，落实县级联审机制，坚决把受过刑事处罚、存在“村霸”、涉黑涉恶问题等不符合村干部条件人员挡在门外。健全本土人才回引、高校定向培养、县乡统筹招聘等机制，储备村级后备力量。全面向贫困村、软弱涣散村和集体经济薄弱村党组织派出第一书记，建立长效机制。

（二）提升能力素质

各级党委组织部门要把村党组织书记培训纳入干部教育培训规划，县级党委每年至少对村党组织书记集中培训 1 次，省市两级抓好示范培训，村党组织书记每年参加县或县以上的集中培训时间累计不少于 7 天。围绕认真学习和忠实践行习近平新时代中国特色社会主义思想，贯彻落实习近平总书记关于“三农”工作重要指示精神，围绕发展产业、移风易俗、生态保护、乡村治理、发展壮大集体经济等乡村振兴重点任务和加强基层党建设计培训内容，突出精准化和实效性，组织村党组织书记到先进村实地学习培训，鼓励村党组织书记参加学历教育，充分运用现代信息技术手段，帮助弥补知识弱项、能力短板、经验盲区，不断提高村党组织书记素质能力。整合培训资源，发挥市、县党校主阵地作用，运用大中专院校、职业学校、广播电视大学、农业广播电视学校等各种教育培训机构和资源，积极探索建设农村党员干部短期实践培训基地。同时，县、乡党委还要统筹抓好其他村干部教育培训。

（三）严格管理监督

县级党委组织部门要全面掌握村党组织书记思想状况、工作实绩、作风表现、群众反映等方面情况，进行动态更新、定期分析研判；乡镇党委要多与村干部谈心谈话、提醒督促、咬耳扯袖，定期了解掌握村党组织书记工作、思想等方面情况。健全和落实村干部“小微权力清单”、为民服务全程代理、经济责任审计等制度，促进村干部依法履职尽责。加强目标责任考核，围绕抓党建促乡村振兴细化考核内容，改进考核方式方法，综合运用乡镇党委考核、班子成员测评、群众评议结果，切实解决干与不干、干多干少、干好干坏一个样的问题。紧盯惠农项目资金、集体资产管理、土地征收等领域的突出问题，坚决纠正损害农民利益的行为，严厉整治群众身边腐败问题。

（四）激发担当作为

各级党组织要满怀热情关心关爱农村基层干部，政治上激励、工作上支持、待遇上保障、心理上关怀。落实容错纠错机制，旗帜鲜明为敢于担当、踏实做事、不谋私利的干部撑腰鼓劲。2018 年中央一号文件明确提出，健全从优秀村党组织书记中选拔乡镇领导干部、考录乡镇公务员、招聘乡镇事业编制人员制度，拓宽了村党组织书记的上升渠道，增强了村党组织书记这一职位的吸引力，树立了正向激励的鲜明导向，受到基层普遍欢迎，要继续抓好落实。落实乡镇公务员职务与职级并行制度，推动工资待遇政策向乡镇倾斜，落实乡镇工作补贴和艰苦边远地区津贴。按照不低于所在县上年度农村居民人均可支配收入两倍标准核定村党组织书记基本报酬，其他村干部基本报酬按照村党组织书记基本报酬的一定比例确定，建立正常离任村干部待遇保障机制，落实村民小组长误工补贴。

三、加强农村党员队伍建设

习近平总书记指出，群众对党和政府最直观的感受来自身边的党员、干部。党的十九大报告提出，党支部要担负好直接教育党员、管理党员、监督党员的职责，引导广大党员发挥先锋模范作用。

（一）加强教育培训

推进“两学一做”学习教育常态化制度化，教育引导农村党员忠实践行习近平新时代中国特色社会主义思想，认真学习党的十九大精神和党章，树立政治意识、大局意识、核心意识、看齐意识，坚定道路自信、理论自信、制度自信、文化自信，坚决维护习近平总书记党中央的核心、全党的核心地位，坚决维护党中央权威和集中统一领导。坚持农村党员冬春轮训，乡镇党委每年至少对党员分期分批集中培训 1 次，发挥乡镇党校、党员活动室作用，注重运用现代信息技术开展党员教育。注意加强农村党员实用技术技能培训，提高就业创业致富本领。

（二）严格组织生活

严肃认真的组织生活是对党员的日常政治训练，平时训练不到位，遇到重大任务、重要工作时，就可能顶不上、扛不住。从严从实执行好组织生活各项制度，不断增强党内政治生活的政治性、时代性、原则性、战斗性，激发党员光荣感、责任感、归属感。坚持“三会一课”制度，突出政治学习和教育，突出党性锻炼。党支部每月相对固定1天开展主题党日，组织党员集中学习、过组织生活、进行民主议事和志愿服务等。党员领导干部要定期为基层党员讲党课。坚持谈心谈话制度，党组织班子成员之间、班子成员和党员之间、党员和党员之间应当开展经常性的谈心谈话，一般每年不少于1次。坚持和完善民主评议党员制度，党支部一般每年开展1次，民主评议可结合组织生活会一并进行。对优秀党员，要进行表彰表扬；对不合格党员，应当加强教育帮助，依照有关规定，分别采取限期改正、劝其退党、党内除名等组织处置。同时，注重加强和改进流动党员教育管理，流入地党组织应当及时将他们编入党的支部和小组，组织他们参加党的活动，流出地党组织应当加强对外出党员的经常联系，在外出党员相对集中的地方建立流动党员党组织，流动党员每半年至少向流出地党组织汇报1次在外情况。

（三）发挥党员作用

村看村，户看户，群众看党员、看干部，农村党员队伍是带领群众实现乡村振兴的先锋队、排头兵。当前，农村党员队伍作用发挥不明显、党员与群众直接联系脱节的问题还比较突出。党员先锋模范作用只有在带领群众共同完成乡村振兴各项中心任务中，才能得到具体而实在的体现。通过党员联系农户、党员户挂牌、无职党员设岗定责、承诺践诺、志愿服务等方式，把党员作用切实发挥出来。比如，引导党员在产业振兴中积极创办领办项目，带头成立专业合作社，带动群众致富；引导党员在人居环境整治中带头治理生活垃圾、厕所粪污、生活污水，拆除违建，提升村容村貌；引导党员在农村生态文明建设中带头保护好自然资源和生态环境，加强污染防治，建设美丽乡村；引导党员在推进乡风文明中带头破除陈规陋习，制止封建迷信活动；引导党员在平安乡村建设中增强阵地意识和斗争精神，带领群众同黄赌毒盗拐骗等违法犯罪行为、黑恶势力、宗族恶势力作斗争，坚决抵制非法宗教活动和境外渗透活动，始终成为群众主心骨，等等。

（四）做好发展党员工作

目前，农村党员队伍老龄化问题凸显，据党内统计，全国农村党员60岁以上的达1/3以上，优化党员队伍结构、增强党员队伍活力的任务十分迫切。严把发展党员政治关，落实政治审查制度，强化乡镇党委和县级党委组织部门的领导和把关作用。注重从青年农民、外出务工人员中发展党员，注意吸收妇女入党。推行乡镇党委成立青年人才党支部的经验做法，打破村域界限吸收优秀农村青年入党，实行乡镇党委班子成员直接联系培养青年农民入党积极分子制度，对3年以上未发展党员的村要逐一排查，有针对性加大工作力度。确保每个贫困村每两年至少发展1名年轻党员。

四、强化农村基层党组织建设责任与保障

抓实农村基层党建工作，一方面必须扭住责任制这个“牛鼻子”，注重省市县乡四级联动，强化县委一线指挥部作用和乡镇党委龙头作用，逐级压实责任；另一方面，落实物质保障，推动人往基层走、钱往基层投、政策往基层倾斜。

（一）落实各级党委主体责任

各级党委要高度重视农村基层党组织建设，认真履行主体责任，加强领导和指导。县级党委要统筹抓好选优配强带头人，整顿软弱涣散村党组织，发展壮大薄弱村、空壳村集体经济等重点任务的组织实施。乡镇党委要落实抓村级组织建设的直接责任，乡镇党委书记和党委班子成员要包村联户，经常沉下去摸情况、查问题，及时研究解决。将抓党建促乡村振兴情况作为每年市县乡党委书记抓基层党建述职评议考核的重要内容，纳入巡视、巡察工作内容，作为领导班子综合评价和领导干部选拔任用的重要参考。对农村基层党组织建设重视不够、落实不力的，应当及时提醒、约谈；对出现严重问题的，应当按照规定严肃问责。

（二）全面落实抓乡促村工作机制

坚持整乡推进、整县提升，持续解决好基本队伍、基本活动、基本阵地、基本制度、基本保障等问题，推动农村基层组织建设全面进步、全面过硬。建立健全县乡党委定期排查并及时解决基层党建问题的工作机制，全面推行县级领导干部包镇联村、乡镇干部包村联户，乡镇干部要做到岗位在村、阵地在村、责任在村，落实好入户走访、在村服务制度，把党的路线方针政策宣传到村，把思想政治工作开展到户，把各项惠民政策落实到人；第一书记和驻村工作队要沉在村里扎实干，着力建强基层组织、推动脱贫致富、为民办事服务、提升治理水平。落实强化乡镇党委领导核心地位的有关要求，乡镇党委委员按照乡镇领导职务配备，配强抓党建的副书记、组织委员，在乡镇设立党建工作办公室或党建工作站，保证党务力量。完善从优秀村党组织书记、选调生、大学生村官、乡镇事业编制人员中选拔乡镇领导干部机制。

（三）全面执行经费保障政策

习近平总书记指出，要建立稳定的村级组织运转和基本公共服务经费保障制度，提高农村基层干部报酬待遇和社会保障水平。按照中组部2016年会同财政部印发的《关于加强村级组织运转经费保障工作的通知》要求，健全以财政投入为主的稳定的村级组织运转经费保障制度，推动所有县达到每村每年不低于9万元的最低保障标准，建立正常增长机制。全面落实村级组织办公经费、服务群众经费、党员活动经费。同时，建好管好用好村级组织活动场所，规范挂牌，发挥“一室多用”综合功能，服务凝聚群众，教育引导群众；加强乡镇小食堂、小厕所、小澡堂、小图书室、小文体室和周转房建设。

（四）推动发展壮大村级集体经济

发展壮大村级集体经济，是引领农民实现共同富裕的重要途径，也是增强农村基层党组织的凝聚力和战斗力的重要物质保障。党的十九大报告明确提出壮大集体经济的要求。从全国面上看，村级集体经济整体发展仍很不平衡。要认真抓好中央组织部、财政部和农业农村部联合印发的《关于坚持和加强农村基层党组织领导扶持壮大村级集体经济的通知》（中组发〔2018〕18号）的贯彻落实，省区市要制定发展村集体经济规划，精心部署安排，完善政策措施，拿出务实管用的硬招实招；以县为单位，一个村一个村分析研究，制定具体实施方案。村党组织把党员、群众和各方面力量组织起来，因地制宜发展集体经济，确保集体资产保值增值，确保农民受益。

（五）加强对农村基层党员、干部的关心关爱

习近平总书记强调指出，农村干部常年风里来雨里去，同农民直接

打交道，是推动农村发展、维护社会稳定的基本力量；要让有为者有位，吃苦者吃香，流汗流血牺牲者流芳。对在基层一线因公牺牲的基层干部和党员的家属及时给予抚恤，建立长期帮扶慰问制度并明确专人负责落实。加强党内激励关怀帮扶，定期走访慰问农村老党员、生活困难党员，帮助解决实际困难。大力选树优秀党组织书记、第一书记、优秀党员、扶贫干部的先进典型，加强表彰和宣传，激励引导广大干部群众跟着学、照着做、比着干。

（执笔单位：中央组织部组织二局）

深化村民自治实践　创新农村社区治理

推进国家治理体系和治理能力现代化，是决胜全面建成小康社会，实现社会主义现代化和中华民族伟大复兴的重要任务。2018 年中央一号文件指出，乡村振兴，治理有效是基础。必须把夯实基层基础作为固本之策，建立健全现代乡村社会治理体制，坚持自治、法治、德治相结合，确保乡村社会充满活力、和谐有序。村民自治制度，是中国特色社会主义民主政治制度的重要组成部分。党的十八大以来，习近平总书记就推进社会主义民主政治建设和加强基层社会治理作出一系列重要论述，多次强调要坚持和完善基层群众自治制度，发展基层民主，保障人民依法直接行使民主权利，做到村里的事村民商量着办，多次强调推动社会治理重心向基层下移，把更多资源、服务、管理放到城乡社区，夯实党和政府联系服务群众的“最后一公里”。

一、进一步加强村民自治机制建设

2017 年 6 月中共中央、国务院印发《关于加强和完善城乡社区治理的意见》。2018 年中央一号文件要求加强农村群众性自治组织建设，健全和创新村党组织领导的充满活力的村民自治机制。这里需要把握好两个关键：一个是村党组织领导，一个是充满活力。要充分发挥基层党组织领导核心作用，有效发挥基层政府主导作用，注重发挥基层群众性自治组织基础作用，统筹发挥社会力量协同作用，健全完善城乡基层治理体系，推动实现党领导下的政府治理和社会调节、居民自治良性互动。文件还对保障外出务工农民民主权利提出了要求。一方面要保障外出务工农民在流出地即原村民委员会的民主选举权利，另一方面要保障他们在流入地即在城市居住的社区居民委员会的民主选举权利。

只有实现基层群众性自治组织全覆盖，把广大基层群众组织起来，对群众有效实施全员管理服务和无缝隙管理服务，才能适应市场经济体制下健全城乡基层社会治理和公共服务的客观需要。基层群众性自治组织的组建工作要在基层党组织的领导下进行，推动村党组织书记通过选举担任村委会主任，这是基于我国国情和基层工作实际提出的要求。要通过多种方式引导农村居民积极参与到乡村治理的具体实践中来，进一步规范村民委员会民主选举程序，确保法定环节一个不少、规定程序一步不漏。要完善选举监督体系，健全候选人审核机制，依法依规明确资格条件，保障好流动人口民主权利，坚决将"村霸"和宗族恶势力等排除在外，坚决依法查处干扰破坏选举的违法违纪行为，确保选举工作依法有序进行。

二、探索创新村民自治的有效实现形式，推动乡村治理重心下移

习近平总书记指出，要以党的领导统揽全局，创新村民自治的有效实现形式，推动社会治理和服务重心向基层下移。尽可能把资源、服务、管理放到基层，使基层有职有权有物，更好地为群众提供精准有效的服务和管理。

2016年10月，中共中央办公厅、国务院办公厅印发《关于以村民小组或自然村为基本单元的村民自治试点方案》明确提出在村民小组或自然村探索村民自治多种有效实现形式，真正实现农村有人管事、有章

理事、有钱办事，为建设村党组织领导下的组织健全、自治有效、服务完善、文明祥和的村民自治制度探索可推广的路径、积累可复制的经验。2017年，民政部会同中央组织部、中央农办等部门，在全国确认24个村（村民小组、自然村、屯）作为以村民小组或自然村为基本单元的村民自治试点单位。各地要按照中央要求，继续开展以村民小组或自然村为基本单元的村民自治试点工作，积极探索以村民会议、村民代表会议、村民小组会议、村民议事会、村民理事会、村民监事会等为载体，创新村民议事形式，重视吸纳利益相关方、社会组织、驻村单位参加协商，完善议事决策主体和程序，落实群众知情权、参与权、表达权、监督权。

协商民主是我国社会主义民主政治的特有形式和独特优势，是党的群众路线在政治领域的重要体现。2015年7月，中共中央办公厅、国务院办公厅印发《关于加强城乡社区协商的意见》，提出到2020年基本形成协商主体广泛、内容丰富、形式多样、程序科学、制度健全、成效显著的城乡社区协商新局面。2015年11月，中共中央办公厅、国务院办公厅印发的《深化农村改革综合性实施方案》提出加强和创新农村社会治理，健全农村基层民主管理制度，以扩大有序参与、推进信息公开、健全议事协商、强化权力监督为重点，健全村党组织领导的充满活力的村民自治机制，探索村民自治的有效实现形式。建立健全民事民议、民事民办、民事民管的多层次基层协商格局，需要按照协商于民、协商为民的要求，以健全基层党组织领导的充满活力的基层群众自治机制为目标，以扩大有序参与、推进信息公开、加强议事协商、强化权力监督为重点，拓宽协商范围和渠道，丰富协商内容和形式，保障人民群众享有更多更切实的民主权利。

三、全面建立健全村务监督委员会，发挥村规民约、新乡贤等积极作用

村务监督委员会是村民对村务进行民主监督的机构。建立健全村务监督委员会，对从源头上遏制村民群众身边的不正之风和腐败问题、促进农村和谐稳定，具有重要作用。2012 年，中央纪委、中央组织部、民政部等 12 个部门印发了《关于进一步加强村级民主监督工作的意见》，对村级民主监督工作进行了全面部署。2017 年 12 月，中共中央办公厅、国务院办公厅印发《关于建立健全村务监督委员会的指导意见》，明确要求各级党委和政府要高度重视建立健全村务监督委员会工作，党委组织部门要牵头协调，民政、党委农村工作综合部门等单位共同参与，加强指导。要把健全村务监督机制、推进基层民主管理作为构建乡村治理新体系的重要内容，准确把握村务监督委员会的工作定位，确保村务工作公开透明、合法合规，有效维护村集体利益和广大村民利益。

习近平总书记指出，要培育富有地方特色和时代精神的新乡贤文化，发挥其在乡村治理中的积极作用。2015 年 11 月，中共中央办公厅、国务院办公厅《深化农村改革综合性实施方案》要求引导和组织农民成立村民议事会、道德评议会、禁赌禁毒会、红白理事会。2017 年 6 月，中共中央、国务院印发的《关于加强和完善城乡社区治理的意见》提出充分发挥自治章程、村规民约、居民公约在城乡社区治理中的积极作用，弘扬公序良俗。2018 年中央一号文件提出发挥村规民约、自治章程的积极作用，积极发挥新乡贤作用。各地要通过制定和完善自治章程、村规民约等，培养农村居民群众的参与意识、公共意识、责任意识、规则意识和合作精神，形成乡村共同价值，增强农村居民群众的社区认同感和归属感。要注重弘扬优秀传统文化，注重发挥新乡贤作用，注重发展睦

邻文化，推动自治与法治、德治良性互动。

四、增加农村公共服务供给，加强农村社区治理创新

2015 年 5 月，中共中央办公厅、国务院办公厅印发《关于深入推进农村社区建设试点工作的指导意见》提出，完善村民自治与多元主体参与有机结合的农村社区共建共享机制，健全村民自我服务与政府公共服务、社会公益服务有效衔接的农村基层综合服务管理平台，形成乡土文化和现代文明融合发展的文化纽带，构建生态功能与生产生活功能协调发展的人居环境，打造一批管理有序、服务完善、文明祥和的农村社区建设示范点，为全面推进农村社区建设、统筹城乡发展探索路径、积累经验。2017 年底，民政部确认了 133 个首批全国农村幸福社区建设示范创建单位，并部署开展全国农村社区治理实验区工作，农村社区建设试点工作不断走向深入。

2017 年 6 月，中共中央、国务院印发的《关于加强和完善城乡社区治理的意见》提出要着力增加农村社区公共服务供给，加快完善农村社区服务体系。2017 年 2 月，中共中央办公厅、国务院办公厅《关于加强乡镇政府服务能力建设的意见》也要求建立乡村公共服务多元供给机制。各地要创新基层管理体制机制，打造"一门式"办理、"一站式"服务的综合服务平台，在村庄普遍建立网上服务站点，逐步形成完善的乡村便民服务体系。要结合乡村社会特点，大力推动基本公共服务向农村社区延伸，优先发展与农村居民切身利益密切相关的服务项目，推进"最多跑一次"改革。要结合信息进村入户和电子商务进村综合示范，积极发展农产品销售等农民致富服务项目。

社会组织是增强基层群众自治和服务功能、吸纳社会工作人才的重要载体，是乡村治理的重要主体之一。但是当前农村社会组织的发展远

远滞后于城市，必须坚持工业反哺农业、城市支持农村的基本方针，采取城市与农村“结对帮亲”等措施，手把手地帮助农村发展社会组织，缩小城乡发展差距。2016年8月，中共中央办公厅、国务院办公厅印发了《关于改革社会组织管理制度促进社会组织健康有序发展的意见》，提出要降低准入门槛，简化登记程序，大力培育发展城乡社区社会组织。2017年8月，国务院发布了《志愿服务条例》。2017年12月印发的《民政部关于大力培育发展社区社会组织的意见》提出，到2020年实现农村社区平均拥有不少于5个社区社会组织的目标，并提出再过5～10年社区社会组织管理制度更加健全、成为创新基层社会治理有力支撑的发展目标。2016年11月，民政部等16部委印发的《城乡社区服务体系建设规划（2016—2020年）》也提出了相关工作目标。各地要按照党中央、国务院有关决策部署要求，积极鼓励各类社会组织进驻农村，支持社会力量在农村设立社会组织，鼓励和支持各类社会组织在农村提供社会服务、公益慈善服务、基层治理服务、农村专业经济服务，支持社会组织参与农村留守儿童关爱保护、参与基层民主协商、参与农村脱贫攻坚，充分发挥社会组织在推进农村基本公共服务均等化、提高农村社会治理水平、服务“三农”方面的积极作用，积极发展农村社会工作和志愿服务。

村级组织工作负担重、负担不合理问题是基层反映最为强烈的问题之一，主要体现在行政事务多、机构牌子多、台账材料多、盖章证明多、考核评比多等。2014年以来，民政部在全国开展了社区减负专项行动，并联合中央组织部出台了《关于进一步开展社区减负工作的通知》。2017年6月，中共中央、国务院印发的《关于加强和完善城乡社区治理的意见》，把推进城乡社区减负增效作为补齐城乡社区治理短板的重要内容之一。要集中清理上级对村级组织考核评比多、创建达标多、检查督查多等突出问题。要建立社区工作事项准入制度，应当由基层政府履行的法定职责不得要求基层群众性自治组织承担，依法需要基层群众性自治组织协助的工作事项，应当为其提供经费和必要工作条件。要清理组织机构、精简工作台账、规范村级组织挂牌和印章使用管理。要规范社区考核评比活动，取消无实际意义的考核评比项目，整合精简各部门对村级组织的考核评比事项，探索建立以群众满意度为主要衡量标准的评价体系，使村级组织“心无旁骛”地投入基层治理和服务工作实践。

（执笔单位：民政部基层政权和社区建设司）

努力建设平安乡村

乡村是整个国家治理的基石，只有建成了平安乡村，才能建成更高水平的平安中国。建设平安乡村，关键要在广大农村地区构建人防、物防、技防相结合的立体化社会治安防控体系。正如习近平总书记所指出的，“要加快社会治安防控体系建设，依法打击和惩治黄赌毒黑拐骗等违法犯罪活动，保护人民人身权、财产权、人格权”。重点要把握好以下几个方面：

一、着力加快县乡村三级综治中心建设

综治中心是在党委领导、政府主导下，由政法部门组织协调，整合各种资源、共同解决突出治安问题、化解矛盾纠纷的一个平台，是基层平安建设力量聚指成拳的直观体现。近年来，各地按照中央要求积极推进县乡村三级综治中心建设，通过整合政法、人社、民政等各部门资源各方面力量，有效实现了矛盾纠纷联调、社会治安联防、重点工作联动、治安突出问题联治、服务管理联抓、基层平安联创，有力促进了基层和谐稳定，综治中心已成为基层平安建设的桥头堡。2017 年 1 月 1 日，原国家质检总局、国家标准委发布的《社会治安综合治理综治中心建设与管理规范》正式实施，大大加快了各地综治中心规范化运行和创新发展的进程。安徽省在全省乡镇（街道）和村（社区）全部建立综治中心，持续推进规范化建设，做到组织、人员、场所、经费、设施、制度“六个有”，实现了基层综治、维稳、信访等工作“一个体系领导、一个平台

统揽、一个窗口受理、一个场所服务、一套机制运行、一个整体运作”，与为民服务中心一起形成了服务群众政务需求和服务群众稳定诉求的“两个一条龙”。2017 年，全国县级综治中心覆盖率已达到 92%，乡级综治中心覆盖率已达到 95%，村（社区）综治中心覆盖率已达到 90%。可以预见，综治中心将会在平安乡村建设中发挥越来越重要的作用。

二、全面推进农村网格化服务管理

基础不牢，地动山摇。网格化服务管理就是让基层基础变得牢靠的一种服务管理模式。简单地说，就是把社区（村）管理区域按一定范围、人口、户数及楼宇数量，划分为若干网格状单元，相应定员定岗配置服务管理人员（即网格员），每个网格员对自己管理网格内的人、地、物、事、组织等基本治安要素进行动态化、信息化管理，一旦发现不稳定因素，可通过手机终端将照片、视频及相关信息及时上传到社区网格化信息服务系统平台，并在第一时间协调解决，解决不了的随时上报，由上一级综治中心限时解决，从而真正把群众诉求掌握在基层，把各类矛盾化解在基层，实现服务管理的精细化、精准化，不断顺应广大群众日益增长的美好生活需求。甘肃省兰州市西固区依托三维数字城市管理和综治信息平台，将农村治安防控工作纳入综治网格化管理。将所辖农村划分为 90 个网格，综治网格员手持统一配发的移动终端在全区各个角落进行巡查，及时发现社会治安、环境污染等问题，并拍照上传至三维数字中心城市管理和综治信息平台。依照规定时限，在平台系统实现受理—立案—派遣—处理—反馈—核查—综合评价的闭环流程，大大降低了行政成本，提升了农村治理质效。2017 年 10 月 1 日，原国家质检总局、国家标准委发布《城乡社区网格化服务管理规范》正式实施。这是我国社会治安综合治理工作的又一项国家标准，它意味着网格化服务管理已逐步形成长效机制，必将惠及更多农民群众。目前，全国城乡网格化服务管理覆盖率已达到98%，有各类专兼职网格员近400万人，通过网格化服务管理打通服务群众的最后一米正在成为现实。

三、大力推进农村地区“雪亮工程”建设

“雪亮工程”即公共安全视频监控建设联网应用工程，是近年来实施的一项国家工程，目的就是要把视频监控打造得像人民群众眼睛一样雪亮。如何实现呢？就是在视频监控全覆盖的基础上，通过技术手段把治安防范措施延伸到群众身边，共同参与治安防范，使群众眼睛与视频监控有效结合，真正实现治安防控“全覆盖、无死角”。显然，“雪亮工程”不仅能提高防范违法犯罪效能，而且能激发群众对社会治安的认同感和主体责任感，是人防、技防深度融合的生动体现，意义非常重要。“雪亮工程”建设已纳入国家“十三五”规划和国家安全保障能力建设规划，农村是“雪亮工程”建设的突出短板，即将迎来一次大发展的机遇。在“雪亮工程”的发源地——山东临沂，群众运用“雪亮工程”已是得心应手。无论哪个村，村民们打开已接入监控视频的电视机便能看见村里重要路口、公共场所的实时影像。如果发现安全隐患，便可立即通过电视遥控器进行报警，这无疑是对违法犯罪的强大震慑。在平邑县，通过建设“雪亮工程”，农村治安案件的发案率直线下降了30%。另外，通过信息化平台，“雪亮工程”还可以下载安装到每个人的手机终端。通过终端，农户既可在家也可在千里之外看到实时监控画面，查看相关信息，同时利用手机进行报警。按照规划方案，到2020年，农村地区将基本实现“全域覆盖、全网共享、全时可用、全程可控”的“雪亮工程”。特别值得一提的是，今后随着信息资源深度整合应用，“雪亮工程”乃至整个社会治安防控信息化都将纳入智慧城市建设总体规划，新一代互联网、

物联网、大数据、云计算和智能传感、遥感、卫星定位、地理信息系统等新技术都会派上用场，广大农村的公共安全管理将逐步实现数字化、网络化和智能化。

四、切实增强农村治安防控力量

这方面力量主要包括以政法部门为主的专业打击力量，以及各种群防群治力量。在专业力量建设方面，近年来各地按照中央部署，深入实施农村警务战略，通过整合职能、优化结构、调整布局，推动警力下沉，在农村以一个或多个行政村划分一个警务区、配置驻村民警，有效净化了农村治安环境。湖南省邵阳市全面实施以“一村一辅警”为主要内容的农村警务战略，推动警力下沉到广袤的农村地区，全市 3299 个村建立辅警工作站，3299 名朝气蓬勃的辅警进驻到各村；与 2016 年同期相比，2017 年 7—11 月，全市 165 个农村派出所刑事案件下降 28.1%，治安案件下降 10.6%，取得了“警务工作前移、缓解警力不足、信息触角延伸、服务距离贴近、专群工作深入”的明显效果，筑牢了农村社会治安稳定的第一道防线。但警力有限、民力无穷。要实现广大农村的平安和谐，必须激发群众的力量，只有群防群治才能为社会治安防控体系建设注入源源不断的动力，才能让群众更有安全感。山西省平遥县古陶镇开展了“1+6”平安景区组团式服务，即在驻村民警带领下，整合村（居）委工作人员、基层综治员、基层网格长、消防监督员、景点安保人员和志愿者队伍等群防群治力量，组建 5 支“平安景区”服务团队，在矛盾纠纷调处、消防安全隐患排查、重点人员管控、旅游秩序维护、居民游客服务等 5 个方面开展组团式服务，基本实现“小事不出村、大事不出镇、矛盾不上交”，有力助推了“平安景区”建设。群防群治力量让公安机关有了“千里眼”“顺风耳”，已经成为社会治安防控体系建设的法宝。

五、深入开展扫黑除恶专项斗争

黑恶势力犯罪是农村社会的毒瘤，严重危害农民群众的合法权益，严重侵蚀党在农村的执政基础。2018年1月，为贯彻落实习近平总书记重要指示精神，中共中央、国务院发出《关于开展扫黑除恶专项斗争的通知》，决定以农村地区为重点，在全国开展扫黑除恶专项斗争。以往历次全国性打黑除恶行动，都是政法部门挂帅，而这次是以党中央、国务院的名义下发通知，行动明显“升格”。从“打黑”到“扫黑”，一字之差，则意味着把黑恶势力全面彻底扫除，斗争力度必将空前。而以农村地区为重点，则意味着农村治安短板将得到有效弥补。各地各有关部门按照中央部署，迅速行动，把打击锋芒始终对准基层群众特别是农民群众反映最强烈、最深恶痛绝的黑恶势力违法犯罪，依法打掉了一大批把持农村基层政权、操纵破坏基层换届选举、垄断农村资源、侵吞集体资产的黑恶势力，依法打掉了一大批利用家族、宗族势力横行乡里、称霸一方、欺压残害百姓的“村霸”等黑恶势力，群众拍手称快。河南省打掉漯河市李耀勇涉黑犯罪团伙，李耀勇长期担任村党支部书记、区人大代表等职务，影响控制周边几个回民村，大肆实施违法犯罪活动，并裹挟大量回族群众，围堵冲击国家机关和企事业单位，被群众称为“东霸天”。各地坚持治标与治本相结合，按照“有黑扫黑，有恶除恶，有乱治乱”要求，坚持边扫、边治、边建，以扫黑除恶专项斗争为牵引、以农村地区为重点，集中整治一批社会治安乱象，有效净化了农村社会风气，为实施乡村振兴战略营造了良好的治安环境。鉴于黑恶势力基本上都有大大小小“保护伞”的实际，此次专项斗争特别注重把打击黑恶势力犯罪和反腐败、基层“拍蝇”结合起来，把扫黑除恶和加强基层组织建设结合起来，深挖黑恶势力“保护伞”，整顿软弱涣散基层党组织，在基层进一步营造了风清气正的政治生态。对于广大人民群众来说，“老虎”或许很远，“苍蝇”就在身边，清除了这些群众身边的黑恶势力、腐败分子，才能真正增强群众的获得感、幸福感、安全感。

六、不断深化农村公共安全隐患治理

公共安全是最基本的民生。近年来，伴随着城镇化、工业化快速发展，农村内部出现了再分化：一方面，中心镇、中心村形成人口聚集区，“类城市”安全风险积聚；另一方面，偏远农村地区日益凋敝，因“失血”导致的安全隐患增多。各种风险隐患交织，导致农村地区火灾、农房倒塌、留守儿童溺亡、食物中毒、交通事故等各类安全事故频发。总体看，农村公共安全呈现点多面广、局部井喷趋势，风险治理已迫在眉睫。保障农村公共安全，当务之急是要加强农村公共安全隐患治理。要本着“谁建设、谁管理、谁维护”的原则，切实加大隐患排查力度，组织相关部门深入农村，对危桥、农用机井、村庄坑塘、河道、饮水安全、农村安全用电、农村危房及公共设施等进行全面排查治理，该管的管，该修的修，该废弃停用的就在保证安全的情况下拆除填埋，防止其成为安全隐患。宁夏回族自治区固原市为提升农村公共安全水平，探索出了一条“综治组织＋电话企业＋农户”（即综治组织扶持、企业投入、农户享用）的电话平安联防路子。借助农村家庭的手机，将居住相邻的10户或20户不等的家庭组成一个群组，群组中任何一用户遇到紧急情况拨打专用号，就可自动呼叫群组内其他号码，从而让邻居、亲友赶来相助，为110、120、119处置赢得了时间和空间，有效改善了公共安全防范、安全隐患排查工作延伸不到一线的问题。针对安全生产事故易发多发的实际，把安全生产作为重中之重，牢固树立安全发展理念，弘扬生命至上、安全第一的思想，落实安全生产责任制，完善安全防护措施，将安全生产细化量化，纳入各村、各单位的年度工作目标考核中，切实保护农民群众的生命财产安全。注重完善落实安全预防预警措施和突发事件应急预案，健全应急协调机制，一旦发生突发事件和重要紧急情况，迅速启动应急预案妥善应对处置。同时加强公共安全宣传，通过广播、电视、报刊、网络等方式，大力宣传农村安全知识和险情应急处置、逃生自救等常识，广泛进行安全提示，提高农民群众安全意识和事故防范能力。

（执笔单位：中央政法委综治督导局）

加强乡镇政府服务能力建设

一、加强乡镇政府服务能力建设意义重大

乡镇政府是我国农村最基层的国家行政机构，直接面向农村基层社会，是国家和政府联系广大农民群众的重要桥梁和纽带，起着承上启下的作用。2016年12月5日，习近平总书记主持召开中央全面深化改革领导小组第三十次会议，审议通过《关于加强乡镇政府服务能力建设的意见》（以下简称《意见》）。《意见》的出台充分体现了以习近平同志为核心的党中央对乡镇政府建设的高度重视，体现了党中央、国务院推动乡镇体制机制改革的坚定决心，意义十分重大。

（一）深入贯彻习近平新时代中国特色社会主义思想的重要举措

党的十八大以来，中央对深化行政管理体制改革、转变政府职能、加强基层政府服务能力建设、建设人民满意的服务型政府等作出一系列重要部署。习近平总书记高度重视乡镇工作，多次深入乡镇调研，要求乡镇要把为民服务工作搞好，要以百姓满意不满意为标准改进工作，提高服务水平。我们要站在贯彻落实习近平新时代中国特色社会主义思想和中央决策部署精神的高度，深刻认识加强乡镇政府服务能力建设的重要性和紧迫性，切实增强政治责任感和历史使命感，扎实推进乡镇政府服务能力建设。

（二）推动我国经济社会持续健康发展的必然要求

当前，我国正处于经济社会转型期，随着新型工业化、信息化、城镇化、农业现代化进程加快，城乡基层的社会结构、利益格局和人民群众的思想观念发生了深刻变化，乡镇日益成为各种利益关系的交汇点和社会矛盾的集聚点。在新的历史条件下，加强乡镇政府服务能力建设是加强和创新社会治理、保障和改善民生的重要内容，是促进经济持续健康发展、维护社会和谐稳定的重要保证。要将乡镇政府服务能力建设放在党和国家工作大局中去认识、去思考、去谋划。

（三）全面深化改革的重要环节

党的十八届三中全会把推进国家治理体系和治理能力现代化作为全面深化改革的总目标，为统筹谋划各领域改革提供了根本依据。乡村治理是国家治理的基础环节，也是全面深化改革的重要组成部分。如何充分发挥乡镇政府的功能作用，进一步提升基层治理体系和治理能力现代化水平，已成为一个新的时代课题。要把乡镇政府服务能力建设作为提升基层治理体系和治理能力现代化水平的基本要求和应有之策，以创新促进改革，以改革促进发展，为全面深化改革奠定坚实基础。

（四）加强乡镇政府自身建设的内在需求

乡镇政府是国家法律法规政策落地“最后一公里”的重要执行者，是基本公共服务的重要提供者，是基层治理的重要组织者。改革开放以来，我国乡镇政府功能得到了有效提升，在满足群众公共服务需求、维护基层和谐稳定、促进社会文明进步等方面发挥了重要作用。面对新形势、新任务、新要求，一些乡镇政府还存在服务理念滞后、服务功能不强、服务机制不健全、服务手段落后、服务效能不高等问题。要坚持问题导向，将实现好、维护好、发展好最广大人民群众的根本利益作为乡镇政府建设的出发点和落脚点，强化乡镇政府服务功能和乡镇干部宗旨意识，不断增强人民群众的获得感和幸福感。

二、以乡镇政府服务能力建设助推乡村振兴战略

站在新的历史方位，党的十九大按照中国特色社会主义事业“五位一体”总体布局，对经济建设、政治建设、文化建设、社会建设和生态文明建设等作出新的全面部署，提出要实施乡村振兴战略，加快推进农村农业现代化，这是以习近平同志为核心的党中央着眼于推进“四化同步”和全面建成小康社会作出的重大战略决策，为新时代农村农业改革指明了方向，明确了重点，必将开辟“三农”工作的新局面，我们要深入学习领会、深化贯彻落实。实施乡村振兴战略，乡镇政府将发挥重要的基础作用，加强乡镇政府服务能力建设，必须围绕“产业兴旺、生态宜居、乡风文明、治理有效、生活富裕”的总体要求，助力乡村振兴战略，助推农村农业现代化。

（一）服务于产业兴旺

所谓产业兴旺，就是要引导和推动更多资本、更多技术、更多人才等要素向农村流动，形成现代农业产业体系，促进农村一二三产业协同发展，保持农业农村经济发展旺盛活力。加强乡镇政府服务能力建设，要围绕推进农村土地制度和集体产权制度改革加强农村经营管理体系建设，进一步扩大乡镇政府在农业发展、农村经营管理方面的服务管理权限，多途径发展壮大集体经济，不断提高乡镇政府服务农业产业发展的能力。要完善乡镇财政管理体制，鼓励信贷资金投向农村，支持社会力量通过捐赠或捐助等方式参与乡镇事业发展，引导资本要素向农村流动。

要建立健全有利于各类人才向乡镇流动的政策支持体系，有计划选派县级以上机关有发展潜力的年轻干部到乡镇任职、挂职，不断加强对农村地区人才和技术支撑。要加快补足农村地区信息化建设短板，充分发挥互联网在助推脱贫攻坚中的作用，提高农业生产经营信息化水平。

（二）服务于生态宜居

所谓生态宜居，就是要加强农村资源环境保护，大力改善农村生产生活等基础设施，保护好绿水青山和清新清净的田园风光。加强乡镇政府服务能力建设，要按照区域覆盖、制度统筹、标准统一的要求，打破城乡界限，加快城乡公共服务一体化发展进程，推动城市优质公共服务资源向农村延伸。要加强对乡镇基础设施建设、社会事业发展的支持力度，推进乡镇现有公共服务资源的优化整合，加强公共服务设施和基础设施的建设和改造，为全社会成员参与社会生活、获得基本公共服务创造更好条件。要强化乡镇政府基本公共教育、基本医疗卫生等公共服务供给，不断改善乡村教学和医疗卫生环境，健全农村留守儿童和妇女、老年人关爱服务体系。要强化乡镇在山水林田湖草保护等执法事项的综合协调，切实提高乡镇政府履行农村环境资源保护职责的能力。要构建面向农村的一体化在线公共服务体系，健全政务服务网络无障碍建设，加大政府购买服务力度，加强乡镇政府购买服务公共平台建设，不断提高农村地区公共服务便捷化、智慧化、网络化、社会化水平。

（三）服务于乡风文明

所谓乡风文明，就是要促进农村文化教育等事业发展，推进移风易俗、文明进步，弘扬农村优良传统，促进农民素质进一步提升、农村文明程度进一步提高。加强乡镇政府服务能力建设，要强化社会主义核心价值观的引领作用，结合开展中国特色社会主义和中国梦宣传教育活动、公民道德建设工程等，把社会主义核心价值观融入乡镇政府服务全过程。要加强乡村公共文化服务体系建设，组织开展具有乡村人文风俗、历史文化、特色资源的公共文化体育服务，开展移风易俗、弘扬时代新风。要把传承弘扬优秀民间文化融入新型城镇化和新农村建设的总体规划，大力发展根植于农民群众的民族、民间文化，保持淳朴的乡情民风。加强乡镇政府对古村落和历史文化村镇保护发展等公共服务职能，加大对优秀传统乡村文化的保护、研究和普及力度，以中华传统优秀文化蕴含的思想观念、人文精神、道德规范激励人们向善向上、孝老爱亲。

（四）服务于治理有效

所谓治理有效，就是要加强和创新农村社会治理，让社会正气得到弘扬、违法行为得到惩治，使农村更加和谐、更加有序。加强乡镇政府服务能力建设，要厘清乡镇政府和村（居）民委员会、农村集体经济组织的权责边界，加强乡村社会治理的制度建设，健全农村社区治理机制。要全面推进乡镇政务公开制度，完善乡镇政务公开和村务公开联动机制，充分发挥互联网作用，密切联系服务群众，保障农民群众的知情权、参与权和监督权，营造清朗网络空间。要着力完善科学有效的群众权益保障机制，健全公共服务需求表达和评价机制，引导群众预期，培育理性平和、积极向上的社会心态。要健全乡镇党委领导的民主协商机制，充分发挥乡规民约等社会规范的积极作用，促进自治、法治、德治相结合。要引导群团组织、社会组织参与乡村公共服务和公益事业，充分发挥社会工作专业人才在乡村社会治理服务中的积极作用。要加强社会治安防控体系建设，依法加大对农村地区“村霸”等黑恶势力、地下教会和其他邪教组织等的打击和惩治力度，巩固农村基层政权，维护农村安全稳定。

（五）服务于生活富裕

所谓生活富裕，就是要让农民有持续稳定的收入来源，衣食无忧，经济宽裕。加强乡镇政府服务能力建设，要推动以新型职业农民为主体的农村实用人才队伍建设，加强社区教育、职业技能培训等劳动就业服务，切实提高农民劳动生产技能。要指导做好第二轮土地承包到期后的30年延期发包工作，让农户的承包权稳下去，经营权活起来，积极引导农民拓宽农业经营、外出务工、集体经济收益等增收渠道，持续提高农民收入水平。要鼓励发展专业合作、股份合作等多种形式的农民合作组织，扶持社会力量兴办为民服务的公益性机构和经济实体，引导农民发展多种形式适度规模经营，培育新型农业经营主体，实现小农户和现代农业发展有机衔接。要围绕脱贫攻坚，加强乡镇民生民政基础工作，落实社会救助、社会服务制度和优抚安置政策，充分做好困难群众托底保障工作。

（执笔单位：民政部基层政权和社区建设司）

加强农村交通基础设施建设

一、总体要求

实施乡村振兴战略，是以习近平同志为核心的党中央着眼党和国家事业全局，深刻把握现代化建设规律和城乡关系变化特征，顺应亿万农民群众对美好生活向往，对“三农”工作作出的重大决策部署，是决胜全面建成小康社会、全面建设社会主义现代化国家的重大历史任务，是新时代“三农”工作的总抓手。实施乡村振兴战略，明确要求按照“产业兴旺、生态宜居、乡风文明、治理有效、生活富裕”的总要求，加快推进农业农村现代化。

从党的十九大到二十大，是实施乡村振兴战略的第一个5年，也是“两个一百年”奋斗目标的历史交汇期，既要决胜全面建成小康社会、实现第一个百年奋斗目标，又要乘势而上开启全面建设社会主义现代化国家新征程，加快推进农业农村现代化。《乡村振兴战略规划（2018—2022年）》进一步明确了未来5年实施乡村振兴战略的总体要求、发展目标、重点任务及保障措施，并在“保障和改善农村民生”篇“加强农村基础设施建设”章节中，要求“加快补齐农村基础设施短板，促进城乡基础设施互联互通，推动农村基础设施提挡升级”。

交通运输行业是乡村振兴的基础性、先导性、战略性和服务性行业，是脱贫攻坚、决胜全面建成小康社会和加快推进农业农村现代化的重要基础和条件，对乡村振兴具有重要的先行保障作用。农村交通建设与发展，可以有效改善农村产业发展环境，降低物流成本，带动农村特色种养业、农副产品加工流通业、乡村旅游业、乡村服务业等乡村特色产业发展，促进“产业兴旺”；可以推动农副产品市场化，带动乡村旅游、农家乐等农村服务业发展，推动就地就业、回乡创业和外出务工，促进“生活富裕”；可以有效带动特色村镇、文化名村等美丽宜居乡村建设，推动农村人居环境改善，促进“生态宜居”；可以促进城乡沟通交流，充分挖掘农耕文化和发扬中华优秀传统文化，促进农村教育、文化发展，有效改变群众的思想观念、精神面貌、生活形象和行为习惯，促进“乡风文明”；可以引导群众参与农村交通建设发展决策、监督和建养实践，健全群众爱路护路的乡规民约、村规民约，推动共建共治共享的乡村治理体系建设，促进“治理有效”。

未来5年，交通运输行业将以习近平新时代中国特色社会主义思想为指导，深入贯彻党的十九大和十九届二中、三中全会精神，紧紧围绕统筹推进“五位一体”总体布局和协调推进“四个全面”战略布局，牢固树立新发展理念，坚持以人民为中心，全面落实《乡村振兴战略规划（2018—2022年）》各项要求，着力推动农村交通发展质量变革、效率变革、动力变革，补短板、强服务，全力打造人民满意交通，为决胜全面建成小康社会和实施乡村振兴战略提供有力支撑，为稳步有序实现农业农村现代化当好先行。

二、发展基础

本世纪初，为贯彻落实中央关于农村发展的决策部署，交通运输行业提出了“修好农村路，服务城镇化，让农民走上油路和水泥路”的发展目标，大幅加大中央车购税资金投入支持力度，相继组织实施了乡镇建制村通达通畅工程、农村渡口改造及渡改桥工程、农村公路生命安全防护与危桥改造工程、西部边远山区“溜索改桥”工程、乡村客运站点建设等系列专项工程或专项行动，掀起了全国大规模农村公路建设发展浪潮。

党的十八大以来，按照中央全面建成小康社会的战略部署，交通运输行业进一步提出“小康路上，绝不让任何一个地方因农村交通而掉队”的奋斗目标，并按照习近平总书记“四好农村路”批示要求，以示范县为载体，开启了全国“四好农村路”建设新征程。5年累计安排中央车购税资金3670亿元，带动全国农村公路建设总投资达1.6万亿元。5年新改建农村公路127.5万公里，新增农村公路通车里程55万公里，新增620个乡镇和7.4万个建制村通硬化路，农村交通运输条件发生了新的历史性变化。

截至2017年底，全国农村公路总里程达401万公里，乡镇、建制村通硬化路率分别达到99.4%和98.4%，农村公路列养率达到97.5%，其中优、良、中等路率达到80.7%，乡镇、建制村通客车率分别达到99.1%和95.9%，初步形成以县城为中心、乡镇为节点、建制村为网点的农村公路交通运输网络。

但是，相对于人民群众日益增长的美好生活需要，相对于脱贫攻坚、全面建成小康社会的基本要求，相对于农业农村现代化发展的服务需求，目前农村交通还存在一些不平衡不充分发展问题：一是农村公路覆盖范围、通达深度和发展规模仍然不足，而且等级低、路面窄、路况差，服务水平不高；二是农村交通安全防护、桥涵等配套设施建设不足；三是农村公路管理养护不足，日常养护水平低，大、中修工程养护需求难以有效满足，“油返砂”“畅返不畅”问题日益凸显；四是农村客运“开通难、运营难”问题突出，农村地区生产生活资料、农副产品运输条件亟待改善；五是农村交通建设发展的制度政策和体制机制尚不完善，地方主体责任尚未完全落实。

三、主要任务

围绕决胜全面建成小康社会、支撑乡村振兴战略“产业兴旺、生态宜居、乡风文明、治理有效、生活富裕”总要求，交通运输部印发了《关于服务和支撑乡村振兴战略实施的指导意见》，从“一个决胜、五个支撑”角度提出了 6 方面、16 项重点任务。

（一）补齐农村交通短板，决胜全面建成小康社会

一是完成剩余乡镇、建制村通硬化路通客车任务，保障农民群众“行有所乘”。二是继续推进贫困地区外通内联干线公路建设，确保到 2020 年完成贫困地区具备条件的县城通二级及以上公路等任务。三是推动交通项目尽量向进村入户倾斜，进一步优化通村硬化路路线走向，尽可能串联带通更多的自然村，便捷农村居民出行，鼓励部分地区先行先试，采用多种方式解决农村交通“最后一公里”问题。

（二）推动交通提挡升级，支撑乡村产业兴旺发展

一是进一步完善农村交通基础设施网络，提升农村公路通行能力和服务水平，改善农村地区的水运基础设施条件，实施渡口改造、渡改桥工程。二是推动农村公路等基础设施提挡升级，以示范县为载体推进“四好农村路”向高质量发展，因地制宜推进农村公路尤其是通客运线路的窄路基路面公路加宽改造，有序推进二级及以上或能力适应的三级县级客运站建设，继续推进乡村综合服务站、便民客运点建设。三是推进交通运输与乡村特色产业融合发展，加快通往乡村主要产业经济节点的公路及配套停车设施建设，并适当提高农村公路的建设标准，

推动农村公路与乡村旅游融合发展，鼓励有条件的地区打造乡村美丽公路。

（三）提升运输服务供给，增强生活富裕获得感

一是提升城乡客运服务能力和水平，推进城乡交通运输一体化发展，采取多种方式保障具备条件的建制村通客车，因地制宜推进农村水路客运发展，鼓励各地推广农村客运出行信息化服务。二是推动农村物流发展，因地制宜做好农村物流发展规划，加快构建农村物流基础设施骨干网络，完善县级仓储配送中心、乡镇物流服务站、村级物流服务点、农村物流快递公共取送点等农村物流基础设施末端网络，鼓励交通运输、商贸、供销、邮政、农业等服务设施的综合使用，推广“多站合一、资源共享”的乡村综合服务站模式，推动邮政寄送、电商快递、冷链运输等农村物流发展。

（四）改善农村交通环境，服务乡村生态宜居

一是着力保障农村交通安全，增设安全防护设施，改造农村公路四、五类危桥，加强农村交通应急救灾保障能力建设，持续开展农村交通安全风险管理和隐患排查治理工作，健全农村交通安全保障体系，配置必要的交通安全标志标线，落实乡镇政府农村道路交通和渡口渡船安全监督管理责任。二是推动农村路域环境整治，积极推进路宅分家、路田分家，因地制宜实施农村公路沿线绿化、美化工程，打造畅安舒美的通行环境。三是推动绿色可持续发展，建设与生态环境相适宜的农村交通，推进绿色公路、绿色水运发展。对于环境脆弱、人口流失严重的拟搬迁村庄，统筹生态保护和易地搬迁安置规划等要求，限制新改建交通项目，拓展乡村生态空间。

（五）强化管理养护升级，提升高效治理能力

一是建立健全农村公路管理组织保障、资金保障、技术指导、绩效考核“四个体系”。二是建立完善农村公路养护机制，积极推进公路养护规范化，推行养护工程专业化施工，努力提升农村公路养护专业化水平，鼓励提升养护机械化水平，开发多种形式的护路公益岗位，让农民在参与中直接受益。

（六）加强组织文化建设，助推乡风文明提升

一是加强交通基层党建工作，始终坚持党对交通工作的全面领导，确保农村交通发展沿着正确方向前进。二是加强交通文化建设，注重交通运输与乡村历史文化的结合，将农村交通打造成为传播历史文化的新标志、新名片。加强农村出行文明宣传，促进乡村和谐、绿色出行。三是融入乡（村）基层治理，推动将交通运输文明建设要求纳入乡（村）规民约，充分调动农民群众爱路、护路的积极性、主动性和创造性，提升群众参与的获得感。

四、保障措施

（一）加强组织领导

提高政治站位，充分认识交通运输服务和支撑乡村振兴战略的重大意义，增强责任意识、担当意识，自觉自律加油干，发挥好先行保障作用。积极推动落实地方政府在农村交通发展中的主体责任，将“四好农村路”建设纳入地方人民政府及相关部门的绩效考核体系。结合本地区实际，认真履行技术指导、监督检查，鼓励和吸引社会力量参与农村交

通建设。

（二）健全治理体系

推进《中华人民共和国公路法》修订，起草《农村公路条例》，修订《道路运输条例》，研究出台实施“四好农村路”高质量发展的指导意见、深化农村公路管理养护体制改革的意见等。各省级交通运输主管部门抓紧制定本区域交通运输服务和支撑乡村振兴战略的专项规划或指导意见，建立农村交通事中事后监管的长效机制，加强动态质量监督检查，完善农村公路“七公开”制度，组织开展“四好农村路”“平安渡口渡船”等督导考评工作，加强政府监督、社会监督、群众监督。

（三）强化资金保障

积极协调财政部门，争取地方财政资金、一般债券加大对农村公路建设养护的投入力度；将农村公路建设、养护资金及管理机构运行经费和人员基本支出纳入一般公共财政预算予以保障。继续加大中央交通专项资金投入力度，规范成品油价格和税费改革转移支付资金使用，推动加大成品油价格和税费改革新增收入用于公路养护转移支付力度。引导各地实施农村客运地方公共财政补贴制度，用好调整后的城乡道路客运成品油价格补助资金，发挥补助资金对建制村通客车、城乡客运一体化以及平安渡口渡船发展的引导作用。

（执笔单位：交通运输部综合规划司）

全面改善农村交通物流设施条件

《乡村振兴战略规划（2018—2022 年）》（以下简称《规划》）为我国新时代乡村振兴背景下的交通物流建设发展绘制了多彩蓝图，对加快推进农业农村现代化、提升亿万农民获得感幸福感、全面建成小康社会具有重要指导作用，对巩固党在农村的执政基础、实现中华民族伟大复兴具有重大意义。《规划》按照产业兴旺、生态宜居、乡风文明、治理有效、生活富裕的总体要求，系统性地对农村交通物流发展作出了“加快补齐农村基础设施短板，促进城乡基础设施互联互通，推动农村基础设施提挡升级”等重要部署，突出强调了改善农村交通物流发展条件，构建新时代农村交通物流服务新体系，为交通运输支撑引领农村经济社会发展提供了行动指南。

一、深刻理解改善农村地区交通物流条件的内涵要义

（一）建设农村交通物流基础设施是脱贫攻坚和乡村振兴的重要支撑

交通物流基础设施是搭建广大农村地区尤其是贫困地区与外界交流交往的重要桥梁。近年来，我国农村地区交通物流基础设施建设虽然取得了巨大成就，但交通物流发展仍然相对落后，在一定程度上制约了农业农村发展和农民脱贫致富。乡村振兴需要交通先行，加快建设农村交通物流基础设施是改善贫困地区出行条件、转变农民群众观念认识、推

动特色农业产业发展的重要支撑。

（二）发展农村交通物流是响应和满足新时代农村生产生活新需求的重要手段

随着农村地区经济社会的日益发展，传统的农村交通物流服务模式愈发难以满足农村地区居民日益多样化、高品质的新需求。现代农村交通物流服务以提供多样、高效的农村特色服务为核心，联系引领生态宜居美丽乡村建设、现代化农业发展、乡村旅游等发展需要，积极响应和满足农村经济产业发展新需求，是培育农村产业新业态、拓展乡村经济新领域、壮大农民生活新消费的重要手段。

（三）构建农村现代交通物流服务新体系是缩小城乡差距和推动城乡融合的重要保障

交通运输在城乡融合发展中具有积极推动作用，是实现新农村建设与新型城镇化发展有机衔接的重要纽带。构建全面覆盖、普惠公平、城乡一体的现代交通物流服务体系，有助于拓展城市交通物流服务范围，是促进城乡交流和商贸往来，推动新型工业化、信息化、城镇化、农业现代化同步发展，形成城乡互补、共同繁荣的城乡发展格局的重要保障。

二、准确把握农村地区交通物流发展的总体要求

（一）坚持以人民为中心的发展思想

坚持以人民为中心的发展思想，联系农村地区发展实际，以农村交通物流基础设施为载体，回应农村地区居民对美好生活的向往，深刻反映人民群众的愿望和意志，从支撑农村居民美满幸福生活出发，全面构建有效

保障农村地区居民生产生活需要的新时代农村现代化交通物流体系。

（二）着力突破农村交通不平衡不充分发展的关键领域

深刻认识当前城乡交通物流发展不平衡、农村交通物流发展不充分的突出问题，以缩小城乡公共服务发展差距为目标，促进城乡基础设施互联互通，根据地区发展实际需要，补足基础设施发展短板，促进既有设施提挡升级，优化农村交通物流体系网络结构，打造协调适宜的农村交通物流网络布局和精准化服务保障体系。

（三）充分发挥交通运输在农村发展中的支撑引领作用

全面把握新时代我国乡村地区经济社会发展对交通物流提出的新要求，准确把握乡村振兴背景下交通运输功能定位的深刻转变，在打好脱贫攻坚战的同时，进一步将农村交通运输与经济社会发展深度融合，引领农业农村发展，使交通运输真正扮演好农村地区经济社会发展先行官的角色。

（四）将农村地区交通物流基础设施建设发展摆在首位

将基础设施建设发展作为未来一段时期内农村地区交通物流发展的首要任务，进一步加大对农村地区交通物流基础设施发展的政策力度，统筹不同地区、不同阶段下交通物流发展安排，集中力量解决交通物流基础设施对于农村地区经济社会发展的制约，夯实乡村振兴发展的基础条件。

三、有序推进改善农村交通物流设施任务落实

（一）提升交通物流基础设施发展水平

全面推进“四好农村路”建设。一是持续补足农村地区交通基础设

施发展短板，提升农村公路技术标准等级，突破农村交通物流对于设施短缺区域的发展限制，提升农村公路建设水平。二是提高农村公路养护管理能力，以示范县为载体，健全管理养护长效机制，推动管养责任进一步落实，有效解决当前农村公路的“油返砂”“砂返土”问题，真正构建农村地区“内通外联、通乡到村”的公路网络体系。三是全面加强农村公路配套设施建设，完善安全防护设施，保障农民群众出行安全。

加强农村公路发展对产业的支撑。将农村交通物流基础设施建设与农村农业发展深度融合，助力农村地区产业培育，支撑农村一二三产业融合发展。一是结合农业规模化发展需求，加强国有农场林场林区道路建设，及时补足基础设施，保障当地生产生活需求。二是根据特色小镇、乡村旅游景点景区、产业园区和特色农业基地等发展需求，加快发展旅游路、产业路，服务现代化农村产业发展。三是打通物流发展“最后一公里”，织密农村地区物流快递服务设施，加密农村物流基础设施末端网络，畅通农村物流毛细血管，提高产业生产组织效率。

开好公益扶贫“慢火车”。不断提升农村地区铁路运输服务水平，形成对以公路为主体的农村交通基础设施体系的有力补充，方便农村群众出行。持续推进公益性运输发展，加大支持力度，惠民助民，进一步发挥交通运输在扶贫攻坚中的基础支撑作用。

（二）打造新时代多元交通物流服务系统

便捷舒适可靠的客运服务。多种方式拓展农村地区客运服务组织形式，因地制宜，在城郊地区将城市公共交通线路向周边延伸，在有条件的地区推进农村客运班线公交化改造，发展镇村公交，推广农村客运片区经营模式，多措并举，实现具备条件建制村全部通客车，按时完成全面建成小康社会农村客运服务兜底性发展要求。切实保障农村旅客生命财产安全，以安全为底线，有效降低农村交通事故数量和伤亡率，提高交通客运服务安全营运水平。

快捷实惠便利的货运服务。切实服务农村产业发展，依托农村物流基础设施骨干网络，统筹商贸、邮政、快递、供销、运输设施布局，搭建多层级的物流配送组织网络。增强农村地区货运物流产业化、社会化服务能力，丰富农村专业货运服务选择，提升农村货运服务的系统运行效率和综合效益。

现代高效多样的电商服务。切实服务农村地区新业态新领域发展，全面落实快递下乡，打造配送到村的物流服务体系，便捷农村物流快递公共取送服务，提升村级邮政和物流服务水平，方便农村网络购物。积极应用新型物流组织模式，鼓励有条件的地区积极开展共同配送模式，利用电商发展趋势，拓展农村物流服务新模式。

（三）强化规划政策与组织实施的保障

深化农村公路养护制度改革。推进“四好农村路”建设，县市是主体，管养是根本。全面衡量当前不断增长的养护任务和管养成本，适时提升既有管养标准，提高管养资金补助标准，壮大农村公路管养力量。进一步明确农村公路养护职责，结合“路长制”的推广，压实县乡两级政府农村公路管理养护职责。

加大农村交通物流发展投入。增大中央资金在农村交通建设中的支持力度，切实发挥投资导向作用。推动农村公路养护资金落实，加大成品油消费税转移支付资金用于农村公路养护的比例。拓宽农村公路发展资金来源，探索将农村公路建设、管理养护机构运行经费和一般人员基本支出纳入一般公共财政预算，确保资金到位。

营造友好有序社会参与环境。调动交通物流企业在乡村发展中的积极性和主动性，鼓励相关企业在农村地区布局网络设施，共同提升交通物流设施覆盖面和通达度。加强地方政府与企业战略合作，通过业务对接和设施共用盘活存量设施资源。在竞争性交通物流服务领域，通过市场化、产业化发展提升农村地区运输服务供给能力和水平。

（执笔单位：国家发展改革委基础产业司）

加强农村水利基础设施网络建设

习近平总书记在党的十九大报告中强调要加强水利基础设施网络建设。2018 年中央一号文件要求继续把基础设施建设重点放在农村，推动农村基础设施提挡升级。《乡村振兴战略规划（2018—2022 年）》提出，着力构建大中小微结合、骨干和田间衔接、长期发挥效益的农村水利基础设施网络，着力提高节水供水和防洪减灾能力。水利是农业农村发展的基础支撑，对建设生态宜居乡村、改善农民生产生活条件具有重要作用，我们要以习近平新时代中国特色社会主义思想为指导，按照党中央关于实施乡村振兴战略的决策部署，不断完善农村水利基础设施网络，加快农村水利改革发展。

一、加强农村水利基础设施网络建设是实现乡村振兴的重要基础

党中央、国务院历来高度重视农村水利工作，改革开放以来特别是党的十八大以来，以习近平同志为核心的党中央把保障水安全上升为国家战略，把农村水利工作摆在“三农”工作的突出位置，作出一系列重大决策部署，推动农村水利进入新的发展阶段，为保障国家粮食安全、实现农民持续增收、改善农村人居环境和促进经济社会持续健康发展提供了坚实的水利支撑。但与实施乡村振兴战略对水利的要求相比，农村水利发展不平衡、不充分问题依然突出，加强农村水利基础设施网络建设，加快补齐农村水利基础设施短板，是保障乡村振兴战略落实落地的

必然要求。

（一）改善农村生活生产条件、促进农村产业发展，需要加快完善农村水利基础设施网络

目前，我国不少农村饮水工程还存在工程标准偏低、供水保证率及水质达标率不高等问题；现有40%的大型灌区、50%～60%的中小型灌区、50%的小型农田水利工程设施配套尚不到位；一些地区尤其是水资源短缺地区，发展农村产业面临着水源缺乏、供水不足等问题。让农村群众喝上足量、洁净的饮用水，促进农业综合生产能力稳步提升，提高农村产业发展供水保障率，加快解决农村地区特别是贫困地区群众最直接、最现实、最迫切的饮水、灌溉等民生水利问题，切实改善农村群众生产生活条件，迫切需要加强水利基础设施网络建设。

（二）提高农业用水效率和效益，需要提高农村水利基础设施水平

我国水资源紧缺与灌溉用水粗放并存，农业用水占全国总用水量的62%，高效节水灌溉面积仅占灌溉面积的三成，农业灌溉用水总量控制和定额管理制度尚未全面落实，农业灌溉用水效率与效益总体不高。必须大力实施国家农业节水行动，加快灌区续建配套节水改造，实施灌区现代化改造，建设一批国家重大高效节水灌溉工程，把节水与农业产业升级、种植结构调整等结合起来，加快形成节水型农业生产方式，推动优势特色农业发展，促进农民增收。

（三）打造生态宜居乡村，需要加大农村河湖治理保护

我国农村河湖量大面广，许多村庄生活污水未得到处理直接排入河

湖坑塘，不少农村地区生活垃圾就近倒入农村沟渠，河滩地开荒种地侵占河湖，河道形态、功能丧失，水环境问题突出。必须树立和践行绿水青山就是金山银山理念，以农村河湖水系为单元，加强农村河湖系统治理和保护，强化农村河湖管理，维护农村河湖健康生命，不断改善农村人居环境。

（四）构建平安乡村，需要提高农村防洪减灾能力

我国农村许多中小河流防洪标准不到5年一遇，有的甚至处于未设防状态；尚有不少小型病险水库需要除险加固，抗旱应急水源工程不足，基层防汛预报预警体系不完善，山洪灾害易发区点多面广；大部分排涝沟渠标准不到3年一遇，大量出现竹节沟，一遇强降水即涝灾损失严重。必须加强农村防洪抗旱减灾除涝薄弱环节建设，有效提高农村基层防灾减灾能力，充分满足农村群众享有更加平安生活的需要。

二、准确把握农村水利基础设施网络建设的总体要求

（一）总体要求和基本原则

夯实乡村振兴水利基础，必须紧紧围绕产业兴旺、生态宜居、乡风文明、治理有效、生活富裕的总要求，以新发展理念为引领，坚持“节水优先、空间均衡、系统治理、两手发力”的治水方针，以水利工程补短板、水利行业强监管为抓手，以巩固和提升农村饮水安全保障水平、完善水利基础设施网络、大力实施国家农业节水行动、推进乡村水生态环境保护与综合整治为重点，创新农村水利发展体制机制，着力构建大中小微结合、配套完善、保障有力的农村水安全保障体系，推动农村水利实现更高质量、更有效率、更加公平、更可持续的发展，为解决好

“三农”问题、振兴乡村提供坚实的水利支撑和保障。

农村水利基础设施网络建设，一要坚持以人民为中心，着力解决直接关系人民群众生命安全、生活保障、生产发展、人居环境等方面问题。二要坚持节水优先方针，推动形成有利于水资源节约保护的农业产业结构、生产方式和生活方式。三要坚持绿色发展理念，统筹山水林田湖草综合治理，大力改善农村水生态环境。四要坚持统筹协调推进，远近结合，因地制宜，分类施策，统筹谋划区域之间农村水利发展，协调推进大中小微农村水利基础设施建设。五要坚持体制机制创新，不断激发农村水利发展新活力。

（二）目标任务

到 2022 年，农村水利基础设施条件持续改善，乡村水治理体系和治理能力现代化取得重大进展，水利改善民生、促进乡村振兴的支撑保障能力显著增强。全国农村集中供水率达到 88%，农村自来水普及率达到 85%，水质达标率和供水保障程度进一步提高。配套完善、运行高效的农业灌排体系建设积极推进，新增农田有效灌溉面积 3000 万亩。全国灌溉用水量控制在 3700 亿立方米以内，农田灌溉水有效利用系数提高到 0.56 以上。全国新增水土流失治理面积 28 万平方公里，重点防治地区的水土流失得到有效治理；农村入河污染物得到初步控制，地下水严重超采区超采量得到有效退减。绿色小水电发展格局初步形成。到 2035 年，水利支撑基本实现农业农村现代化的能力和水平大幅提升。农村饮水安全全面保障，基本形成农业农村水资源配置、农田灌排、防洪减灾、水土保持、乡村水环境治理保护等现代化水利基础设施网络，基本实现城乡水利基本公共服务均等化。到 2050 年，乡村现代化水利基础设施网络全面完善，城乡水利基本公共服务均等化全面实现，与富强民主文明和谐美丽的社会主义现代化强国相适应的乡村振兴水利保障体系全面建成。

三、推进农村水利基础设施网络建设的主要举措

（一）持续巩固和提升农村饮水安全保障水平

农村饮水安全是一项长期、动态的任务，要根据乡村发展需求，结合农民意愿、区域特点和地方财力，持续开展农村饮水安全巩固提升工作。加快完成“十三五”农村饮水安全巩固提升省级规划任务，优先解决贫困人口饮水安全问题，切实解决好现行标准下供水不稳定、水质达标率不高、工程管理管护不到位等突出问题。在此基础上，在有条件地区优化工程总体布局，进一步推进城乡供水一体化和农村饮水安全工程规模化、标准化建设；人口相对分散区域，重点推进小型标准化供水设施建设；进一步强化从源头到水龙头的供水保障，健全工程运行管护体系，不断提升农村饮水安全保障水平，促进城乡基本公共服务均等化。

（二）推进节水型灌区、节水型乡村建设

坚持节水优先，落实最严格水资源管理制度，突出抓好生态脆弱区、水资源过度开发区的水资源消耗总量和强度双控，推进农业灌溉用水总量控制和定额管理。加快大中型灌区续建配套与现代化改造，同步建设用水计量设施，推进灌区信息化、智能化管理，实现水源、骨干、田间工程及配套建筑物一体化、高标准建设。适宜地区从水源到田间整体设计，建设一批重大高效节水灌溉工程。加强农民节水宣传教育，提高节水意识、凝聚节水共识、形成节水习惯；把节水贯穿于农村一二三产业融合发展中，推动形成乡村节水型生活方式、生产方式。

（三）提高农业农村发展供水保障能力

加快节水供水重大水利工程建设，提高对农村地区供水覆盖面和保证率。以干旱易发区、基本农田集中区、粮食主产区和贫困地区为重点，在生态安全的前提下，因地制宜建设一批中小型水库和引提调水源工程；在中西部山丘区，以水窖、水池、塘坝等为重点，提高雨水集蓄能力；加强大中型灌排泵站更新改造，积极推进农村供水管网配套建设，形成大中小型相结合、各类水源调节互补的供水保障体系，为农业农村发展提供稳定可靠水源，全面提高供水保障程度。

（四）加快农村防洪减灾薄弱环节建设

加快有防洪任务的中小河流治理，完成规划内244条流域面积3000平方公里以上大江大河主要支流、独流入海和内陆河流治理任务，加快推进流域面积200～3000平方公里中小河流治理，治理河段达到国家规定的防洪标准。加快完成现有病险水库除险加固任务，消除安全隐患、恢复水库功能。统筹推进山洪灾害防治、重点易涝区治理、农村基层防汛预报预警体系和基层抗旱应急能力等建设，完善农村防洪抗旱减灾体系。

（五）加强农村水生态治理保护

加强重点区域水土流失综合治理，开展生态清洁小流域建设。扩大地下水超采区综合治理范围，采取耕地休养生息、灌溉水源置换、地下水回灌等综合措施，压减地下水开采。坚持恢复自然连通与人工连通相结合，实施河湖水系连通工程，构建循环通畅的河湖水系连通体系。推进农村水系综合整治，加强农村河塘清淤整治，恢复河塘行蓄能力，建成一批生态型河塘。推进绿色小水电改造，创建一批绿色小水电站，修复河流生态。

（六）创新农村水利发展体制机制

完善农村河长湖长体系，切实落实乡镇河长责任，鼓励将河长体系延伸至村一级，设立村级河长、湖长，实现河（湖）长制全覆盖，加强农村河湖管理保护，充分发挥民间河（湖）长的监督作用，把河湖管理保护要求纳入村规民约，推动村民共治，解决好河湖管护“最后一公里”问题，让农村河湖“毛细血管”更加畅通。深入推进农业水价综合改革，统筹加快农村水利设施产权制度、农业水权制度、水权交易、水利投融资体制、基层水利服务体系等重点领域改革攻坚，促进农村水治理体制机制更加完善有效。大力实施智慧水利建设，提高水利智慧化管理水平。

（执笔单位：水利部规划计划司）

促进农村劳动力更高质量和更充分就业

《乡村振兴战略规划（2018—2022年）》（以下简称《规划》）全面贯彻党的十九大精神，积极落实“提高就业质量和人民收入水平”“支持和鼓励农民就业创业”等要求，对提升农村劳动力就业质量作出了战略部署，是当前和今后一段时期做好农村劳动力就业工作的行动指南。我们要深刻领会和准确把握《规划》精神实质，充分认识做好农村劳动力就业工作的重要意义，坚持就业优先战略和积极就业政策，推动县域乡村经济发展和农村劳动力就业互促共进，努力实现更高质量和更充分就业。

一、充分认识做好农村劳动力就业工作的重要意义

就业是最大的民生，也是经济发展最基本的支撑。促进农村劳动力就业，既是实施乡村振兴战略的出发点和目的，也是实现乡村振兴的必要前提条件和手段，对实施好乡村振兴战略具有十分重要的意义。

（一）促进农村劳动力就业，是实施乡村振兴战略的出发点和目的

党的十九大指出，就业是最大的民生，增进民生福祉是发展的根本目的。我国是社会主义国家，稳增长很大程度上就是保就业，就业稳定收入就会增长，民生就会改善。近年来，我国新型城镇化建设快速推进，大量农村劳动力转移到城镇居住和就业，城镇化率不断提高，但截至2017年底，乡村人口仍占41.48％，总人数达5.77亿人，其就业的充分

与否和质量高低，直接决定着民生福祉的水平，更关系到乡村振兴的成色。必须坚持以人民为中心的发展思想，坚持就业优先战略和积极就业政策，扎实做好农村劳动力就业工作，努力实现更高质量和更充分就业，让广大农村劳动力在乡村振兴中有更多获得感、幸福感、安全感。

（二）促进农村劳动力就业，是实现乡村振兴的必要前提条件和手段

就业是经济发展最基本的支撑，直接关系经济社会发展大局。实施乡村振兴战略离不开生产力中最活跃的因素——劳动者，而约 5 亿人的乡村劳动力资源也为实现乡村振兴提供了重要基础条件。只有不断提升农村劳动者素质，促进农村劳动力更高质量和更充分就业，提供更好的生产要素和人才支撑，才能更好地推动农业供给侧结构性改革，活跃农村经济，实现乡村产业振兴和人才振兴。要进一步健全城乡均等的公共就业服务体系，完善城乡平等的制度保障体系，不断提升农村劳动力就业质量，着力激发广大农村劳动力积极性、主动性、创造性，激活乡村振兴内生动力。

二、准确把握农村劳动力就业面临的基本形势

党的十八大以来，《“十三五”促进就业规划》等政策文件先后出台，促进就业的宏观政策体系进一步完善，经济发展创造就业岗位能力、创业带动就业能力、防范风险能力不断增强，农村劳动力转移就业规模持续扩大、质量稳步提升。

（一）农村劳动力转移就业规模持续扩大

2012—2017 年，农民工总量由 2.63 亿人增加到 2.87 亿人，年均增

加 478 万人。其中，外出农民工由 1.63 亿人增加到 1.72 亿人，年均增加 170 万人；本地农民工由 0.99 亿人增加到 1.15 亿人，年均增加 308 万人。得益于此，城乡就业结构和三次产业就业结构不断优化。全国城镇就业所占比重从 2012 年的 48.4%上升到 2017 年的 54.7%，年均提高 1.3 个百分点，城乡就业结构发生根本性转变。第一、二、三产业就业比重从 2012 年的 33.6∶30.3∶36.1 转变为 2017 年的 27.0∶28.1∶44.9，第三产业就业比重年均提高 1.8 个百分点。

（二）农村劳动力就业质量稳步提升

农民工收入稳步增长，月均收入由 2012 年的 2290 元提高到 2017 年的 3485 元，年均名义增长 8.8%，与同期 GDP 名义增速基本持平。农村居民工资性收入较快增长，家庭人均可支配工资性收入由 2013 年的 3652 元提高到 2017 年的 5498 元，年均名义增长 10.8%，高于同期 GDP 名义增速 2.2 个百分点。劳动合同制全面推行，企业劳动合同签订率达到 90%以上，集体协商和集体合同覆盖范围进一步扩大，农民工欠薪等问题得到有效遏制。

（三）农民工等人员返乡下乡创业活力不断增强

国务院办公厅先后出台《关于支持农民工等人员返乡创业的意见》《关于支持返乡下乡人员创业创新促进农村一二三产业融合发展的意见》，积极引导和支持农民工等人员返乡下乡创业。有关部门开展了支持农民工等人员返乡创业试点工作，细化实化了财税、金融、培训等政策措施，不断优化创业环境，返乡下乡创业活力充分迸发。2017 年，农民工等返乡下乡创业人数累计达到 740 万人，既带动了产业发展、培育了经济发展新动能，也促进了城乡融合、推动了就业脱贫。

（四）城乡公共就业创业服务能力进一步改善

2010年以来，累计安排中央预算内投资49.9亿元，支持中西部地区（含福建中央苏区和山东革命老区）1500多个县、5500多个乡镇建设了就业和社会保障服务设施，极大地提高了基层就业创业服务能力。2016年以来，安排中央预算内投资23.5亿元，支持7个省级、43个地市级和46个县级公共实训基地建设，切实提升了基层职业技能实训水平。就业信息服务平台建设有序推进，初步实现就业信息全国互联互通。

总的来看，随着区域、城乡协调发展不断深化，农村劳动力就业稳中向好，但同时面临一些突出矛盾和问题，对促进农村劳动力更高质量和更充分就业形成一定制约。一是农村剩余劳动力转移步伐有所放缓。近年来，全国农民工数量虽然继续增长，但增速回落并保持低位，由2010年的5.4%持续下降到2015年的1.3%，2016年和2017年也均维持在2.0%以内的低位。二是农村劳动者素质亟待提高。新一轮科技革命和产业变革孕育兴起，经济结构调整和产业转型升级步伐加快，对劳动者素质提出了更高要求，而广大农民、农民工等群体学历和技能普遍偏低，适应生产力发展和市场竞争的能力不足。三是乡村就业创业服务能力有待增强。一些地方基层公共就业创业服务硬件建设滞后，专业化、标准化、信息化水平偏低，人员和经费保障不到位，服务能力亟待提升。四是城乡劳动者平等就业的制度体系尚不完善。人力资源市场还普遍存在城乡分割，劳动力在城乡之间自由流动仍面临一些体制机制障碍，城乡劳动者平等就业、同工同酬制度有待完善。

三、努力促进农村劳动力更高质量和更充分就业

当前和今后一段时期，要以习近平新时代中国特色社会主义思想为

指导，深入贯彻党的十九大和十九届二中、三中全会精神，坚持稳中求进工作总基调，坚持新发展理念，坚持以人民为中心，按照高质量发展的要求，深入实施就业优先战略和更加积极的就业政策，突出抓重点、补短板、强弱项，分类施策、精准发力，努力促进农村劳动力更高质量和更充分就业。

（一）夯实经济基础，积极拓宽农村劳动力转移就业渠道

发展经济是促进就业的根本之策，促进农村劳动力就业也不例外。一是进一步激发经济发展和扩大就业内生动力。进一步深化收入分配制度改革，组织开展城乡居民增收综合配套政策试点和新型职业农民激励计划试点，提高农民增收能力，拓宽农民增收渠道，激发经济发展和促进就业市场活力。二是不断壮大县域经济促进就业。加快培育区域特色产业，优化农村产业结构，延伸农业产业链，大力发展轻工业、生活性服务业等吸纳就业能力强的产业和企业。鼓励在乡村地区新办环境友好型和劳动密集型企业，促进中小企业加快发展，带动更多就业。结合新型城镇化建设合理引导产业梯度转移，创造更多适合农村劳动力转移就业的机会。三是大力发展乡村特色产业吸纳就业。积极发展农业生产性服务业、农产品深加工和储运，大力发展农产品电子商务、休闲农业、乡村旅游等新业态，振兴传统工艺，培育一批家庭工场、手工作坊、乡村车间，推进乡村经济多元化，提供更多就业岗位。四是积极引导农村劳动力外出就业。进一步完善东西扶贫框架下的劳务协作机制，加强劳务对接，积极开展有组织的劳务输出，促进农村劳动力转移就业。

（二）强化服务支撑，不断增强农村劳动力就业创业能力

强化就业创业服务，健全城乡均等的公共就业服务体系，是提升农村劳动力就业创业能力、促进其更高质量和更充分就业的重要支撑。一是加强基础能力建设。鼓励地方加强县级公共就业和社会保障服务机构及乡镇、行政村基层服务平台建设，合理配备经办管理服务人员，改善服务设施设备，推进基层公共就业和社会保障服务全覆盖。在整合资源、充分利用现有设施设备基础上，结合地区实际，建设一批区域性大型公共实训基地、市级综合型公共实训基地和县级地方产业特色型公共实训基地，构筑布局合理、定位明确、功能突出、信息互通、协调发展的职业技能实训基地网络。二是提升信息化服务水平。推进乡村公共就业服务全程信息化，推动大数据等新技术应用，充分运用网站、移动应用、自助终端、“12333”热线、微信等渠道，打造线上线下一体的服务模式，开展咨询服务、网络招聘、远程面试、线上培训等便捷服务。三是强化职业技能培训。推动建立覆盖城乡全体劳动者、贯穿劳动者学习工作终身、适应就业和人才成长需要的职业技能培训制度。以公共实训机构、职业院校（含技工院校）、职业培训机构和行业企业为主要培训载体，以就业技能培训、岗位技能提升培训和创业创新培训为主要形式，增强职业培训的针对性和有效性。大力开展农村劳动力职业技能培训，通过订单、定向和定岗式培训，对农村未升学初高中毕业生等新生代农民工开展就业技能培训。四是扩大就业创业服务供给。统筹发挥好市场和政府“两只手”的作用，创新服务供给模式，通过政府和社会资本合作（PPP）等多种形式，有序有效引导并带动社会资本扩大就业创业服务供给。推动政府向社会力量购买更多基本公共就业创业服务，提升专业化服务水平。

（三）完善制度保障，切实破除妨碍城乡劳动者平等就业的体制机制障碍

完善相关政策和制度体系，促进城乡劳动者平等就业，是提升农村劳动力就业质量的重要保障。一是健全人力资源市场体系。打破城乡、地区、行业分割和身份、性别歧视，推动形成平等竞争、规范有序、城乡统一的人力资源市场，破除影响平等就业的制度障碍。建立健全城乡劳动者平等就业、同工同酬制度，改善劳动条件，提高就业稳定性和收入水平。推进户籍制度改革，增强劳动力市场灵活性，促进劳动力在城乡之间自由流动。二是完善劳动者权益保障制度。进一步健全人力资源市场法律法规体系，尊重农村劳动者和用人单位市场主体地位，依法保障其合法权益。充分发挥各类人力资源服务机构、行业协会和社会力量的监督作用，协同维护农民工等人员劳动权益。完善政府、工会、企业共同参与的协调协商机制，构建和谐劳动关系。三是强化各类政策协同。将促就业稳就业作为宏观经济政策的优先目标，加快完善更加积极的就业政策体系，协同落实就业服务、人才激励、教育培训、资金奖补、金融支持、社会保险等就业扶持相关政策。积极调整财政支出结构，合理加大促进就业相关资金筹集力度，提高财政资金支持就业创业效益。四是加强就业援助。扎实推进就业扶贫，对贫困劳动力开展实名制动态管理和分类帮扶。积极落实就业援助政策，建立健全低保与就业联动机制，对建档立卡贫困家庭等就业困难农民实行一对一精准帮扶。

（执笔单位：国家发展改革委就业和收入分配司）

完善城乡居民基本养老保险制度

实施乡村振兴战略，是党的十九大作出的重大决策部署，是决胜全面建成小康社会、全面建设社会主义现代化国家的重大历史任务，是新时代“三农”工作的总抓手。完善城乡居民基本养老保险（以下简称城乡居民养老保险）制度，提高农村养老保障水平，有利于提升城乡基本公共服务均等化水平，是乡村振兴战略的重要内容。

一、城乡居民养老保险制度的建立与发展

自古以来，“养儿防老”是中国农民的传统观念。在过去很长一段时间，限于国家财力，农民的养老保障主要且只能依靠土地、家庭和集体组织解决。随着工业化、城镇化的推进，农村青壮年劳动力大量外出务工，老龄化加速，农民的养老保障面临着一些新情况、新问题。

党中央、国务院高度重视养老保障制度建设，于2009年和2011年，先后启动实施新型农村社会养老保险和城镇居民社会养老保险试点。2014年，国务院决定将两项制度整合，建立了统一的城乡居民养老保险制度。年满16周岁（不含在校学生），非国家机关和事业单位工作人员及不属于职工基本养老保险覆盖范围的城乡居民，可以在户籍地参加城乡居民养老保险，并可与职工养老保险相衔接。2015年，全国所有县级行政区基本实现城乡居民养老保险的制度名称、政策标准、管理服务、信息系统“四统一”。各地结合本地实际，不断完善政策，有16个省份向上增设了缴费档次；19个省份建立了多缴多补激励机制；20个省份建

立了长缴多得激励机制；18个省份建立了丧葬补助金制度。截至2017年底，全国城乡居民养老保险参保人数达到51255万人，全国60岁以上按月领取城乡居民养老金人数达到15598万人，成为世界上参保人数最多、受益人数最广的基本养老保险制度。

制度建立以来，待遇水平稳步提高。2014年7月，中央政府将全国城乡居民基础养老金最低标准由每人每月55元提高到70元，此后，有30个省级政府及新疆生产建设兵团在此基础上提高了当地基础养老金。2018年，经党中央、国务院同意，全国城乡居民养老保险基础养老金最低标准提高至每人每月88元。截至2017年底，全国人均年缴费水平约为282元，全国城乡居民月人均养老金约125元，其中基础养老金水平约为111元。

城乡居民养老保险制度的建立，推动了公共服务向农村延伸。各级人社部门按照《城乡居民基本养老保险服务规范》要求，不断加强基层经办平台建设，以信息化建设推动经办服务标准化、科学化、规范化，深化与金融机构合作，推广参保登记、个人缴费、待遇领取、权益查询“四个不出村”服务，广大城乡居民办理业务更加方便快捷。

城乡居民养老保险制度的建立，填补了我国基本养老保险制度的空白，推进了城乡基本公共服务均等化，产生了良好的政治、经济和社会效益。作为面向低收入群体的基本养老保险制度，使亿万参保居民在年老时获得一笔稳定的养老金收入，有效减少了因老致贫现象，改善了老年居民生活，促进了城乡消费和经济发展，使广大城乡居民共享经济社会发展成果，增强了人民的获得感、幸福感、安全感。

党的十九大报告指出：必须清醒看到，我们的工作还存在许多不足，也面临不少困难和挑战，民生领域还有不少短板，脱贫攻坚任务艰巨，城乡区域发展和收入分配差距依然较大，群众在就业、教育、医疗、居住、养老等方面面临不少难题。中国特色社会主义进入新时代，我国社会主要矛盾已经转化为人民日益增长的美好生活需要和不平衡不充分的发展之间的矛盾。城乡居民养老保险事业也存在发展不平衡不充分的问题。一是不同地区和不同年龄城乡居民参保及续保情况存在较大差异。全国城乡居民养老保险总参保率接近90%，但部分30岁以下的年轻人和部分贫困人员没有参保；2016年全国城乡居民养老保险平均续保率为84%，但少数省份续保率偏低。随着工业化、城镇化的发展，城乡居民就业和收入情况的变化，越来越多的城乡居民参加职工养老保险，但不同地区在工作推进力度、工作方法以及工作效果等方面仍存在较大差异。二是缴费激励约束效果不明显，多数参保人选择最低档次缴费。目前，有16个省份城乡居民养老保险最低缴费档次仍为100元，参保缴费人员中选择最低档次缴费的超过60%。部分是因为低收入群体缴费能力有限；部分人随大流，多缴长缴的积极性没有完全调动起来。

二、建立城乡居民养老保险待遇确定和基础养老金正常调整机制（以下简称建立“两个机制”）

为解决待遇水平偏低、待遇确定和调整机制不健全、缴费激励约束机制不强等城乡居民养老保险事业发展中不平衡不充分的问题，按照兜底线、织密网、建机制的要求，经党中央、国务院同意，人力资源和社会保障部、财政部联合印发《关于建立城乡居民基本养老保险待遇确定和基础养老金正常调整机制的指导意见》（人社部发〔2018〕21号，以下简称《指导意见》），进一步完善城乡居民养老保险制度。

（一）建立“两个机制”的总体要求

《指导意见》要求建立激励约束有效、筹资权责清晰、保障水平适度的城乡居民养老保险待遇确定和基础养老金正常调整机制，推动城乡居民养老保险待遇水平随经济发展而逐步提高，确保参保居民共享经济社会发展成果。

激励约束有效指地方政府要合理确定和调整城乡居民养老保险制度缴费档次标准、缴费补贴水平，引导激励参保城乡居民选择较高档次缴费，约束投机行为，防止逆向选择，避免道德风险。筹资权责清晰指合理界定各级政府、参保者个人筹资责任，发挥集体经济组织和其他社会经济组织、公益慈善组织作用，政府支付基础养老金，地方政府提供缴费补贴，个人自主选择档次缴费。保障水平适度指基础养老金确定及调整、缴费档次和缴费补贴调整都要与经济发展水平以及政府、集体和个人负担能力相适应，在发展中保障和改善民生，同时避免保障不足和水平过高。通过建立“两个机制”，推动城乡居民养老保险待遇水平随经济发展而逐步提高，确保参保居民共享经济社会发展成果。

（二）建立“两个机制”的主要任务

1. 完善城乡居民养老保险待遇确定机制。城乡居民养老保险待遇由基础养老金和个人账户养老金构成。完善基础养老金构成，基础养老金应由中央政府确定的基础养老金最低标准、地方政府提高的基础养老金和加发的年限基础养老金三部分构成。中央根据全国城乡居民人均可支配收入和财力状况等因素，合理确定全国基础养老金最低标准。地方应当根据当地实际提高基础养老金标准，对 65 岁及以上参保城乡老年居民予以适当倾斜；对长期缴费、超过最低缴费年限的，应适当加发年限基础养老金。重申个人账户养老金确定方法，即个人账户养老金由个人账户全部储存额除以计发系数确定。明确养老金支付及有关筹资责任，即城乡居民养老保险为中央和地方财政共同事权，基础养老金由中央和地方确定标准并全额支付，缴费补贴为地方政府事权，参保居民承担个人缴费责任，提倡集体经济和其他社会组织、公益慈善组织为个人缴费予以补（资）助。

2. 建立基础养老金正常调整机制。人力资源和社会保障部会同财政部，统筹考虑城乡居民收入增长、物价变动和职工基本养老保险等其他社会保障标准调整情况，适时提出城乡居民全国基础养老金最低标准调整方案，报请党中央和国务院确定。地方基础养老金的调整依据、调整标准确定方法和决策机制，参照全国基础养老金最低标准调整机制，应由当地人力资源和社会保障部门会同财政部门提出方案，报请同级党委和政府确定。

3. 建立个人缴费档次标准调整机制。各地要根据城乡居民收入增长情况，合理确定和调整城乡居民养老保险缴费档次标准，供城乡居民选择。城乡居民养老保险缴费档次标准调整，要保证最低缴费档次标准随当地城乡居民收入增长而合理增长，既保障居民缴费负担适度，又促进个人账户储存额正常增长，提高个人账户养老金水平。同时动态确定和调整其他缴费档次。最高缴费档次标准原则上不超过当地灵活就业人员参加职工基本养老保险的年缴费额。对重度残疾人等缴费困难群体，可保留现行最低缴费档次标准，以免增加其缴费负担。

4. 建立缴费补贴调整机制。各地要建立城乡居民养老保险缴费补贴动态调整机制，根据经济发展、个人缴费标准提高和财力状况，合理调整缴费补贴水平，对选择较高档次缴费的人员可适当增加缴费补贴，引导城乡居民选择高档次标准缴费。鼓励集体经济组织提高缴费补助，鼓励其他社会组织、公益慈善组织、个人为参保人缴费加大资助。

5. 实现个人账户基金保值增值。各地要按照《国务院关于印发基本养老保险基金投资管理办法的通知》（国发〔2015〕48 号）要求和规定，开展城乡居民养老保险基金委托投资，实现基金保值增值，提高个人账户养老金水平和基金支付能力。

“两个机制”的建立，将进一步明确城乡居民养老保险待遇确定和基础养老金正常调整的依据、确定方法、决策机制，完善和丰富城乡居民养老保险政策体系，进一步完善城乡居民养老保险制度，促进城乡居民养老保险事业健康平稳发展。

三、落实社会保险扶贫政策，确保贫困人口应保尽保

为贯彻党中央、国务院打赢脱贫攻坚战的决策部署，2017 年 8 月，人力资源和社会保障部、财政部、国务院扶贫办联合印发《关于切实做好社会保险扶贫工作的意见》（人社部发〔2017〕59 号），对建档立卡贫困人口、低保对象、特困人员等困难群体给予适当扶持，帮助他们参加社会保险，获得相应的社会保险待遇，同时引导非贫困人员积极参保，防止因年老、疾病、工伤、失业等原因致贫返贫。

城乡居民养老保险扶贫，重点是通过“入口”降低门槛、“出口”提高待遇、“过程”中优化服务，帮助建档立卡未标注脱贫的贫困人口、低保对象、特困人员等困难群体参加城乡居民养老保险并享受相应待遇，具体包括：

（一）推进贫困人员应保尽保

实施全民参保计划，加快社会保险扶贫信息系统建设，推动与扶贫、民政、公安、卫健等部门信息共享，深入乡、村加强核实，对符合参保条件的贫困人员，落实代缴部分或全部最低标准城乡居民养老保险费的政策，积极主动开展经办服务工作，尽快将其纳入社会保险覆盖范围。

（二）不断提高待遇水平

各地人社部门要按照核定的贫困人员名单，落实社会保险补助资金，

配合财政部门及时做好社会保险补助资金的预算安排和分配下达，确保按时足额拨付到位。

（三）增强贫困地区经办服务能力

聚焦以“三区三州”为代表的深度贫困地区，开展“送培训到基层”活动，提高培训层次和质量；组织实施“互联网＋人社”2020 行动计划，将社会保险信息系统向基层延伸。建设全国统一的社会保险公共服务平台。

（执笔单位：人力资源和社会保障部农村社会保险司）

推进农业农村体制机制创新

我国改革是从农村起步的，改革开放40年来农村改革不断突破和深化，为农业农村发展和农民增收提供了根本动力支撑，也为全面深化经济体制改革奠定了重要基础。新时代加快农业农村现代化、推进乡村振兴，根本还要靠深化改革。党的十九大提出实施乡村振兴战略，这是以习近平同志为核心的党中央着眼党和国家事业全局，深刻把握现代化建设规律和城乡关系变化特征，顺应亿万农民对美好生活的向往，对“三农”工作作出的重大决策部署，是决胜全面建成小康社会、全面建设社会主义现代化国家的重大历史任务，是新时代做好“三农”工作的总抓手。近期印发的《乡村振兴战略规划（2018—2022年）》（以下简称《规划》）对实施乡村振兴战略作出了阶段性谋划，进一步细化实化了工作重点和政策措施，为各地区各部门分类有序推进乡村振兴提供了重要依据。《规划》对推进体制机制创新、强化乡村振兴制度性供给也作出了明确部署，这对促进深化农业农村改革，激活主体、激活要素、激活市场，推进实施乡村振兴战略具有重要意义。

一、巩固和完善农村基本经营制度

党中央决定，农村土地第二轮承包到期再延长30年。这是保持土地承包关系长久不变的重大举措，顺应了亿万农民保留土地承包权、流转土地经营权的期待，给农民吃下了长效“定心丸”。明确再延长土地承包期30年，从农村改革之初的第一轮土地承包算起，土地承包关系将保持稳定长达75年，既体现长久不变的政策要求，又在时间节点上同实现第二个百年奋斗目标相契合。土地承包期到期后再延长承包期30年，有利于形成长期稳定的土地承包关系，激发农民群众增加农业投入、发展生产的积极性；有利于形成农村土地所有权、承包权、经营权“三权”分置格局，促进土地经营权流转，发挥新型经营主体引领作用，形成多种形式适度规模经营，推进农业现代化；有利于保护和实现进城农民的土地承包权益，促使有条件的农业人口放心落户城镇，推进农业转移人口市民化，加快形成城乡融合发展格局。

巩固和完善农村基本经营制度，要落实农村土地承包关系稳定并长久不变政策，衔接落实好第二轮土地承包到期后再延长30年的政策。深入贯彻落实《关于完善农村土地所有权承包权经营权分置办法的意见》，做好农村土地确权登记颁证工作，按照中央要求的时间节点，2018年，除了少数边疆民族地区以外，全国将完成确权登记颁证工作。建立健全土地流转规范管理制度，规范土地经营权流转交易，因地制宜加强农村产权交易市场建设，逐步实现涉农县（市、区、旗）全覆盖。健全市场运行规范，完善工商资本租赁农地监管和风险防范机制，确保土地经营权规范有序流转。加强农村土地承包经营纠纷调解仲裁体系建设，完善基层农村土地承包调解机制，妥善化解土地承包经营纠纷，有效维护各权利主体的合法权益。

二、深化农村土地制度改革

党的十九大报告强调要深化农村土地制度改革。土地制度是国家的基础性制度，在实践基础上形成的中国特色土地制度为我国经济社会发展作出了历史性贡献。随着实践发展和改革深入，现行农村土地制度与社会主义市场经济体制不相适应的问题日益显现，必须通过深化改革来破解。改革完善农村土地制度，有利于健全城乡发展一体化体制机制，有利于建立城乡统一的建设用地市场，有利于推进中国特色农业现代化和新型城镇化。

深化农村土地制度改革，要系统总结农村土地增收、集体经营性建设用地入市、宅基地改革试点经验，逐步扩大试点。扎实推进房地一体的农村集体建设用地和宅基地使用权确权登记颁证。完善农民闲置宅基地和闲置农房政策，探索宅基地所有权、资格权、使用权“三权分置”，落实宅基地集体所有权，保障宅基地农户资格权和农民房屋财产权，适度放活宅基地和农民房屋使用权，不得违规违法买卖宅基地，严格实行土地用途管制，严格禁止利用农村宅基地建设别墅大院和私人会馆。

三、深入推进农村集体产权制度改革

农村集体产权制度改革是巩固社会主义公有制、完善农村基本经营制度的必然要求。适应健全社会主义市场经济体制新要求，不断深化农村集体产权制度改革，探索农村集体所有制有效实现形式，盘活农村集体资产，构建集体经济治理体系，形成既体现集体优越性又调动个人积极性的农村集体经济运行新机制，对于坚持中国特色社会主义道路，完善农村基本经营制度，增强集体经济发展活力，引领农民逐步实现共同富裕具有深远历史意义。

深入推进农村集体产权制度改革，要深入贯彻落实《关于稳步推进农村集体产权制度改革的意见》，全面开展集体资产清产核资，摸清集体家底，健全管理制度，防止资产流失。在清产核资的基础上，把农村集体资产的所有权确权到不同层级的农村集体经济组织成员集体，依法由农村集体经济组织代表集体行使所有权。加快推进集体经营性资产股份合作制改革，将农村集体经营性资产以股份或者份额形式量化到本集体成员，作为其参加集体收益分配的基本依据，让农民真正成为集体资产的所有者、管理者和受益者。建立符合市场经济要求的集体经济运行新机制，确保集体资产保值增值，确保农民受益，增强集体经济发展活力。

四、壮大新型农业经营主体

在坚持家庭承包经营基础上，培育从事农业生产和服务的新型农业经营主体是关系我国农业现代化的重大举措。加快培育新型农业经营主体，加快形成以农户家庭经营为基础、合作与联合为纽带、社会化服务为支撑的立体式复合型现代农业经营体系，对于推进农业供给侧结构性改革、引领农业适度规模经营发展、带动农民就业增收、增强农业农村发展新动能具有十分重要的意义。发展壮大新型农业经营主体必须坚持四个原则：坚持基本制度，坚持农村土地集体所有，坚持家庭经营基础地位；坚持市场导向，发挥市场在资源配置中的决定性作用和更好发挥政府作用；坚持因地制宜，充分发挥农民首创精神，鼓励各地积极探索创新；坚持落地成效，健全政策执行评估机制，发挥政府督查和社会舆论监督作用。

壮大新型农业经营主体，要继续鼓励发展农户家庭农场和种养大户，支持农民以产权、资金、技术、产品为纽带开展多种形式的合作与联合，适度扩大经营规模。创新土地流转形式，鼓励承包农户依法采取转包、出租、互换、转让及入股等方式流转承包地，鼓励农民在自愿前提下采取互换并地方式解决承包地细碎化问题。引导新型经营主体与承包农户建立紧密利益联结机制，带动普通农户分享农业规模经营收益。组织实施好新型职业农民培育工程，采取措施吸引更多年轻人务农兴农。

五、促进小农户生产和现代农业发展有机衔接

基于我国基本国情，小农户的生产经营将长期存在。通过提供社会化服务这种方式，帮助小农户解决生产经营中的困难和问题，把小农户引入到现代农业发展轨道，既是规模经营方式的重大创新，也是实现中国特色农业现代化的重要路径。

促进小农户生产和现代农业发展有机衔接，要保护好小农户利益，健全利益联结机制，让小农户通过多种途径和方式进入规模经营、现代生产中，分享现代化成果。大力发展多元化的农业生产性服务，完善农资购买、机种机收、统防统治、烘干仓储等社会化服务体系。推进基层农机推广体系改革，探索建立公益性农技推广与经营性技术服务共同发展的新机制。

六、完善农业支持保护制度

支持保护制度是现代化国家农业政策的核心，也是我国发展现代农业的必然要求。近年我国国内农业生产成本快速攀升，大宗农产品价格普遍高于国际市场，农业比较效益偏低，为保证饭碗牢牢端在自己手里，保证农业产业安全，提升我国农业竞争力，必须进一步加强对农业的支持保护。随着财政收入增幅趋缓，农业支持保护政策也需要调整和完善。

完善农业支持保护制度，总的方向是适应市场化、国际化形势，以保护和调动农民积极性为核心。主要是改革完善财政补贴政策，优化存量、扩大增量，更加注重支持结构调整、资源环境保护和科技研发等，探索建立粮食生产功能区、重要农产品生产保护区的利益补偿机制。以

市场化为方向，深化粮食收储制度和价格形成机制改革，减少对市场的直接干预，保护生产者合理收益。完善农村金融保险政策和农产品贸易调控政策，促进产业健康发展。

（执笔单位：国家发展改革委经济体制综合改革司）

建立健全乡村振兴多元化投入保障机制

党的十九大作出了实施乡村振兴战略的重大部署，2018 年中央一号文件对实施乡村振兴战略作出了历史性安排，《乡村振兴战略规划（2018—2022 年）》对乡村振兴具体任务进行了系统布置。实施乡村振兴战略，必须解决钱从哪里来的问题。习近平总书记明确要求，要健全投入保障制度，创新投融资机制，拓宽资金筹集渠道，加快形成财政优先保障、金融重点倾斜、社会积极参与的多元投入格局。对于国家财政来说，要贯彻落实习近平总书记重要讲话精神和 2018 年中央一号文件要求，积极发挥财政支农在国家农业农村改革发展中的基础性和支柱性作用，着力健全实施乡村振兴战略投入保障制度，当前要重点做好“五篇文章”。

一、做好总量文章

党的十八大以来，以习近平同志为核心的党中央高度重视“三农”工作，坚持把解决“三农”问题作为全党工作重中之重。实施乡村振兴战略涵盖农村经济建设、政治建设、文化建设、社会建设、生态文明建设和党的建设，涉及“三农”工作的各个方面。因此，加大对实施乡村振兴战略的支持力度，首先要加大对农业农村发展的投入力度，让公共财政更大力度向“三农”倾斜。近年来，财政部门坚决贯彻党中央、国务院决策部署，积极发挥财政在国家农业农村改革发展中的基础性和支撑性作用，不断加大财政支农力度。2013—2017 年，仅农林水支出科目，全国一般公共预算累计安排超过8万亿元，为持续加大强农惠农富农力度，推动农业农村发展取得历史性成就，开创党和国家事业新局面提供了有力支撑。2018年，在财政收支矛盾仍然较为突出的情况下，各级财政坚持进一步加大对农业农村的支持力度，大力支持农业生产发展、农村基础设施建设和农村教育、文化、脱贫攻坚、社会保障等民生事业发展。全国年初一般公共预算安排农林水支出19280.2亿元，比上年增长5.3%，其中一些支农重点支出也得到明显增长，有力保障了党中央、国务院各项重大部署和重点任务的贯彻落实。比如，按照中央关于打好精准脱贫攻坚战的部署和习近平总书记“中央财政专项扶贫资金，增长幅度要体现加大脱贫攻坚力度的要求”的重要指示精神，中央财政积极优化投入结构，继续大幅增加财政专项扶贫资金规模，安排补助地方财政专项扶贫资金1061亿元，在上年净增200亿元的基础上，继续增加200亿元，总规模突破千亿元大关，创历史新高。此外，中央财政安排的农业生产发展、农业资源及生态保护补助、林业改革发展、水利发展等相关支农支出均较上年有不同程度增长，将有力支持提高农业综合生产能力，提升农业供给体系质量，加快推进农业农村现代化发展，让农业成为有奔头的产业，让农民成为有吸引力的职业，让农村成为安居乐业的美丽家园。

二、做好存量文章

在财政支农投入总量稳步增长的基础上，提高资金使用效率成为当务之急。要努力优化财政资金供给方式，进一步管好用好支农资金。习近平总书记在2017年中央农村工作会议上指出，国家投到“三农”上的项目不少，但碎片化严重，九龙治水的事还不少，大家各管一摊，都在撒胡椒面，钱不能拢起来用，最后问题解决不了。要下决心解决支农项目支离破碎的问题，加快建立涉农资金统筹整合长效机制。近年来，按照党中央、国务院决策部署，财政部和有关部门牢固树立“抓整合就是抓投入”的理念，从预算编制、分配、执行等各个环节着力推进涉农资金整合，包括积极推动涉农资金项目整合归并，打造涉农资金整合平台，选择部分地区从省、市、县探索开展不同层级、不同模式的涉农资金整合试点，建立健全涉农资金整合协商机制等，取得了明显成效，但同时也面临一些问题和困难。2017 年，财政部会同农口部门率先对中央农口专项转移支付探索实行“大专项＋任务清单”管理，开展了涉农资金源头整合的有益尝试。同时，在总结多年实践经验基础上，经与有关方面沟通协商，财政部、国家发展改革委研究起草了《关于探索建立涉农资金统筹整合长效机制的意见》，报经中央深改组审定后，以国务院名义印发（国发〔2017〕54 号），提出了建立行业内资金整合与行业间资金统筹相互衔接配合的长效机制的明确部署。2018 年，财政部、国家发展改革委联合有关部门对地方落实国发〔2017〕54 号文件情况开展了改革督查。下一步，要按照国发〔2017〕54 号文件要求，依法依规推动相关涉农资金统筹集中用于乡村振兴和农业农村现代化，切实提高资金绩效。一是根据国务院机构改革方案，进一步推动相关资金源头整合。按照国务院机构改革方案的明确要求，进一步推动农业综合开发、土地整治、农田水利、农业投资项目等资金的集中归口管理和统筹使用，最大限度发挥资金合力。二是加快推动落实国发〔2017〕54 号文件要求。结合推进过程中出现的新情况、新要求，持续加强督查推动，深入开展调研，及时跟踪问效，督促各地加快制定切实可行的省级实施方案，完善配套落实举措，确保各项改革任务落到实处。三是不断完善“大专项＋任务清单”管理模式。合理制定 2018 年农口专项转移支付任务清单，进一步明确任务清单划分依据，优先保障约束性任务落实，加强指导性任务与相关规划或实施方案的衔接。指导省级以下有关部门同步建立对接落实机制，及时分解细化任务清单，保障约束性任务落实到位，加强对指导性任务的统筹安排，确保资金使用更加符合基层实际。

三、做好增量文章

支持实施乡村振兴战略，必须出实招、求实效，在拓宽资金筹集渠道、创新资金筹集机制上下功夫，争取将更多的真金白银投到乡村振兴上。一是将更多的土地出让收入用于支持“三农”。习近平总书记在中央农村工作会议上指出，“要解决土地增值收益长期‘取之于农、用之于城’的问题”。2001年以来，全国土地出让收入累计高达30.74万亿元，土地增值收益真正用到农业农村农民头上的不到30%。因此，要调整完善土地出让收入使用范围，逐步提高用于农业农村的投入比例。二是创新资金筹措机制，改进耕地占补平衡管理办法，建立高标准农田建设等新增耕地指标和城乡建设用地增减挂钩节余指标跨省域调剂机制，将调剂收益用于巩固脱贫攻坚成果和支持乡村振兴。在《跨省域补充耕地国家统筹管理办法》和《城乡建设用地增减挂钩节余指标跨省域调剂管理办法》有关规定的基础上，结合乡村振兴和脱贫攻坚需要，会同有关部门制定相关资金管理办法，将跨省调剂收益全部用于巩固脱贫攻坚成果和支持乡村振兴的目标任务落到实处。同时，要避免产生挤出效应，确保农林水现有支持力度不减弱。三是支持地方政府发行债券推动乡村振兴。支持地方政府发行一般债券支持乡村振兴和脱贫攻坚领域的公益性项目。稳步推进地方政府专项债券管理改革，鼓励地方政府试点发行项目融资和收益自平衡的专项债券，支持符合条件、有一定收益的乡村公益性项目建设，重点支持农业绿色可持续发展、农村人居环境整治、基本公共服务和薄弱环节的建设。当然，在支持地方通过发行债务支持乡村振兴的同时，也要严格执行相关制度规定，规范地方政府举债融资行为，加强风险排查和管控，避免出现借乡村振兴的名义违法违规变相举债。

四、做好撬动文章

支持实施乡村振兴战略不仅要从既有财力上做文章，更重要的是要积极改革财政支农方式，更好发挥财政资金撬动作用，打通金融和社会资本下乡的“堵点”，吸引社会资金要素的“活水”，推动建立财政、银行、保险、担保有机结合的多元化立体支农政策体系，助推乡村振兴战略实施。一是建立健全农业信贷担保体系，解决农业适度规模经营主体融资难、融资贵、融资慢的问题。经国务院批准，2016 年财政部会同相关部门组建了国家农业信贷担保联盟有限责任公司，并积极推动农业信贷担保体系建设向下延伸。截至 2018 年 10 月底，33 家省级（含计划单列市）农业信贷担保公司已基本完成组建工作，以办事处、分公司等形式设立市县分支机构 376 个、与地方政府或其他金融机构合作设立 952 家业务网点，一个多层次、广覆盖的全国农业信贷担保体系已初步形成。下一步，要健全农业信贷担保体系，推动农业信贷担保服务网络向市县延伸，通过担保费率补助和以奖代补等方式支持地方农业信贷担保机构降低担保门槛、扩大担保覆盖面，切实增强农业新型经营主体贷款的可得性。二是推动完善农村金融服务。坚持农村金融改革发展的正确方向，健全适合农业农村特点的农村金融体系，推动农村金融机构回归本源，把更多金融资源配置到农村经济社会发展的重点领域和薄弱环节，不断满足乡村振兴多样化的金融需求，提高金融服务乡村振兴的能力和水平。财政部将会同有关部门积极发挥国家融资担保基金作用，加大对普惠金融发展的支持力度，完善农业保险支持政策体系，提升农业抵御自然灾害和防范风险能力。健全涉农金融业务的激励考核机制，改进涉农贷款统计方式方法，提高财政资金使用效益，强化考核激励约束，促进银行业金融机构切实履行支农责任，将更多的金融活水引入农业农村。三是创新财政支农资金投入和使用方式，因地制宜推行一事一议、以奖代补、先建后补、贷款贴息等，探索在农业领域推广 PPP 模式的实施路径和机制，充分发挥农业领域政府投资基金引导作用，为乡村振兴提供更加可持续的资金来源。

五、做好监管文章

管好用好来之不易的财政支农资金，用在乡村振兴最急需、最迫切、最关键的领域和环节上，确保发挥出最大的成效。一是切实提高思想认识。随着资金规模越来越大，社会各界、网络媒体对财政支农资金管理使用的关注度空前提高。要怀着强烈的责任感，坚持不懈管好用好财政支农资金。二是严格依法理财。牢固树立依法管理使用财政支农资金的红线意识。持续狠抓支农资金使用监管，聚焦重点资金、重点项目、重点区域，进一步加强支农资金使用监管，建立健全常态化监管机制，充分借助财政部驻各地专员办、审计等力量开展监督管理，严厉查处违法违规违纪问题，完善责任追究机制，形成强大的威慑效应。三是坚持用制度管钱。逐步建立健全全面规范透明、标准科学、约束有力的支农资金预算制度，着力提高支农资金预算管理水平和农口行业财务管理水平，全面推进支农资金绩效管理，强化绩效评价结果运用，健全以评价结果为导向的支农资金分配制度。四是创新管理方式。更加注重管理创新，综合运用互联网技术、大数据、公示公告公开等方式强化资金管理，强化日常监管，保障支农资金安全有效运行。

（执笔单位：财政部农业司）

强化乡村振兴投入保障机制

实施乡村振兴战略，是以习近平同志为核心的党中央着眼于党和国家事业全局，对“三农”工作作出的重大决策部署，是新时代做好“三农”工作的总抓手。党的十八大以来，党中央坚持把解决好“三农”问题作为全党工作重中之重，统筹推进工农城乡协调发展，农业农村发展形势不断向好。但也要清醒地看到，由于我国农村地域辽阔，农业人口众多，发展基础薄弱，实现乡村振兴需采取超常规措施，要切实加大“真金白银”的投入。

在此背景下，《乡村振兴战略规划（2018—2022年）》（以下简称《规划》）提出，要健全多元投入保障制度，完善政府投资体制，充分激发社会投资的动力和活力，加快形成财政优先保障、社会积极参与的多元投入格局。

一、优先支持，持续增加“三农”投入总量

乡村振兴涉及农业农村方方面面，任务繁重、投资需求量大，需加快形成财政优先保障、金融重点倾斜、社会积极参与的多元投入格局，切实树立农业农村优先发展的指导思想。首先，进一步理顺工农城乡关系，规范各级政府支出责任，在安排各级公共财政年度投资时要优先安排、优先保障，切实担负起相应支出责任，确保投入比例逐步增长并与乡村振兴目标任务相适应。其次，坚持深化农村金融改革的发展方向，健全农业农村金融体系，创新金融服务方式，严格把控风险，真正提高

服务乡村振兴的能力和水平，把更多金融资源配置到农业农村。同时按照“取之于农，主要用之于农”的原则，逐步调整完善土地出让收入使用范围，减少用于城市建设的比例，提高用于农业农村的比例，用于乡村振兴的关键领域。

二、优化结构，加大政府投资对重点领域和薄弱环节补短板支持力度

近年来，按照农业供给侧结构性改革的要求，中央组织实施了一批农业基础设施重大工程，极大改善了农业基础设施，为我国连续多年的粮食增产、农民增收打下了坚实基础。同时，针对农村基础设施薄弱现状，把基础设施建设重点放在农村，持续加大投入力度，加快补齐农村基础设施短板。另外，中央持续关注农村民生工程和农村人居环境改善，组织实施了农村危房改造和生态治理类项目。《规划》提出，“加大政府投资对农业绿色生产、可持续发展、农村人居环境、基本公共服务等重点领域和薄弱环节支持力度，充分发挥投资对优化供给结构的关键性作用”。落实《规划》要求，各级政府投资任务艰巨，资金需求量大，需要做好顶层设计、合理筹划，分阶段、分轻重、分缓急，有序持续稳定加大投入力度。要依据农业农村发展中的痛点和短板，减少一般性支出，集中力量加大对农业农村重点领域和薄弱环节的支持力度，继续实施好千亿斤粮食等主要农产品生产基地建设、畜禽粪污资源化利用、动植物保护能力提升工程、良种工程等工程，促进农业绿色生产和可持续发展；实施好重大水利、农网改造升级、农村扶贫公路、生态建设等工程，改善农村基础设施和农村人居环境；加大教育、卫生、社会服务、文体旅游等方面向农村投入的倾斜力度，增加农村公共服务供给，推进城乡基本公共服务均等化。

三、因地制宜，积极创新资金使用方式

认真贯彻落实《国务院关于探索建立涉农资金统筹整合长效机制的意见》要求，针对当前涉农资金多头管理、交叉重复、使用分散等问题，优化顶层设计，创新体制机制，完善政策措施，不断提高涉农资金使用效益。根据不同类型的支出事项，采取有针对性的支出方式，充分发挥财政支出带动效益，对农村基本公共服务事项，确保财政资金足额保障；对没有收益来源的农村基础设施，以财政资金为主、农民或农村集体经济组织适当筹资筹劳共同建设；对有一定持续稳定收益来源的农村基础设施，在政府出资基础上，合理引导金融资本、社会资本、农村自有资本投资投入。

四、引导市场，撬动社会资本投向农业农村

《规划》提出，“加大农村基础设施和公用事业领域开放力度，通过积极创新运营模式、充分挖掘项目商业价值、将项目建设与优质资产开发整体打包等，建立项目合理回报机制，吸引社会资本参与乡村振兴。规范有序盘活农业农村基础设施存量资产，回收资金主要用于补短板项目建设”。落实《规划》要求，要根据农业农村不同领域的特点，充分发挥财政资金的引导撬动作用，吸引更多社会资本投向农业农村，形成放大效益和整体合力。

建立项目合理回报机制对吸引社会资本参与乡村振兴非常重要，项目投资回报过低，社会资本和金融机构不愿意参与，而投资回报过高，则会加重政府和公众的负担。为更好鼓励和吸引社会资本参与农村基础设施和公用事业建设，要因地制宜、积极探索通过多种方式建立健全农

村基础设施和公用事业项目合理回报机制，提高社会资本投资回报，增强项目吸引力。一是鼓励社会资本创新运营模式，提高运营效率，降低项目成本。二是充分挖掘农村基础设施和公用事业项目本身的商业价值。三是通过适当的资源配置，如与乡村旅游等优质资产资源打包、提供土地使用权、完善配套基础设施等，提高项目回报水平。四是合理确定价格和收费标准。例如，探索建立污水处理农户付费制度，综合考虑村集体经济状况、农户承受能力、污水处理成本等因素，合理确定付费标准。五是采取股权合作方式推进项目实施，由政府出资方代表和社会资本方共同组建项目公司，政府的股权可以少分红、不分红，以此提高社会资本投资回报。

五、深挖潜力，充分发挥存量资产效益

规范有序盘活农业农村基础设施存量资产是贯彻落实党中央、国务院的相关要求，是进一步深化投融资体制改革的一项重要举措。《国务院关于创新重点领域投融资机制鼓励社会投资的指导意见》（国发〔2014〕60 号）明确要求，“鼓励通过 PPP 方式盘活存量资源，变现资金要用于重点领域建设”。《中共中央　国务院关于深化投融资体制改革的意见》（中发〔2016〕18 号）也明确指出，要依托多层次资本市场体系，“盘活存量资产，优化金融资源配置，更好地服务投资兴业”。2017 年 7 月，国务院常务会议明确提出，要拿出更多优质资产，通过政府与社会资本合作模式引入各类投资，回收资金继续用于新的基础设施和公用事业建设，实现良性循环。规范有序盘活存量资产对于弥补农业农村基础设施短板具有重要意义。改革开放以来，经过长期投资建设，我国在农业农村基础设施领域形成了一些优质存量资产。通过 PPP 等方式对上述存量资产加以盘活，有利于吸引具有较强运营能力的社会资本，提高农业农

村基础设施运营效率，也有利于拓宽农业农村基础设施建设资金来源，减轻地方政府债务负担。2017 年 7 月，国家发展改革委印发了《关于加快运用 PPP 模式盘活基础设施存量资产有关工作的通知》，部署地方运用 PPP 模式规范有序盘活基础设施存量资产，回收资金重点支持补短板项目，形成投资良性循环。目前，一些地方正在积极运用 PPP 模式盘活农村供水厂站等农业农村基础设施，取得了积极进展。

（执笔单位：国家发展改革委固定资产投资司）

加大金融支农力度

党的十九大报告指出，要“深化金融体制改革，增强金融服务实体经济能力”，同时明确提出要实施乡村振兴战略，并作为七大战略之一写入党章。十九大关于金融工作的要求和乡村振兴战略的部署意义重大，这是习近平新时代中国特色社会主义思想在农村金融领域的根本要求，是指导农村金融改革发展稳定的行动指南，也为我们做好新时代农村金融工作提供了根本遵循。人民银行高度重视农村金融服务工作，积极引导金融机构以服务实体经济为出发点和落脚点，不断加大对“三农”领域的金融支持。

一、提高站位，深刻认识乡村振兴金融服务的重要意义

“三农”既是关系国计民生的重要领域，也是当前经济社会发展的薄弱环节。人民日益增长的美好生活需要和不平衡不充分的发展之间的矛盾在“三农”领域表现相对集中，全面建成小康社会必须着力补齐“三农”领域发展短板，因此，金融支持“三农”发展义不容辞，需要把更多金融资源配置到“三农”领域，更好满足其多样化多层次的金融需求。2018 年中央一号文件对金融服务乡村振兴战略提出明确要求，要牢牢把握农村金融改革发展的正确方向，健全适合农业农村特点的农村金融体系，推动农村金融机构回归本源。研究起草金融服务乡村振兴的指导意见和金融机构服务乡村振兴考核评估办法，深化涉农金融机构改革，创新金融产品和服务模式，加强政策激励和差异化监管，强化涉农金融机

构支农导向。同时，完善证券、保险、期货等资本市场配套制度建设，强化地方政府属地责任，通过发挥政策合力，撬动更多资源投入到农村经济社会发展的重点领域和薄弱环节。

做好乡村振兴金融服务工作，既是金融部门贯彻新发展理念、坚持“以人民为中心”的具体体现，也是金融服务实体经济、实现高质量发展的根本要求。金融部门要切实提高“四个意识”，增强责任感使命感紧迫感，把农村金融服务的重心转移到乡村振兴战略上来，紧紧围绕“产业兴旺、生态宜居、乡风文明、治理有效、生活富裕”的总体要求，全面提升农村金融服务效率和水平。

二、多措并举，扎实做好乡村振兴金融服务工作

乡村振兴战略是一项系统性工程，包括金融系统在内的各部门都需要把认识和行动统一到这一重大战略上来。金融系统要立足乡村振兴战略的总要求和自身职能定位，以资金要素为核心，扎实开展乡村振兴金融服务工作。

（一）综合运用多种货币政策工具，引导金融机构加大涉农信贷投放

人民银行将按照党中央、国务院的统一部署，继续实施稳健的货币政策，引导货币信贷和社会融资总量适度增长，为乡村振兴发展创造良好的货币金融环境。继续发挥差别化存款准备金率的政策引导作用，对农村金融机构执行较低的存款准备金率，落实好对“三农”、小微企业等普惠金融领域的定向降准政策。不断完善信贷政策支持再贷款管理，注重发挥再贴现引导优化信贷结构的积极作用，对涉农票据以及农村金融机构承兑、持有的票据优先办理再贴现。

（二）充分发挥涉农金融机构主体作用，完善农村金融组织体系

充分发挥国家开发银行开发性金融功能，加大对乡村振兴信贷支持力度。强化农业发展银行政策性职能定位，加大对农业基础设施、重大水利工程、贫困地区公路建设等领域的支持力度。深化农业银行“三农金融事业部”改革试点，对纳入改革试点的县域支行给予财税优惠、差别化存款准备金率和监管费减免等扶持政策，发挥支农主体和骨干作用。推动邮储银行进一步完善“三农金融事业部”管理体制和运行机制，发挥其遍布城乡的网络优势，增强县域服务能力。按照聚焦“三农”、依法履职、市场化的原则开展省联社改革试点，强化行业服务功能。引导农村信用社以坚持服务“三农”为宗旨，专注支农支小，有效服务乡村振兴战略。推动设立小额贷款公司和村镇银行等新型农村金融组织，规范发展农民合作金融，为农村金融体系提供有益补充。

（三）加快农村金融产品和服务方式创新，多渠道缓解农村经营主体融资难题

指导和推动金融机构贴近农业生产经营特征和实际融资需求，依法合规拓宽贷款抵质押担保物范围，创新开展林权抵押、大型农机具抵押、商标权质押、农业订单质押、应收账款质押等多种业务，稳妥开展农村承包土地的经营权和农民住房财产权抵押贷款业务，切实发挥农村资源资产的融资功能，真正让农民手中的资产活起来。选择具备条件的农村改革试验区，研究开展“订单农业＋保险＋期货”试点，有效降低农业价格风险，促进小农户和大农业的有机结合，持续稳定增加农民收入。

（四）持续提高涉农直接融资比重，拓宽涉农企业资金来源

积极发挥银行间债券市场功能，指导银行间市场交易商协会支持涉农企业发行非金融企业债务融资工具，优化融资结构，激活农业农村内生发展动力。引导涉农企业根据自身经营财务特点和融资需求情况，自主灵活选择发行超短期融资券、短期融资券、中期票据、永续票据等基础产品，并鼓励支持符合条件的主体积极探索双创票据、供应链票据等新型融资模式。积极推动商业银行发行“三农”专项金融债券，募集资金全部用于发放涉农贷款，增加涉农信贷资金来源。积极支持符合条件的涉农企业上市融资，不断加强再融资监管，规范上市公司募集资金投向，提高资金使用和资源配置效率，充分发挥直接融资对实体经济的支持作用。

（五）落实考核评估和差异化监管，强化对金融机构的政策激励

发挥宏观审慎评估的结构引导作用，通过合理调整政策参数，引导全国性金融机构加强系统内信贷资源调剂，增强地方法人金融机构的信贷投放能力，加大对农村地区的信贷投入。加强宏观信贷政策指导，开展涉农信贷政策导向效果评估，对主要金融机构支持“三农”情况进行评估，引导增加涉农信贷投放。加强与金融监管部门沟通，探索对涉农业务的差异化监管模式，适度提高不良贷款容忍度，提高金融机构开展涉农业务的积极性。

（六）推动完善农村增信分险缓释机制，满足参与主体风险保障需求

持续推进农村信用体系建设，加强农户、农民专业组织等农村经济

主体的信用增进和诚信培育，发挥信用信息服务“三农”、服务金融机构、服务政府的作用，支持农户、农民专业组织等农村经济主体融资，促进包容性金融发展和改善地方金融生态环境。按照“政府主导、人行牵头、各方参与、服务社会”的整体思路，持续推进“信用户”“信用村”“信用乡镇”建设，构建信用正向激励机制。积极引导各地开展信用信息系统建设，通过搭建“数据库＋平台”的支农信用信息服务平台，促进金融机构和农村经济主体的有效对接。大力推进全国农业信贷担保体系建设，成立国家农业信贷担保联盟有限责任公司，推动各地组建省级农业信贷担保公司。设立国家融资担保基金，充分发挥财政资金的杠杆作用，吸引社会资本积极参与，推动形成资源共享、风险共担、统筹兼顾、多级联动的政府性融资担保体系。深入推进农业保险“扩面、提标、增品”，逐步提高农业保险覆盖率，做到应保尽保，抓紧推进完全成本保险和收入保险试点。

（七）持续全面推进农村支付服务环境建设，提升农村地区基础金融服务质量和水平

紧扣乡村振兴战略全面实施的新任务、新要求，充分发挥市场和政府两个机制作用，统筹支付服务需求导向与供给催化，持续提升农村支付服务供需匹配度。一方面，坚持从“三农”最急迫、最直接的基础金融服务需求出发，采取有效措施为农村居民就近办理存款、取款、汇款、收款、付款提供更加优质高效的服务，满足“三农”的日常生活、农业生产服务、经营服务多元化支付需求。另一方面，鼓励支持金融机构、非银行支付机构结合农业农村生产经营活动、日常消费行为，以及交通、医疗、公共缴费等公共服务需求，研发推广适销对路的支付产品，大力推广移动支付，优化支付服务供给。此外，积极开展农村支付结算知识宣传，提升宣传覆盖面和渗透率，重点宣传各类支付风险的特点、手段、

危害，持续增强农民现代金融意识和金融风险防控能力。

三、稳妥推进，增强乡村振兴金融服务的可持续性

做好乡村振兴金融服务，金融机构既要坚持回归本源、履行责任、支农支小，也要加强信贷风险防范，注重发挥政策合力，避免过度融资，实现财务可持续发展。具体来看需要把握好以下原则。

（一）平衡好社会责任和可持续发展的关系

金融是乡村振兴战略的重要支持要素，需要把更多金融资源配置到“三农”领域，但不应过度强调农村金融机构的社会责任，要更多地发挥市场在资源配置中的决定性作用。作为商业机构来讲，只有实现财务可持续，才能更好履行社会责任。金融机构在服务乡村振兴中要平衡好社会责任和可持续发展的关系，在提升“三农”金融服务水平的同时，做好信贷风险防控，提高内部风险管理水平，增强盈利能力，实现业务可持续发展。

（二）加强金融财税政策协调配合

金融机构资金主要来源于居民和企业的存款，财政资金主要来源于无偿税收，金融资金的使用是有偿的，二者在性质上有本质差别。对于金融机构来说，只有实现收益覆盖资金成本和预期损失，才能实现业务上和商业上的可持续，才能有动力为乡村振兴提供源源不断的资金支持。在金融服务乡村振兴过程中，要积极采取财税优惠、贴息、贷款奖励补助等多种风险补偿措施，降低农村金融市场交易成本，撬动更多金融资金和社会资金投向乡村振兴，增加农村地区金融资源供给。

（三）正确处理金融支持与农业发展的关系

金融适度支持，有利于农业扩大再生产，加快发展步伐，形成良性发展；如果过度融资，则会背上沉重债务，甚至导致资金链断裂，阻碍农业发展。一方面，农业企业要积极运用多种融资手段，增加绿色、高附加值产品供给，实现财务可持续和利润最大化，促进企业健康发展。另一方面，农业企业要防止过度融资、脱实向虚，严禁将资金投向房地产、民间借贷等领域，扰乱正常的市场和金融秩序。金融机构支持乡村振兴，应该以实需自用为原则，积极满足农村各类经济主体合理有效的融资需求，避免“一窝蜂”和“垒大户”，促进农业农村健康发展。

（四）守住不发生系统性金融风险底线

第五次全国金融工作会议指出，防止发生系统性金融风险是金融工作的根本性任务，也是金融工作的永恒主题。因此，在服务乡村振兴过程中，必须处理好金融监管和金融创新的关系。要加强金融监管，完善金融机构法人治理结构，强化宏观审慎管理制度和功能监管、行为监管。在金融创新中要坚持服务实体经济，降低融资成本，避免脱实向虚，防止体内循环，严守不发生系统性金融风险底线。

（执笔单位：中国人民银行金融市场司）

乡村振兴是新一轮东北振兴的重要抓手

实施乡村振兴战略是党的十九大作出的重大决策部署，是新时代做好“三农”工作的总抓手。对于东北地区而言，推进实施乡村振兴战略就是要坚持以习近平新时代中国特色社会主义思想，特别是习近平总书记关于东北振兴的重要论述为指引，突出维护“五个安全”的战略地位，统筹推进经济建设、政治建设、文化建设、社会建设、生态文明建设和党的建设，促进新时代东北全方位振兴。

一、东北地区推进乡村振兴战略具有独特资源优势和广阔的发展前景

2016年，中共中央、国务院印发《关于全面振兴东北地区等老工业基地的若干意见》，标志着新一轮东北振兴的全面开展推进，其中明确提出要加快发展现代化大农业，打造北方生态屏障和山青水绿的宜居家园，推进新型工业化、信息化、城镇化、农业现代化协调发展格局。随着新一轮振兴政策措施效应的逐步显现，东北地区整体形势（包括老工业基地和乡村在内的各领域）呈现筑底回升、企稳向好态势。

另外，从发展农业生产、保护生态环境、促进乡村振兴的几个基础条件和指标衡量，东北地区推进实施乡村振兴战略具有极大的优势和良好的基础，其特有的林海雪原、人参鹿茸、多样民俗等更是奠定了东北乡村在国人心目中的美好印象。

（一）土地资源方面

东北地区地域辽阔，资源丰富，特别是土地肥沃、有机质含量高。如辽宁、吉林、黑龙江三省总面积约80.8万平方公里，约占国土总面积8.4%，其中耕地面积约2782万公顷，约占全国的20.6%，人均耕地面积约为全国平均水平的2.6倍。同时，东北地区也是世界著名的三大黑土带之一。这些为发展农业生产提供了得天独厚的条件。

（二）农业生产方面

东北地区是全国重要的粮食主产区和商品粮基地，粮食产量占全国1/4，商品粮占全国1/4，调出量占全国1/3。同时，水稻、玉米、大豆在全国占有重要地位，如辽宁、吉林、黑龙江三省玉米产量占全国的33.8%、豆类产量占全国的35.6%。农业生产在全国已具有非常重要的地位和影响力。

（三）生态环境方面

辽宁、吉林、黑龙江三省森林面积3283万公顷，约占全国的15.8%；森林总蓄积量28.2亿立方米，约占全国的18.6%。重点国有林区已全面停止天然林商业性砍伐，天保工程效应不断提升。《大小兴安岭林区生态保护与经济转型规划》和《长白山林区生态保护与经济转型规划》涉及目标、任务正逐步实现，林区接替产业专项支持代木能源项目年节约木材数十万立方米。独立工矿区、采煤沉陷区生态环境修复取得积极进展。同时，东北地区乡村生态宜居环境较好，空气质量较高，尤其是十八大以来，随着农村基础设施建设持续推进，农村人居和生态环境显著改善。

二、东北地区推进乡村振兴战略需要着力破解资源环境制约和实现绿色发展之间的难题

随着我国经济实力的高速增长，东北地区农业生产、农民收入、农村建设实现了持续的改善提升，但就根本而言，这些都是在土地、资金、人力等传统生产要素大量投入下取得的，距离十九大关于乡村振兴战略的总要求、距离真正实现绿色发展还有很大差距。

（一）农业生产和市场需求不同步问题日益突出

当前，我国农业主要矛盾已经由总量不足转变为结构性矛盾，主要表现为阶段性的供过于求和供给不足并存。2017 年，在调整农业种植结构、优化区域布局的前提下，我国粮食总产量依旧达到了 6.2 亿吨，同比增长 0.3%，粮食生产实现长期稳定，但结构性的矛盾仍然突出。玉米、稻谷阶段性过剩特征明显，大豆、杂粮及有市场需求的绿色优质农产品供给不足，大豆对外依存度较高。这些问题和现象在东北也不同程度存在，如优质绿色稻米供给不足、大豆种植面积偏少等，特别是每年的玉米收购、仓储、加工问题更是牵动着政府和农民的心，以及方方面面的高度关注。

（二）农业生产和农民收入不尽协调问题日益突出

东北三省人均粮食产量远高于全国平均水平，如 2016 年，黑龙江省人均产量为 1592 公斤，远高于全国的 447 公斤，大量的粮食需要靠市场消化吸收。虽然国家曾不断提高粮食最低收购价，农业综合投入力度不减，促进东北三省粮食产量连续 7 年稳定在 1 亿吨以上，但农业的效益和农民由此带来的收入增长边际效应显现，增产不增收问题成为一

个困扰产粮区地方政府和农民的难题。特别是近年来，随着国际竞争加剧，农业生产成本地板抬升，农产品价格天花板封顶，农民的种粮积极性受到一定程度的抑制。

（三）农业生产和资源环境保护矛盾问题日益突出

东北地区是我国唯一的黑土地，是开展农业绿色发展的天然基地，但长期高强度的农业生产以及化肥、农药等使用，使得黑土地有机质含量逐年下降，据监测，近 60 年来，东北黑土地耕作层土壤有机质含量平均下降 1/3，部分地区下降 1/2，有机质含量降低导致土壤肥力下降、保水保肥能力减弱。目前，黑土区耕地黑土层平均厚度只有约 30 厘米，比开垦初减少了约 40 厘米。加强黑土地保护，大力保护农业发展最基本的载体，实现绿色可持续发展已刻不容缓。

三、东北地区推进乡村振兴战略重点需要统筹抓好农业生产、农民增收、生态环境保护和城乡融合发展的关系

东北地区要进一步强化自身资源和基础优势，紧紧围绕加快构建现代农业体系，夯实粮食生产基地建设，建设生态宜居美丽乡村，促进城乡融合发展四个方向，持续加力推进乡村振兴战略。

（一）坚持把推进农业供给侧结构性改革作为实现乡村振兴的主线，发挥东北地区资源优势，加快推进现代大农业

从国际经验看，人均粮食占有量达到 400 公斤、500 公斤时，意味着处于温饱有余、食物消费较大改善阶段。目前，我国粮食人均占有量自 2010 年起即已超过 400 公斤，正接近 500 公斤大关，这为东北地区发

挥资源优势、优化粮食生产、提供高质量产品奠定了基础，而近年市场变化也做出了印证。目前，粮食生产仍是广大农民增收的重要渠道，绝不能放松。

一是建立新型经营体系。培育发展专业大户、家庭农场、专业合作社及股份公司等新型经营主体，开展绿色种养殖、特色产品深加工等，打造名优品牌，促进规模经营。二是建立新型生产体系。支持东北地区建立粮食生产功能区、重要农产品保护区、特色农产品优势区和现代农业产业园，支持产粮大市建设国家现代农业示范区、大豆现代产业园，支持企业走出去建设境外粮食产业园区。三是建立新型流通体系。鼓励支持各类市场主体创新发展基于互联网的新型农业模式，促进农村一二三产业融合发展。

（二）坚持把端牢中国人的饭碗作为实施乡村振兴的重要前提，强化东北地区农业基地优势，牢牢把握国家粮食安全主动权

2017 年，我国谷物、玉米产量分别达到 5.6 亿吨和 2.16 亿吨，基本满足了 13 亿多人民的需求。我国人口基数大，需求高，粮食安全至关重要。习近平总书记多次强调指出，中国人的饭碗要牢牢端在自己手上。对于我国这样一个大国而言，确保粮食生产能力、强化粮食基地建设事关国家安全，绝不能掉以轻心。

一是强化政策落实。东北地区要继续落实好粮食收储政策，完善粮食主产区利益补偿机制、农业补贴政策和粮食价格形成机制，把藏粮于地、藏粮于技落到实处。二是加强土地治理。加强农田水利等基础设施建设，提高现代种业、农业机械装备水平。三是严守耕地红线。持续抓好松嫩平原、三江平原现代农业综合配套改革试验区，推进国家农村产业融合发展示范园等，严格控制建设用地总量，合理安排存量，切实保

障好粮食基地建设。

（三）坚持把贯彻绿色发展理念作为实施乡村振兴的重要导向，保护好东北地区生态环境优势，实现可持续发展

随着东北地区产业结构调整加快和农业供给侧结构性改革的深入推进，黑土地治理修复和林区保护迎来了历史机遇。要加强科学规划，统筹推进，不断提高黑土区和林区的生态质量。

一是坚持制度先行。贯彻绿水青山就是金山银山、冰天雪地也是金山银山的理念，落实和深化国有自然资源资产管理、生态环境监管、国家公园、生态补偿等生态文明改革举措。目前，《东北黑土地保护规划纲要（2017—2030年）》已经制定印发，吉林省也出台了第一部黑土地保护法的地方性法规。要进一步完善法律规章制度，统筹山水林田湖草治理，深入推进实施《大小兴安岭林区生态保护与经济转型规划》《长白山林区生态保护与经济转型规划》，建设东北虎豹国家公园，加快制定《东北东部绿色经济带发展规划》《东北西部生态经济带发展规划》等，继续抓好天保工程。二是坚持保护与利用相统一。大力发展推广种养结合、生态循环农业、绿色生产方式等，打造绿色发展示范区。加大财政投入力度，积极整合相关涉农资金，对农民开展黑土地地力保护、轮耕休作等给予补贴，开展黑土地保护试点等。充分利用东北地区的独特资源和优势，推进寒地冰雪经济、林下经济、乡村旅游等加快发展。三是坚持创新驱动发展。充分发挥东北振兴新动能培育平台及设施建设专项作用，推进产学研深度融合，支持院校、科研单位和地方联合开展黑土地和林区保护开发，提高科研成果转化能力；支持农民发展新型种养技术和模式。

（四）坚持把推进新型城镇化作为实施乡村振兴战略的重要途径，深入贯彻落实好新一轮东北振兴，促进城乡融合发展

东北地区工业化较早、城镇化率总体较高，但城镇化的质量和水平相对于经济发达省市和东部沿海地区仍有差距。从东北自身和其他发达地区发展历程看，城镇化仍然是促进地区经济增长、协调城乡发展、解决农村农民问题的重要途径之一。要通过提升城镇化的质量和规模，加大对乡村的支持和辐射带动作用，进而促进乡村振兴。

一是要提高城市的产业竞争力。支持沈阳全面创新改革试验、辽宁自贸试验区、国家级新区、产业转型升级示范区等先行先试，形成可复制可推广经验。支持沈抚创新示范区和辽宁沿海新旧动能转换综合试验区建设，发挥好中德（沈阳）高端装备制造产业园、中英（大连）先进制造产业示范园集聚作用，推进辽宁沿海港口整合，打造区域性增长极。推进沈阳宝马新工厂、大连英特尔三期、兵器工业集团精细化工及原料工程等项目建设，推进产业结构调整，大力培育发展新动能。二是发挥好城市的吸引凝聚作用。加大东北地区公共基础设施领域的投资力度，支持东北地区轨道交通、集中供热、网络宽带等城市基础设施建设。完善基本公共服务体系，提高民生保障水平，贯彻落实好1亿左右农业人口转移落户政策。加快推进城区老工业区搬迁改造、独立工矿区改造搬迁、采煤沉陷区综合治理工程，加强市政公用基础设施建设和棚户区改造。继续推进资源枯竭城市财力性转移支付，提高城市内生发展动力。三是积极营造公平竞争的市场环境。贯彻落实好党中央、国务院部署，全方位推进产权保护和弘扬企业家精神，推动完善法制体系，强化政务诚信，保护知识产权。鼓励民营企业参与混合所有制改革，尽快启动第四批混改试点，不断完善配套政策。继续深化简政放权，优化营商环境，

充分借鉴浙江“最多跑一次”经验做法，全面推进行政审批制度改革，树立“清”“亲”新型政商关系。充分发挥东北振兴金融合作机制作用，增强金融服务实体经济、优化供给结构能力，深入推进大众创业、万众创新，助力培育壮大新动能。

（执笔单位：国家发展改革委东北等老工业基地振兴司）

乡村振兴战略规划是实现农业强农村美农民富的路线图

实施乡村振兴战略是党的十九大作出的重大决策部署，是新时代“三农”工作的总抓手。2018 年 9 月，中共中央、国务院印发了《乡村振兴战略规划（2018—2022 年）》（以下简称《规划》），对实施乡村振兴战略作出了阶段性谋划和安排，提出了分阶段的目标任务、工作重点和政策措施，部署了一批重大工程、重大行动、重大计划，以保证乡村振兴战略落实落地。这是一个全面落实党中央对“三农”工作一系列方针政策和发展目标任务的规划，既有战略高度、又有前瞻性和操作性，也是一个惠及和满足亿万农民日益增长的美好生活需要的路线图，对农业农村发展具有划时代的里程碑意义。

一、深刻认识推进乡村振兴战略的重大背景和基础条件

经过 40 年的改革开放，我国经济发展水平已经从贫穷的低收入阶段迈向了中上等收入阶段，下一步我国经济发展就是要向发达的高收入阶段迈进，全面实现现代化。党的十九大报告将我国向现代化国家迈进分为三个阶段，即到 2020 年全面建成小康社会，到 2035 年基本实现社会主义现代化，到本世纪中叶全面建成社会主义现代化强国。同时指出，从十九大到二十大，是“两个一百年”奋斗目标的历史交汇期。从新时代中国特色社会主义发展的战略安排看，要实现我国的既定发展目标，

“最艰巨最繁重的任务在农村，最广泛最深厚的基础在农村，最大的潜力和后劲也在农村。”改革开放以来，我国农业农村发展取得了举世瞩目的成就，农业现代化进程不断加快，农业综合生产能力持续提高，粮食以及主要农产品供给能力显著增强；农村基础设施建设和公共服务供给达到新水平，农村教育、文化、卫生等社会事业快速发展，农村水、电、路、气、房和信息化建设全面提速，城乡收入相对差距缩小，农民收入和生活水平显著提高，贫困人口大幅度减少。同时，新型城镇化快速推进，农业转移人口市民化进程好于预期，城乡融合的发展态势向好。所有这些都为规划的实施奠定了坚实基础。

但是，还必须看到，当前我国社会主要矛盾中，最大的发展不平衡是城乡发展不平衡，最大的发展不充分是农业农村发展不充分。从城乡关系看，影响城乡融合发展的城乡二元体制改革还没有取得实质性突破。在现有体制下，城乡要素流动不畅，农业转移人口市民化受限；农村发展相对缓慢，城乡居民收入和消费依然悬殊；农村基础设施建设落后，生产生活生态环境急需改善；公共服务供给不足、质量不优，农民养老、看病等方面与城市存在较大差距。从工农关系上看，农业现代化明显滞后于工业化，农业物质技术装备水平还不高，农业与非农产业劳动生产率差距大，农产品的国际竞争力在下降，农业的可持续发展受到挑战。从社会结构转型和治理看，村庄空心化、农户空巢化、农民老龄化不断加剧，优秀传统文化失落，乡村基层治理体系还不完善、不健全等。

学习落实《规划》，就是要适应新时代社会主要矛盾的变化，针对城乡发展不平衡、农业农村发展不充分问题，集聚全党共识，集中全社会力量，明确目标，促进农业农村优先发展和乡村全面振兴。

当前，贯彻落实党的十九大、中央经济工作会议、中央农村工作会议精神，推动《规划》实施已经具备了较好条件。正如《规划》所指，第一，乡村振兴具有根本政治保障。党中央、国务院高度重视，已将实施乡村振兴战略写入党章，而且政府的执行能力强。第二，乡村振兴具有制度保障。我们的制度优势就是能够集中力量办大事，利用一切可用资源加大强农惠农富农政策力度，支持农业农村优先发展。第三，乡村振兴具有深厚的文化土壤。我国优秀农耕文明源远流长，国人浓厚的乡土情结和人文情怀，有利于推动农业农村再发展。第四，乡村振兴具有雄厚的物质基础。经过40年的发展，我国的经济实力和综合国力已达到一定水平，我们有能力支持农业农村现代化。另外，乡村振兴还具有扎实的工作基础，多年来全国各地在推进农业现代化和乡村建设中取得了一系列成就，也积累了丰富的成功经验。

二、准确把握实施乡村振兴战略的方向思路和发展目标

学习落实《规划》，首先要全面理解乡村振兴战略规划的总体要求。在总体要求中，《规划》提出了一个指导思想、八项基本原则、一组发展目标。将指导思想和基本原则综合起来学习分析，可以从四个层次去理解。第一，明确了乡村振兴战略规划的思想定位，即以习近平新时代中国特色社会主义思想为指导，加强党对“三农”工作全面领导，坚持把解决“三农”问题作为全党工作的重中之重，坚持农业农村优先发展。第二，提出了乡村振兴战略规划的总要求，即按照产业兴旺、生态宜居、乡风文明、治理有效、生活富裕总要求，建立健全城乡融合发展体制机制和政策体系。第三，推出了乡村振兴规划要完成六大建设和两个加快的任务，即统筹推进农村经济、政治、文化、社会、生态和党的建设，加快推进乡村治理体系和治理能力现代化，加快推进农业农村现代化。第四，指出了乡村振兴战略规划要走一条道路、实现三让目标，即走中国特色社会主义的乡村振兴道路；让农业成为有奔头的产业，让农民成为有吸引力的职业，让农村成为安居乐业的美丽家园。

乡村振兴是一项长期的历史性任务，既要有整体性、长期性，又要有差异性、阶段性，因此《规划》在目标制定上，将十九大到二十大即2018年到2022年，确定为实施乡村振兴战略的第一个五年。同时对到21世纪中叶分两个阶段作出思路性谋划，确保乡村振兴战略落地，既考虑了长期发展整体目标，也考虑了分阶段目标以及能体现“产业兴旺、生态宜居、乡风文明、治理有效、生活富裕”分项目标。《规划》提出，到2020年，乡村振兴的制度框架和政策体系基本形成，各地区各部门乡村振兴的思路举措得以确立，全面建成小康社会的目标如期实现。

到2022年，乡村振兴的制度框架和政策体系初步健全。粮食安全保障水平进一步提高，现代农业体系初步构建；三产融合发展格局全面形成，农民收入水平进一步提高，脱贫攻坚成果得到巩固；农村基础设施条件持续改善，美丽宜居乡村建设扎实推进；城乡融合发展体制机制初步建立，农村基本公共服务水平进一步提升；乡村优秀传统文化得以传承和发展，农民精神文化生活需求得到基本满足；乡村治理能力进一步加强，现代乡村治理体系初步搭建。探索形成一批振兴模式和经验。

从2023年到2050年，《规划》分两个阶段进行了远景谋划。到2035年乡村振兴取得决定性进展，农业农村现代化基本实现；到2050年乡村全面振兴，农业强、农村美、农民富全面实现。

新时代实施乡村振兴战略需要重塑城乡关系，统筹城乡发展空间，优化乡村发展布局，分类推进乡村发展，坚决打好精准脱贫攻坚战。《规划》提出按照主体功能区定位，推进“多规合一”，加快形成城乡融合发展的空间格局。要科学划定生态、农业、城镇等空间和生态保护红线、永久基本农田、城镇开发边界及海洋生物资源保护线、围填海控制线等，推动主体功能区战略格局在市县层面精准落地。《规划》还强调，加快发展中小城市，完善县城综合服务功能，推动农业转移人口就地就近城镇化。根据乡村发展规律和演变趋势，《规划》将我国村庄划分为集聚提升类、城郊融合类、特色保护类、搬迁撤并类等四个类型，依据不同类型村庄现状、区位条件、资源禀赋等，分类推进乡村振兴。在打好精准脱贫攻坚战方面，提出精准扶贫精准脱贫的方法是因地制宜、因户施策，路径是多渠道、多样化，重点区域是“三区三州”深度贫困地区，还提出了要持续改善欠发达地区和其他地区相对贫困人口的发展条件。

三、深入理解乡村振兴战略要完成的主要任务

一分部署，九分落实。实施乡村振兴战略是一项系统工程，要把这盘大棋走好，把中央战略部署真正落到实处，必须抓准、抓好战略重点。《规划》围绕战略思路和发展目标，提出了实施乡村振兴战略的五大重点任务。五大任务各有侧重、相互补充，构成一个有机衔接、内在统一的整体。

（一）构建乡村产业体系是重点

产业兴，百业兴。只有产业兴旺，农村生产力得到充分发展，乡村各项事业发展才有坚实的物质基础。党的十八大以来，我国乡村产业发展取得历史性成就，但产业依然是乡村振兴的弱项，农业供给体系的整体质量和效率不高。推进乡村产业兴旺，关键要紧紧围绕发展现代农业，围绕农村一二三产业融合发展，构建乡村产业体系。

加快农业现代化步伐，要以深化农业供给侧结构性改革为主线，构建现代农业产业体系、生产体系、经营体系，既要“夯基础”，提高农业综合生产能力，保障国家粮食安全和重要农产品有效供给，把中国人的饭碗牢牢端在自己手中；也要“促转型”，加快农业结构调整，推动农业由增产导向转向提质导向，提高集约化、专业化、组织化、社会化水平；还要“强支撑”，强化科技和政策支撑作用，加快农业科技进步，完善农

业支持保护制度，为农业发展拓展新空间、增添新动能。

发展壮大乡村产业，推动农村产业深度融合，要以制度、技术和商业模式创新为动力，突出“六新”，即发掘新功能新价值，培育新产业新业态，打造新载体新模式。要把让农民更多分享产业融合增值收益作为基本出发点，完善紧密型利益联结机制，激发两个“积极性”，提升“两种能力”，即农民参与产业融合的积极性和能力，以及新型经营主体联农带农的积极性和能力。放开搞活农村经济，还需优化农村创新创业环境，充分激发农村创新创业活力。

（二）建设生态宜居的美丽乡村是关键

良好生态环境是农村最大优势和宝贵财富。近年来，我国乡村绿色发展不断取得新进展，但乡村环境和生态问题仍很突出，与广大农民对良好人居环境的期盼不相适应。实施乡村振兴战略，就是要以绿色发展引领乡村实现一场深刻变革。要牢固树立和践行绿水青山就是金山银山的理念，推动生产、生活、生态“三个系统”绿色健康发展。推进生产系统绿色发展，重点要推动形成农业绿色生产方式，提高农业可持续发展能力。推进生活系统绿色化，要持续改善农村人居环境，通过“补短板”完善农村环境设施，“提风貌”改变“脏、乱、差”形象，“建机制”确保整治持久有效。推进生态系统绿色稳定，既要加强乡村生态保护与修复，完善重要生态系统保护制度，守护好青山绿水，也要正确处理开发与保护的关系，发挥自然资源多重效益。

（三）繁荣发展乡村文化是保障

乡村振兴既要塑形，也要铸魂。优秀的乡村文化能提振农民精气神，增强农民凝聚力，孕育良好的社会风尚。繁荣发展乡村文化，重点要抓好思想引领、文化传承和服务体系建设。加强思想引领，要突出农村思想道德建设，引导广大农民自觉践行社会主义核心价值观，巩固农村思想文化阵地，倡导诚信道德规范。加强文化传承，要坚持保护传承和创新发展并举，让有形的乡村文化留得住，让活态的乡土文化传下去；要加强优秀传统文化的创造性转化、创新性发展，重塑乡村文化生态，发展乡村特色文化产业，盘活特色文化资源。加强文化服务体系建设，增加优秀乡村文化产品和服务供给，保障农民群众基本文化权益，丰富乡村文化生活，为广大农民提供高质量的精神营养。

（四）健全乡村治理体系是基础

夯实基层基础，是固本之策。乡村振兴离不开和谐稳定的社会环境。健全乡村治理体系，首先，要抓住农村基层党组织建设这个“牛鼻子”，健全组织体系，突出政治功能，提升组织功能，加强农村基层党组织对乡村振兴的全面领导。其次，要创新乡村治理模式，注重现代治理方式与传统治理资源的融合，深化村民自治实践，推进乡村法治建设，提升乡村德治水平，形成自治为基、法治为本、德治为先的“三治”格局。最后，要夯实基层政权，推动社会治理和服务重心向基层下移，构建简约高效的基层管理体制，健全农村基层服务体系，打造“一门式”办理、“一站式”服务的综合便民服务平台，最大限度方便群众。

（五）保障和改善农村民生是根本

实施乡村振兴战略的出发点和落脚点，是让亿万农民过上更加美好的生活。近年来，我国农村基础设施和公共服务得到明显改善，但现阶段城乡差距大最直观的依然是基础设施和公共服务。要围绕农民群众最关心最直接最现实的利益问题，抓重点、补短板、强弱项。一是把公共基础设施建设的重点放在农村，加强道路、水利、能源，特别是现代物流、信息基础设施等建设，推动农村基础设施提挡升级。二是提升农村劳动力就业质量，健全城乡均等的公共就业服务体系，从拓展外出就业和就地就近就业两大空间着手，促进农村劳动力实现更高质量和更充分就业。三是继续把国家社会事业发展的重点放在农村，推动公共服务下乡，优先发展农村教育事业，推进健康乡村建设，加强农村社会保障体系建设，提升农村养老服务能力，增加农村公共服务供给。

四、加快改革，科学有序实施乡村振兴战略

实施乡村振兴战略既要把握住工作重点，还要用好科学方法论。《规划》从政策保障和规划实施两个方面，提出了实施乡村振兴的六大政策措施、一个工作机制和一个实施路线图，提法新、举措实，可操作、能落地。

（一）深化农村改革，完善城乡融合发展政策体系

改革是乡村振兴的重要法宝。活化农村资源要素，激发广大农民积极性和创造性，汇聚全社会支农助农兴农力量，需要全面深化农村改革，抓好“人、地、钱”等关键问题。

一是解决“人”的问题，关键要推动两类人在城乡之间双向自由流动。一类是农业转移人口，要围绕推进市民化，“降门槛”，健全落户制度，让有意愿、有能力的农业转移人口在城镇落户；“增权益”，全面实行居住证制度，保障平等享受权益；“强激励”，通过完善激励机制，调动农业转移人口落户城镇和城镇政府吸纳农业转移人口落户“两个积极性”。另一类是乡村人才，围绕推动乡村人才振兴，既在“育”上下功夫，培育新型职业农民，加强农村专业人才队伍建设，培养一大批乡村本土人才；也要在“引”上做文章，建立健全激励机制，畅通智力、技术、管理下乡通道，鼓励社会人才投身乡村建设。

二是解决“地”的问题，关键要深化农村土地制度改革，通过盘活存量，用好流量，辅以增量，激活农村土地资源资产。首先，要健全农村土地管理制度，做好基础性制度安排，处理好农民和土地关系，依靠制度管根本、管长远。其次，要在新增用地上优先保障，完善农村新增用地保障机制，合理安排农业农村各业用地，特别是新产业新业态发展用地。再者，要在存量建设用地上下功夫，完善农村闲置宅基地和闲置农房政策，探索宅基地所有权、资格权、使用权“三权分置”，在加强土地用途管制的前提下，适度放活宅基地和农民房屋使用权，加快盘活利用农村存量建设用地。

三是解决“钱”的问题，既要有真金白银的投入，也要有金融活水的支持。既要健全多元投入保障机制，继续坚持财政优先保障，“扩增量、优结构、提效率”，加大对乡村重点领域和薄弱环节的支持。也要开拓投融资渠道，提高土地出让收益用于农业农村比例，改变“取之于农，用之于城”的局面。还要发挥财政资金“四两拨千斤”作用，引导和撬动社会资本投向农村。同时，要加大金融支农力度，健全适合农业农村特点的农村金融体系，完善金融支农组织体系，推动农村金融机构回归本源。加强金融支农产品和服务创新，完善金融支农激励政策，全面激活农村金融服务链条，更好满足乡村振兴多样化金融需要。

（二）加强组织领导，有序推进乡村振兴

确保《规划》落实落地，需要建立健全工作机制，压实责任、凝聚合力。习近平总书记强调，办好农村的事情，实现乡村振兴，关键在党。要加强组织领导，强化党组织的核心领导作用，坚持五级书记抓乡村振兴，落实各方责任。要强化法治保障，把行之有效的乡村振兴政策法定化，运用法治思维和法治方式推进乡村振兴工作。要积极动员社会参与，构建政府、市场、社会协同推进的乡村振兴参与机制，凝聚全社会力量。

乡村振兴，既是一场攻坚战，也是一场持久战，需要明确的路线图来保障规划实施。从党的十九大到二十大，既要全面建成小康社会、实现第一个百年奋斗目标，又要开启全面建设社会主义现代化国家新征程，两个阶段重点任务不同，要准确聚焦阶段任务，突出重点、有序推进。同时，要科学把握节奏和力度，既尽力而为，又量力而行，因势利导、分步实施。此外，全国乡村之间的差异较大，乡村振兴不能搞齐步走，要分类梯次推进，推动不同地区、不同发展阶段的乡村有序实现农业农村现代化。

（执笔单位：中国宏观经济研究院）

推动城乡融合发展新变革

党的十九大报告提出实施乡村振兴战略，具有重大历史性、理论性和实践性意义，切实顺应了未来城乡关系重大变革的趋势，充分体现了构建城乡融合发展的新型城乡关系的战略意图。从历史角度看，它是在新的起点上总结过去，谋划未来，深入推进城乡发展一体化，提出了乡村发展的新要求新蓝图。从理论角度看，它是顺应未来城乡关系变革趋势，推动城乡融合发展的必然要求。从实践角度看，它是呼应新时期全国城乡居民发展新期待、引领农业农村现代化发展的重要内容。

一、实施乡村振兴战略，是抓住未来城乡关系变革趋势、推动城乡融合发展的必然要求

（一）实施乡村振兴战略是顺应未来城乡关系变革新趋势的发展需要

改革开放以来，随着工业化的快速发展和城市化的深入推进，现阶段我国社会的主要矛盾已经转化为人民日益增长的美好生活需求和不平衡不充分发展之间的矛盾，目前最大的不平衡是城乡之间发展的不平衡和农村内部发展的不平衡，最大的不充分是“三农”发展的不充分，具体表现在：农产品阶段性供过于求和供给不足并存、农民适应生产力发展和市场竞争的能力不足、农村基础设施和民生领域欠账较多、农村环境和生态问题比较突出、国家支农体系相对薄弱、城乡之间要素合理流动机制亟待健

全、乡村治理体系和治理能力亟待强化等方面。改革开放后城乡分化加速，从未来发展趋势看，乡村分化也不可避免，必须全面、客观地看待当前农村的现状与未来趋势。为了保存乡村发展活力，日本、韩国在城镇化后期均曾采取过类似的乡村振兴战略，如韩国的“新村运动”，日本的“乡村重建”计划。习近平总书记在2017年底召开的中央农村工作会议上提出，我国实施乡村振兴战略也是为全球解决乡村问题贡献中国智慧和中国方案。随着城镇化不断推进，人口从乡村向城市转移进程不会结束，乡村人气或会继续下降，实施乡村振兴战略是保存乡村发展活力、顺应城乡融合发展的需要，是满足人民日益增长美好生活的需要，是破解不平衡不充分矛盾的必然要求，也是实现全体人民共同富裕的必然要求。

（二）实施乡村振兴战略是提升乡村战略功能与地位的发展需要

从发达国家城乡发展的实践看，城乡良性发展需要城市和乡村两种功能的协调发挥。城市应该起到集聚人口、集聚财富、集聚技术、带动一个地区乃至国家经济发展的作用，农村则是发挥提供生态屏障、提供基本的农产品、传承历史文化的功能，与城市互促互进、共生共存，共同构成人类活动的主要空间。乡村兴则国家兴，乡村衰则国家衰。以乡村振兴解决农业农村农民的所有问题，把解决“三农”问题放到重构乡村发展战略目标任务的高度来进行谋划，改变了过去单纯强调农业现代化和新农村建设目标的提法，丰富和发展了统筹城乡发展理论，拓宽了解决我国“三农”问题的发展思路，提升了乡村战略功能与地位，使我国“三农”问题成为一项综合性的系统工程。

（三）实施乡村振兴战略是推动城乡融合发展的必然要求

改革开放以来，我国农业农村发展取得了巨大成就，但城乡二元结构问题仍然没有得到根本性解决，城乡差距依然较大。当前，我国城乡之间的要素流动更加频繁，城镇居民希望农村能够提供高品质的农业食品、清洁的空气、洁净的水源、恬静的田园风光等生态产品以及农耕文化、乡愁寄托等精神产品，农村居民希望有稳定的就业和收入、完善的基础设施和公共服务设施、可靠的社会保障、丰富的文化活动。城乡之间改变了以往要素单向流动的格局，呈现出要素双向流动的巨大需求，在此背景下实施乡村振兴战略，对于破解城乡二元结构具有重要现实意义。要将推进乡村振兴与推进新型城镇化有机统一起来，既要调动广大农村的积极性，也要调动广大城市的积极性，共同参与、各取所需，实行以工补农、以城带乡、城乡一体、融合发展，通过实施乡村振兴战略推动城乡融合发展。

二、实施乡村振兴战略，是统筹优化城乡空间格局的重要抓手

（一）实施乡村振兴战略要求加强城乡统一规划

实施乡村振兴战略需要统筹考虑城镇和乡村发展的现实需要，坚持城乡一体、多规合一、功能融合的发展思路，从城乡融合的发展高度，谋划产业发展布局、基础设施建设、公共服务配置、生态环境保护等问题，构建现代城镇与田园乡村交相辉映的融合发展态势。综合考虑乡村未来发展演变规律和现状分布格局，发挥县级单元的空间规划和专项规划的导向作用，科学制定方便农民生产生活的半径，合理确定乡村居民点的职能、规模和布局，避免违背农民意愿的随意撤并和大拆大建。要加强乡村风貌的整体管控，打造符合地域特色、与田园风光相协调的整体风貌。尤其是要高度重视乡村建设布局规划，摸清乡村实际情况、可

能的发展方向和可用资源状况，深入研究乡村振兴什么、谁来振兴、用什么振兴、如何振兴和谁做决策等问题，研究制定系统规划，同时也要制定中短期规划尤其年度工作规划，发挥规划引领和服务作用。

（二）实施乡村振兴战略要求完善城乡布局结构

实施乡村振兴战略要坚持乡村振兴和新型城镇化双轮驱动，在主体功能区划的基础上统筹城乡国土空间格局，在确保农产品供给和生态安全的前提下，科学划定“三区三线”，推动生态、农业、城镇三类空间和生态保护红线、永久基本农田、城镇开发边界三条控制线相协调，引导城乡人口分布、产业布局与水土资源和生态环境承载能力相适应。高度重视县城在乡村振兴过程的龙头牵引功能，加快完善县城综合服务功能，承接大城市功能外溢，增强人口集聚能力，推动农村人口就地城镇化。因地制宜发展特色小城镇，强化以集镇为中心的农民生活圈建设，补齐小城镇基础设施、公共服务和环境设施短板，构建镇村联动发展格局。建设美丽宜居乡村，提升优质生态产品、优质农产品、传统文化产品的供给能力，打造能留住乡愁记忆的魅力空间。

（三）实施乡村振兴战略要求分类推进乡村振兴

我国乡村地域辽阔，乡村类型多样复杂，乡村与乡村之间差异很大。要以国家主体功能区规划为依据，推进乡村多功能性建设和专业化发展，对乡村进行分类，明确未来发展目标定位，实行宜粮则粮、宜经则经、宜草则草、宜牧则牧、宜林则林、宜渔则渔、宜退则退、宜居则居。第一类是现状规模大的中心村和仍将存续的一般村庄，要注重改造提升、激活产业、优化环境、提振人气和增添活力，保留乡村风貌，促进可持续发展。第二类是城市近郊区及县城城关镇所在地的村庄，要加快与城市融合发展、满足城市消费需求、承接城市功能外溢、增强设施互联互通和服务共建共享，推动城乡融合发展。第三类是历史文化名村、传统村落、特色景观村等自然历史文化资源富集的村庄，要统筹保护与开发之间的关系，注重保护原汁原味的自然文化景观，完善设施支撑，发展乡村旅游，形成保护与开发良性互动格局。第四类是生存条件恶劣、生态环境脆弱、自然灾害频发的村庄，要结合易地扶贫搬迁、生态移民搬迁和农村集聚发展搬迁等方式，实施搬迁撤并，加强搬迁农民的生产和生活保障，原址实现生态修复。此外，乡村振兴应该实行区域化差异布局，西部地区主要把乡村脱贫增收改变面貌作为重点，中部地区主要把乡村建设发展转型升级作为重点，东部地区主要把乡村建设发展现代化作为重点。

三、实施乡村振兴战略，是推动城乡产业高效协作的关键纽带

（一）以一二三产业融合发展为核心提升城乡产业协作能力

产业兴旺是乡村振兴的重点，促进农村一二三产业融合发展是新时代做好“三农”工作的重要任务，不仅事关农村产业发展和农民增收，而且会对城乡格局产生积极影响，有助于提升城乡产业协作能力，为经济社会健康发展注入新动能。有效整合产业链、显著提升价值链、努力优化供应链，推动农产品从种养到初加工、精深加工及副产物利用无害化，鼓励支持农产品加工业与休闲、旅游、文化、康养等产业深度融合，做优做绿第一产业，做实做强第二产业，做精做活第三产业，推动产业技术融合、功能融合、价值融合，努力构建农村产业绿色发展的产业链、价值链、供应链。通过把产业链、价值链、供应链等现代产业发展理念和组织方式引入到农业农村，推动城乡要素跨界配置和产业有机融合，

促进生产、生活、生态有机契合，城乡资源要素有机统合，农业多元价值和多重功能有机整合，在更多领域、更大范围、更高水平上形成城乡融合发展新格局。

（二）以培育新业态新模式为抓手激发城乡产业协作活力

顺应城乡居民消费升级趋势，深入挖掘农业农村的生态涵养、休闲观光、文化体验、健康养老等多重功能和价值，促进农业功能从提供物质产品向精神产品拓展，从提供有形产品向提供无形产品延伸。加快新理念新技术向农业农村融合渗透，加快发展农村电子商务，大力发展乡村旅游，探索发展乡村共享经济、体验农业、创意农业、会展农业、森林康养、农产品个性化定制服务等新业态，推动科技和人文元素融入农业发展，积极培育特色消费和体验服务等新增长点，创造新供给、引领新消费、形成新动能，激发城乡产业协作新活力。

（三）以完善利益分享机制为保障缩小城乡产业收益差距

长期以来，我国工农产品价格剪刀差是造成城乡产业收益差距进而造成城乡居民收入差距的重要原因。实施乡村振兴战略要求始终坚持让农民更多分享增值收益作为基本出发点，通过完善利益分享机制，逐步缩小城乡产业收益差距。要坚持“基在农业、利在农民、惠在农村”的总要求，以利益共享为目标，构建多样化、多元化、多形式的农村一二三产业融合发展利益联结机制，促进小农户和现代农业发展有机衔接。创新“订单收购＋分红”“土地流转＋优先雇佣＋社会保障”“农民入股＋保底收益＋按股分红”等多种利益联结方式，将企业与农民从简单的产品购销、劳务关系、土地流转，转变为紧密的合作共赢关系，让农民分享更多加工和销售环节的收益。

四、实施乡村振兴战略，是促进城乡要素双向流动的重大契机

（一）实施乡村振兴战略有利于引导城乡人口双向流动

改革开放以来的我国高速城镇化进程，是农村人口尤其是高素质农村人口单向往城镇迁移的过程，造成农村严重“失血”“贫血”。实施乡村振兴战略要求把人力资本开发放在首要位置，通过实行更加积极、更加开放、更加有效的人才政策，培养新型职业农民和新型农业经营主体带头人，畅通智力、技术、管理下乡通道，支持鼓励农民工返乡、能人下乡创业创新，创新乡村人才培育引进使用机制，加强农村专业人才队伍建设，发挥科技人才支撑作用，鼓励社会各界投身乡村建设，聚天下人才而用之，培养造就一支懂农业、爱农村、爱农民的“三农”工作队伍，另外也要加快农业转移人口的市民化进程，形成城乡人口双向流动的格局。

（二）实施乡村振兴战略有利于引导城乡资本优化配置

改革开放后我国城乡产品价格剪刀差，导致城市工商业的投入产出效率相对农业更具有比较优势，资本逐利性本质导致其优先配置在城市地区，农村地区资本要素严重短缺。实施乡村振兴战略，要求健全多元投入保障机制，完善政府投资体制，充分激发社会投资的动力和活力，加快形成财政优先保障、金融重点倾斜、社会积极参与的多元投入格局。加大政府投资对农业绿色生产、可持续发展、农村人居环境、基本公共服务等重点领域和薄弱环节的支持力度，规范有序盘活农业农村基础设施存量资产，鼓励工商业资本投入农业农村，建立普惠性乡村金融体系，

完善金融支农激励政策。通过实施乡村振兴战略，弥补乡村发展的资本短板，引导资本在城乡间实现优化配置。

（三）实施乡村振兴战略有利于推动城乡土地平等交换

我国城镇化进程中农地转国有建设用地的土地变性征收并非是在土地平等交换的原则下展开的，农民从土地增值中的受益明显偏低。实施乡村振兴战略，有利于完善农村土地利用管理政策体系，盘活存量、用好流量、辅以增量，激活农村土地资源资产，保障乡村振兴用地需求。建立被征地农民长远生计的多元保障机制，加大城中村、城边村、村级工业园等可连片开发区与土地整治入市力度，探索建立农地收储和整治机构，提供“土地银行”中介服务。深化农村土地制度改革，建立健全土地要素城乡平等交换机制，加快释放农村土地改革红利，这是实施乡村振兴战略的关键。

（执笔单位：中国宏观经济研究院经济研究所）

《乡村振兴战略规划（2018—2022年）》指标和目标解读

为使乡村振兴的5年目标更直观、可量化，便于考核和评估，《乡村振兴战略规划（2018—2022年）》（以下简称《规划》）首次建立了指标体系，设置了22项具体指标，依照“十三五”规划纲要和相关专项规划目标提出了到2020年的目标值，并与相关部门协商提出了到2022年的目标值。《规划》相关指标的设定以习近平总书记关于“三农”工作的重要论述为指导，围绕农业农村现代化的总目标，坚持农业农村优先发展的总方针，按照产业兴旺、生态宜居、乡风文明、治理有效、生活富裕的总要求，体现了党中央、国务院关于实施乡村振兴战略的决策部署，是各部门推进《规划》实施和战略进程的目标方向，也为各地因地制宜编制本地区乡村振兴战略规划提供了基本遵循和参考。

《规划》编制之初，我们对乡村振兴指标体系进行了专题研究，从“产业兴旺、生态宜居、乡风文明、治理有效、生活富裕”5个方面设计了近40项具体指标，考虑到指标数值的可获得性和对地方考核的可操作性，正式印发实施的《规划》指标均是从全国层面实现乡村振兴战略阶段性目标考虑的，是首次梳理提出并设立指标体系，还不尽完善，要待《规划》中期评估时再进行修正调整，导向性和对地方的指导意义大于约束意义，各地将在编制地方规划时因地制宜细化优化本地区的指标体系。相关部门也正在研究设计乡村振兴统计指标，将为衡量乡村振兴战略实施成效、不断提高政策精准度提供基础支撑。

《规划》指标分约束性和预期性。其中，3个约束性指标分别为“产业兴旺”类的“粮食综合生产能力”、“生态宜居”类的“畜禽粪污综合利用率”和“生活富裕”类的“具备条件的建制村通硬化路比例”，均属于正外部性较强、对社会公共利益影响较大的领域，应通过政府合理配置公共资源和公共服务、有效运用行政力量来实现，也是各级政府优先考虑的工作重点，带有政府向社会庄严承诺的性质。19个预期性指标属于国家期望的发展目标，主要分布在市场发挥决定性作用、政府常规性工作任务的领域，需要坚持农民主体地位，依靠市场和社会力量参与来实现，各级政府除了履行职责和配置公共资源推动外，还需创造良好的政策环境，引导各类主体与国家期望保持一致。

《规划》目标分近期和远期。其中，近期量化指标既考虑到2020年全面建成小康社会，又突出到2022年召开党的二十大时初步健全乡村振兴制度框架和政策体系的目标任务。远期定性描述按照党的十九大分两个阶段实现第二个百年奋斗目标的战略安排，分别对到2035年基本实现社会主义现代化、2050年全面建成社会主义现代化强国时乡村振兴的愿景进行谋划。

一、产业兴旺主要指标及实现

乡村振兴，产业兴旺是重点。党的十八大以来，我国农业农村发展取得历史性成就，农业综合生产能力明显增强，农业结构不断优化，农业生产经营方式发生重大变化，农村新产业新业态蓬勃发展，但农业供给质量和效益仍有待提高，农村产业融合发展深度不够，亟须在维护国家粮食安全的前提下，坚持质量兴农、绿色兴农，深入实施农业供给侧结构性改革，推进农村一二三产业融合发展，促进乡村产业全面振兴。据此，《规划》提出到2022年国家粮食安全保障水平进一步提高，现代农业体系初步构建，农村一二三产业融合发展格局初步形成，乡村产业加快发展，并设置了5个指标，包括反映国家粮食安全状况的粮食综合生产能力，反映农业科技水平的农业科技进步贡献率，反映农业效率的农业劳动生产率，反映农业产业化、农村产业融合发展水平的农产品加工产值与农业总产值之比、休闲农业和乡村旅游接待人次。

1. 粮食综合生产能力保持在6亿吨以上。2013年以来，我国粮食产量一直保持在6亿吨以上的水平，2017年粮食产量达到6.18亿吨。综合考虑人口增长、经济发展、城镇化水平、消费习惯等因素，为确保国家粮食安全，实现“谷物基本自给，口粮绝对安全”，未来一段时期粮食综合生产能力仍需要保持在6亿吨以上。

2. 农业科技进步贡献率到2020年达到60%，2022年达到61.5%。农业科技进步贡献率指农业科技进步对农业总产值增长的贡献率，一般用农业总产值增长中扣除物质费用、农业劳动力、土地、气候等要素贡献后的剩余部分来反映。“十二五”时期，我国农业科技进步贡献率提高了4个百分点，年均提高0.8个百分点，2016年达到56.7%。未来5年，国家将持续加大对农业的科技投入力度，科技在农业发展中的作用将更加突出。

3. 农业劳动生产率到2020年增至4.7万元/人，2022年增至5.5万元/人。农业劳动生产率指平均每个农业劳动力一年所创造的农林牧渔业增加值。我国农业劳动生产率从2010年的1.45万元/人提高到2016年的3.1万元/人。未来5年，通过实施乡村振兴战略，带动农业适度规模经营和农业物质技术装备水平的提升，农业劳动生产率可望进一步增长。

4. 农产品加工业产值与农业总产值比到2020年提高到2.4，2022年提高到2.5。“十二五”期间，我国农产品加工业产值与农业总产值比年均增加约0.1，2015年提高到2.16。未来5年，随着经济增速放缓，农产品加工业发展速度也将进入5%～7%的中高速增长阶段，农产品加工业产值与农业总产值比增长将放缓。

5. 休闲农业和乡村旅游接待人次到2020年增至28亿人次，2022年增至32亿人次。休闲农业和乡村旅游接待人次指1年内到农（牧渔）家乐、休闲农家、民宿、农家饭店以及农业科技园、采摘垂钓园、休闲农庄等，进行休闲观光、农事参与和农家生活体验等活动的游客人次数。“十二五”时期，休闲农业和乡村旅游接待游客人数年均增加8%左右，2016年，全国休闲农业和乡村旅游接待游客超21亿人次。当前我国正进入大众旅游时代，通过实施乡村振兴战略，未来5年我国休闲农业和乡村旅游将能保持8%的年均增速。

为实现产业兴旺目标，《规划》提出加快农业现代化步伐，深入实施藏粮于地、藏粮于技战略，构建现代农业产业体系、生产体系、经营体系，提高农业科技自主创新水平、成果转化水平，加快建立新型农业支持保护政策体系。同时，发展壮大乡村产业，重点是以利益联结机制为核心，以制度、技术和商业模式创新为动力，持续推进农村一二三产业交叉融合，合理引导工商资本下乡，推动乡村大众创业万众创新。

二、生态宜居主要指标及实现

乡村振兴，生态宜居是关键。经过近年来社会主义新农村建设的持续推进，乡村环境面貌有了很大改善，但农业面源污染、农村生活设施短板等问题依然存在，亟须贯彻绿色发展理念，加强农村生态环境综合治理，完善乡村基础设施，实现广大农民对生态优美、宜居便利生活环境的向往。据此，《规划》提出到2022年农村人居环境显著改善，生态宜居的美丽乡村建设扎实推进，并设置了4个指标，包括反映农业面源污染治理状况的畜禽粪污综合利用率，反映农村绿化程度的村庄绿化覆盖率，反映农村人居环境的对生活垃圾进行处理的村占比和农村卫生厕所普及率。

1. 畜禽粪污综合利用率到2020年达到75%，2022年达到78%。2016年全国畜禽养殖粪污综合利用率为60%。《全国农业可持续发展规划（2015—2030年）》要求到2020年养殖废弃物综合利用率达到75%。未来随着我国畜禽养殖逐渐从散养为主向规模养殖转变，畜禽养殖粪污综合利用率有望快速提高，而且根据环保政策要求，畜禽养殖粪污排放必须达标。

2. 村庄绿化率到2020年提高到30%，2022年提高到32%。村庄绿化率指行政村内部和围村范围100米以内（平原地区的围村林）各类型绿地绿化垂直投影面积占乡村总面积的比率。2016年我国村庄绿化率约为20%。随着乡村振兴战略的实施，绿色生态乡村要求也进一步提高，村庄绿化水平将迈上新台阶。

3. 对生活垃圾进行处理的村占比到2020年达到90%，2022年超过90%。对生活垃圾进行处理的村占比指全部自然村均已实现生活垃圾治理的行政村占行政村总数的比例。2014年该指标为48%，2016年提高到65%。根据住房城乡建设部以及各地区的相关规划和政策实施情况，2020年全国应有90%以上的村庄生活垃圾得到有效治理。

4. 农村卫生厕所普及率到2020年达到85%，2022年达到85%以上。农村卫生厕所普及率指使用卫生厕所的农户数占农村总户数的比重，卫生厕所的标准是有墙、有顶，厕坑及贮粪池无渗漏、贮粪池密闭有盖，厕室清洁，无蝇蛆，基本无臭，粪便及时清除并进行治理，不污染公共水体。农村卫生厕所普及率从2012年的71.7%提高到2016年的80.3%。《全国城乡环境卫生整治行动方案（2015—2020年）》要求到2020年农村卫生厕所普及率达到85%。按照习近平总书记关于“厕所革命”的指示精神和相关部委的任务计划，未来5年将基本普及农村卫生厕所。

为实现生态宜居目标，《规划》提出建设生态宜居的美丽乡村，推进农业绿色发展，集中治理农业环境突出问题，开展农村人居环境整治行动，大力实施乡村生态保护与修复重大工程。

三、乡风文明主要指标及实现

乡村振兴，乡风文明是保障。我国优秀的农耕文化源远流长，乡村文化设施和群众文化生活日益丰富，但农村文化基础设施建设滞后，农民精神生活依然贫乏，乡土文化与现代文明交融不够，亟须坚持社会主义核心价值观，建设乡村公共文化服务体系，推动乡村文化振兴。据此，《规划》提出到2022年乡村优秀传统文化得以传承和发展，农民精神文化生活需求得到满足，并设置了4个指标，包括反映农村文化基础设施建设情况的村综合性文化服务中心覆盖率，反映农村基层精神文明状况的县级及以上文明村和乡镇占比，反映农村地区教育质量的农村义务教育学校专任教师本科以上学历比例，反映农民精神文化生活状况的农村居民教育文化娱乐消费支出占比。

1. 村综合文化服务中心覆盖率到2020年达到95%，到2022年达到98%。村综合文化服务中心覆盖率指设有基层综合性文化服务中心的行政村占全国行政村的比例。2016年底该指标为70%。根据《国务院办公厅关于推进基层综合性文化服务中心建设的指导意见》等要求，“十三五”期间将大幅提高村综合文化服务中心覆盖率。

2. 县级及以上文明村和乡镇占比到2020年达到50%，2022年超过50%。2016年该指标为21.2%，2017年提高到29.9%，呈现快速增长态势。依据《国家“十三五”时期文化发展改革规划纲要》等要求，未来文明村镇创建工作力度将持续加大。

3. 农村义务教育学校专任教师本科以上学历比例到2020年达到

65%，2022年达到68%。2012年该指标为38.6%，2016年升至55.9%，年均提高了4.3个百分点。未来随着城乡教育均等化的持续推进，农村教师质量也会加速改善。

4. 农村居民教育文化娱乐消费支出占比到2020年升至12.6%，到2022年升至13.6%。2016年农村居民教育文化娱乐消费支出占比10.6%，比2012年增加了2.2个百分点，年均增加0.55个百分点。根据近年来农民消费支出结构的变化态势，未来5年农村居民教育文化娱乐消费支出占比可望每年增加0.5个百分点。

为实现乡风文明目标，《规划》提出繁荣发展乡村文化，加强农村思想道德建设，深化文明村镇创建活动，实施农耕文化传承保护工程，重塑乡村文化生态，发展乡村特色文化产业，推动城乡公共文化服务体系融合发展。

四、治理有效主要指标及实现

乡村振兴，治理有效是基础。改革开放以来，我国乡村治理的主体、事务和制度均出现了巨大变化，乡村治理体系和治理能力已难以满足现实需要，亟须强化党的领导，建立现代乡村社会治理体制，夯实基层政权。据此，《规划》提出到2022年以党组织为核心的农村基层组织建设明显加强，乡村治理能力进一步提升，现代乡村治理体系初步构建，并设置了5个指标，包括反映村庄规划管理水平的村庄规划管理覆盖率，反映基层社区服务水平的建有综合服务站的村占比，反映农村基层党组织领导核心作用的村党组织书记兼任村委会主任的村占比，反映村民自治水平的有村规民约的村占比，反映集体经济发展状况的集体经济强村比重。

1. 村庄规划管理覆盖率到2020年达到80%，2022年达到90%。村庄规划管理覆盖率指有合法村庄规划的行政村占行政村总数的比例。根据《农村人居环境整治三年行动方案》的要求，到2020年全面完成县域乡村建设规划编制或修编，实现村庄规划管理基本覆盖。

2. 建有综合服务站的村占比到2020年达到50%，2022年达到53%。建有综合服务站的村占比指当年年末综合服务站数量占村民委员会数量的比重。2016年底，全国农村社区服务站覆盖率为14.3%。根据民政部、中央组织部等16部门印发的《城乡社区服务体系建设规划（2016—2020年）》的要求，到2020年一半的村要建有综合服务站。考虑到农村情况差别较大且基础相对薄弱，2020年以后重点是巩固提高。

3. 村党组织书记兼任村委会主任的村占比到2020年增至35%，到2022年增至50%。2016年该指标达到30%，根据党的十七届四中全会以来各地推动村党组织书记、村委会主任“一肩挑”情况和2018年中央一号文件提出的“推动村党组织书记通过选举担任村委会主任”的要求，结合各地方落实进展情况，到2022年争取实现50%的村党组织书记兼任村委会主任。

4. 有村规民约的村占比实现100%。有村规民约的村占比指当年年末已制定村规民约村数量占村民委员会数量的比重。2016年底，已有98%的村制定村规民约。通过实施乡村振兴战略，将继续推进相关工作，进一步发挥村规民约在引导村民自我约束、自我管理方面的积极作用。

5. 集体经济强村比重到2020年达到8%，2022年达到9%。集体经济强村比重指年经营收益超过50万元的村占全国村总数的比重。2016年经营收益50万元以上的村数为3.13万个，占比约为5.35%，所占比重比2015年提高了0.3个百分点。随着农村集体产权制度改革的推进，集体经济发展扶持政策将广泛实施，集体经济强村比重有望加快提高。

为实现治理有效目标，《规划》提出健全现代乡村治理体系，加强农村基层党组织对乡村振兴的全面领导，促进自治法治德治有机结合，构建简约高效的基层管理体制，推动乡村组织振兴。

五、生活富裕主要指标及实现

乡村振兴，生活富裕是根本。党的十八大以来，农民收入和生活水平明显提高，农村公共服务和社会事业达到新水平，农村基础设施不断完善。但是也要看到，农村民生领域欠账较多，城乡基本公共服务和收入水平差距仍然较大，亟须加快补齐农村民生短板，提高农村美好生活保障水平。据此，《规划》提出到 2022 年农民收入水平进一步提高，农村基础设施持续改善，城乡统一的社会保障制度体系基本建立，并设置了 4 个指标，包括反映农民生活状况的农村居民恩格尔系数，反映城乡居民收入差距的城乡居民收入比，反映农村基础设施建设情况的农村自来水普及率和具备条件的建制村通硬化路比例。

1. 农村居民恩格尔系数到 2020 年降至 30.2%，2022 年降至 29.2%。近年来，我国农村居民恩格尔系数逐年降低，已从 2011 年的 40.4%降至 2016 年的 32.2%，年均下降 1.6 个百分点。2011—2016 年，除 2013 年外（当年统计口径发生变化），每年农村居民恩格尔系数比上年缩小 0.5～1 个百分点。结合农民消费结构变化趋势，未来农民恩格尔系数有望每年缩小 0.5 个百分点。

2. 城乡居民收入比到 2020 年降至 2.69，2022 年降至 2.67。2015—2017 年我国城乡居民收入比逐年缩小 0.01～0.02，且每年缩小幅度减少 0.003～0.006，2017 年降至 2.71。随着乡村振兴战略的实施，每年城乡收入比有望缩小 0.007。

3. 农村自来水普及率到 2020 年提高至 83%，2022 年升至 85%。农村自来水普及率指乡镇和村集中供水到户人口占农村供水总人口比重。农村集中供水指自水源集中取水，通过管网供水到户的供水方式，供水人口通常大于等于20人。2016年农村自来水普及率为79%，根据水利部门的工作进展情况和计划，力争实现上述目标。

4. 具备条件的建制村通硬化路比例达到100%。该指标反映了农村公路通达程度，体现交通基础设施基本公共服务均等化水平。根据《“十三五”现代综合交通运输体系发展规划》的要求，2020年建制村通硬化路率要达到99%，排除那些偏远、分散和空心化等不具备通硬化路条件的建制村，到2020年具备条件的建制村均要通硬化路。

为实现生活富裕目标，《规划》提出保障和改善农村民生，继续把基础设施建设和国家社会事业发展的重点放在农村，持续加大投入力度，健全城乡均等的公共就业服务和基本公共服务体系。

（执笔单位：国家发展改革委农村经济司、
中国宏观经济研究院产业经济与技术经济研究所）

构建乡村振兴新格局

乡村是具有自然、社会、经济特征的地域综合体，兼具生产、生活、生态、文化等多重功能，与城镇互促互进、共生共存，共同构成人类活动的主要空间。当前，我国仍处于城镇化快速发展阶段，农民进城还是大趋势，但不管城镇化发展到什么程度，农村人口还会是一个相当大的规模，即使城镇化率达到了70%，也还有几亿人生活在农村。城镇化是城乡协调发展的过程，不能以农业萎缩、乡村凋敝为代价，如果一边是越来越现代化的城市，一边却是越来越萧条的乡村，就不能算实现了中华民族伟大复兴。

习近平总书记强调，能否处理好城乡关系，让乡村尽快跟上国家发展步伐，关系社会主义现代化建设全局。《规划》坚持乡村振兴和新型城镇化双轮驱动，从统筹城乡国土空间开发格局、优化乡村生产生活生态空间、走城乡融合发展之路等方面，提出了重塑城乡关系的路径和要求。

一、重要前提：坚持乡村振兴和新型城镇化双轮驱动

当前，我国正处于城镇化快速发展时期，城乡人口规模和空间结构发生着深刻的转变。在新型城镇化战略背景下，实施乡村振兴战略，二者之间要相互协调配合，坚持双轮驱动，这是构建乡村振兴新格局的重要前提。

（一）乡村人口向城市转移动力强劲

2017年，我国城镇化率达到58.52%，距离发达国家还有不小差距。与此同时，2017年我国城乡居民收入差距为2.71∶1，非农产业的劳动生产率是农业的4.1倍，农村人口向城市转移的动力还非常强劲。近年来，随着服务业成为带动经济增长的主要动力，经济增长对非农就业的拉动作用明显增强，为乡村振兴提供源源不断的动力支撑。

（二）城乡人口结构布局持续转变

未来我国城市还将继续吸纳大量乡村人口转移。预计到2022年，我国城镇化率将达到62%左右，乡村人口将从2017年的5.77亿减少到5.4亿左右①，乡村人口总量将减少3700万左右。展望2035年，我国城镇化率将超过70%，乡村人口总量将少于4.3亿人，相比2017年减少1.5亿人。国际经验表明，城镇化率超过70%以后，农村人口流向城镇的速度会越来越慢，将走出城乡人口结构快速转变的阶段，预计2035—2050年期间，乡村人口在总人口中的占比将呈现稳中缓降的基本态势。

（三）充分发挥城市辐射带动作用

城市是当今世界经济社会活动的中心。我国在推进乡村发展中需要持续发挥城市对乡村、工业对农业的反哺，为乡村发展提供资金、技术、信息服务和市场支撑。

减少农民，才能富裕农民。我国乡村振兴战略的实施，首先要结合城镇化的推进持续减少农民，城市对乡村转移人口的吸纳是对乡村振兴最大的贡献。城市要不断增强经济实力，为乡村转移人口提供充足就业

---

① 据中国人口发展中心基于全面放开二胎的影响，到2022年中国人口总量为14.2亿。

机会；要不断降低乡村人口进城落户门槛，为进城转移人口提供均等的基本公共服务；要坚持包容发展，为乡村进城人口提供适宜的居住、就业、创业空间；要适时推进产业结构升级，将不适合在城市中心布局的工业和部分商贸服务功能向周边迁移，带动乡村发展。

（四）增加乡村美好生活供给

一方面，随着城镇化的发展，乡村的人居环境、农民的生活方式要逐步向城市看齐，乡村的基础设施、公共服务设施等都要大幅提升，传统的村庄“脏乱差”的现象要得到彻底改变，乡村的生活要美丽宜居。另一方面，农业是生态产品的主要供给者，乡村是生态涵养的主体区，生态系统保护修复的主战场在乡村。因此，要牢固树立和践行“绿水青山就是金山银山”的理念，加大农业生态系统保护力度，大力推行农业绿色生产方式，发展绿色生态新产业，持续增加生态产品供给。此外，乡村还是中华文明的载体，农耕文化是中华文明的源头，要深入挖掘乡村文化的内涵和精髓，传承好乡村文化，保留好乡村风貌，留住乡愁记忆。

二、基本原则：统筹城乡国土空间开发格局

城市和乡村存在不可分割的内在联系，构建乡村振兴新格局，需要按照主体功能定位，坚持统筹城乡发展空间的基本原则，进行全面安排和总体部署，推进“多规合一”，加快形成城乡融合发展的空间格局。

（一）强化空间用途管制

主体功能区规划是根据不同区域的资源环境承载能力、现有开发密度和发展潜力等来统筹谋划未来人口分布、经济布局、国土利用和城镇

化格局，是我国科学开发国土空间的行动纲领和远景蓝图。在乡村振兴过程中，要深入实施主体功能区战略，特别是要在市县层面进行精准落地，让主体功能区规划能够真正实现对生态、农业、城镇等空间的界定，进而能够实现不同主体功能区差异化协同发展。其中，特别注意的是要根据资源环境承载能力状况和开发强度控制要求，从严划定城镇开发边界和城镇空间，严格控制城市空间面积的扩张，推动城市从外延式扩张向内涵式发展转变，为乡村土地利用提供更多的平等机会。

（二）完善城乡布局结构

十九大报告中提出“以城市群为主体构建大中小城市和小城镇协调发展的城镇格局”。在乡村振兴战略实施中也要按照这一要求充分发挥新型城镇化对乡村的辐射带动作用，提升大中小城市和经济发展能力、人口集聚能力、综合服务能力，进一步推动乡村人口向城市转移。其中，特别要注重县城和小城镇在乡村振兴中的作用，县城和小城镇作为紧邻乡村的两级城镇，与农民的产业、生活息息相关，特别是小城镇更是处于乡村农民生活圈的中心地位，要加快补齐县城和小城镇的基础设施、公共服务、生态环境短板，强化县城和小城镇对农民的吸引力。

（三）推进城乡规划一体化

城镇和乡村的发展要通盘考虑，要做到统一规划、统一设计，实现城镇和乡村的功能互补、各具特色、交相辉映，使城市更像城市，乡村更像乡村，要搞升级版的乡村，不搞缩小版的城市。要重点解决好乡村的规划缺位问题，通过强化县域空间规划的引导约束作用，推动村庄的合理布局，同时也要根据村庄演变规律来确定村庄布局和规模，坚决杜绝城镇化前期过程中出现的大规模撤村并点的盲目之风。乡村建设要与乡土文化、地域特色、民族风情相适应，彰显地方特色和乡村特点，吸取城镇化进程中出现的千城一面的前车之鉴，保留乡土气息，承载田园乡愁，绝不能简单地照搬照抄城市，造成乡村景观城市化。

三、实现路径：优化乡村生产生活生态空间

实施乡村振兴战略需要通盘考虑不同区域乡村的发展优势，要按照主体功能区的划分，对生产、生活、生态空间按照不同的要求制定不同的发展路径。

（一）统筹利用生产空间

乡村生产空间是以提供农产品为主体功能，兼具生态功能的国土空间。保障农产品的供给数量和质量，是该区域的主要目的。一是重点建设以“七区二十三带”为主体的农产品主产区，严守耕地红线，科学划定粮食生产功能区、重要农产品生产保护区和特色农产品生产空间，确保粮食生产的面积和规模，确保国家粮食安全，保障人民群众“舌尖上的安全”。二是增强农业综合生产能力，加强农业基础设施建设，改善农业生产条件，加快农业科技进步和创新，提高农业机械化水平，以农业机械化和科技创新来提高粮食产量。三是构建现代农业经济体系，加快推动以土地制度、经营制度、产权制度为重点的农村改革，加快培育新型经营主体和服务主体，构建以农户家庭经营为基础、合作与联合为纽带、社会化服务为支撑的现代农业经营体系。四是推进农业产业化，积极发展农产品深加工，培育农业新业态、新产业，延伸农业产业链，提升农产品和服务的附加值。

（二）合理布局生活空间

乡村居民主要生活在各类农村居民点，从当前我国农村居民点的现状来看，存在着土地利用效率低下、基础设施和公共服务设施短缺、功能不完善等问题。在未来乡村振兴规划中，要坚持节约集约用地的原则，按照未来村庄人口规模和发展趋势，合理确定用地规模。要主动承接城市的消费和功能外溢，提升乡村基础设施建设水平，实现城乡基础设施的互联互通。统筹城乡社会事业发展，进一步缩小城乡差距，促进城乡基本公共服务均等化，推进城乡公共服务设施共建共享。此外，还要保留乡村景观特色，保护乡村的自然环境，同时融入现代化、便利化的生活设施，既保留乡村原有的特色，又能使乡村居民享受到更人性、现代、方便的生活。

（三）严格保护生态空间

乡村生态空间是保障国家生态安全的重要区域，是人与自然和谐相处的示范区，以保护和修复生态环境、增强生态产品生产能力为首要任务。要构建以“两屏三带”为骨架、以其他国家重点生态功能区为重要支撑、以点状分布的国家禁止开发区域为重要组成的生态安全战略格局，建立以国家公园为主体的自然保护地体系，增强生态产品生产能力。要实施最严格的生态保护管控，减轻生产生活对生态环境的压力，加快山水林田湖草生态保护修复，增强生态产品和生态服务的供给能力。要发展绿色生态新产业，发挥区域内乡村独特的生态资源优势，面向全国有限度地发展生态农业、生态产品加工业、生态旅游和生态服务业等适宜产业，探索“美丽经济”的新路子。同时，还要推动生态资源资产化，创新多元化、市场化生态补偿机制，挖掘生态产品市场价值，吸引社会资本支持重点生态功能区内的乡村发展绿色生态经济。

四、具体举措：分类有序推进乡村振兴

（一）分类推进

推进乡村振兴，要顺应村庄发展规律和演变趋势，根据发展现状、区位条件、资源禀赋等，将村庄划分为不同类型，分类推进，不搞一刀切。

1. 集聚提升类村庄。集聚提升类村庄是指现有规模较大的中心村和其他仍将存续的一般村庄，是乡村类型的大多数，是实现农业农村现代化的重点突破区。根据村庄的基础条件，确定村庄的发展方向，延续和提升原有产业，优化乡村环境，吸引更多人口，建设宜居宜业的美丽村庄。对于传统的以农业为主的村庄，要充分利用各类农业资源条件，提高农业生产效率和效益，加快农业现代化进程。对于具有一定工贸基础的村庄，重点是提升产业发展层级，优化生态环境条件，强化村庄服务功能，增强人口集聚，推动向功能完善的小城镇方向发展。对于具有一定休闲服务功能的村庄，要利用现有资源条件和产业发展基础，推动社会资本参与，增加多元化功能，发展形成特色鲜明、功能综合的特色小镇。对于边境地区的乡村，要充分利用临边的优势，利用对外开放的有利时机，因地制宜发展特色经济。对于海岛农庄、国有农场及林场要加强规划建设，弥补基础设施和公共服务供给的短板。

2. 城郊融合类村庄。城郊融合类村庄是指城市近郊区、建制镇镇区所在地的村庄。此类村庄，要综合考虑城镇化和村庄自身发展需要，加快推进城乡产业发展统筹融合、基础设施互联互通、公共服务共建共享，在形态和治理上体现农村特点，逐步强化服务城市发展、承担城市功能外溢能力，率先实现农业农村现代化。一方面，要积极承接城市的人口

疏解和功能外溢，延伸农业产业链、价值链，促进一二三产业融合，抓好休闲农业、乡村旅游等新产业新业态，并创新完善利益联结机制，让农民更多分享产业增值收益。另一方面，要加快推动与城镇水、电、路、信息等基础设施的互联互通，加快推动与城镇教育、医疗、文化、旅游、体育等公共服务共建共享，支持社会资本以特许经营、参股控股等方式参与城乡环境治理，进一步推动城乡融合改革，促进城镇资金、技术、人才、管理等要素向农村流动。

3. 特色保护类村庄。特色保护类村庄是指具有农耕特质、民族特色、地域特点、文化遗产和自然遗产的历史文化古村、古建筑和传统村落、民族村寨。此类村庄重点要把改善农民生产生活条件与保护自然文化遗产统一起来，加快推进农业农村现代化。一是要加强对特色村庄建筑风貌的保护。保持文化遗产的真实性、完整性和可持续性，加强传统村落整体风貌保护，尊重传统选址格局及与周边景观环境的依存关系，尊重村民作为文化遗产所有者的主体地位。二是要在保护基础上进行适度开发。深入挖掘传统文化遗产资源价值，适度发展特色旅游业，在符合保护规划要求的前提下，优先安排特色村落的基础设施和公共服务设施建设项目。积极引导居民开展传统建筑节能改造和功能提升，抑制无序和盲目建设，禁止大拆大建。实施乡村文化旅游创客行动，鼓励和吸引各类人才到特色保护型村庄创新创业。

4. 搬迁撤并类村庄。搬迁撤并类村庄是指生存环境差、不具备基本发展条件，以及生态环境脆弱、限制或禁止开发地区的乡村和因国家大型工程项目建设需要搬迁的村庄。对这类村庄要加大力度推进生态移民搬迁、易地扶贫搬迁和村庄撤并。在撤并搬迁过程中，要坚持村庄搬迁撤并与新型城镇化、农业现代化建设相结合，尽量在县城、小城镇或工业园区或依托休闲农业点（村、园）、乡村旅游区建设搬迁安置区，解决好异地搬迁群众的就业问题，避免新建孤立的村落式移民社区。要尊重农民意愿，保障搬迁对象的合法权益，不得强制搬迁。对迁出区宅基地等建设用地，以及腾退、废弃土地进行复垦或还绿，增加乡村生产生态空间。

（二）有序实施

乡村振兴是一个长期工程，不可能一蹴而就。不同地区、不同发展阶段的村庄，实施乡村振兴要因地制宜、因时而异，不能盲目超前发展，不能齐步走。要按照稳中求进的工作基调，谋定而后动，统筹设计、分步实施、精准发力。

对于农业农村现代化水平已经较高的东部沿海发达地区、城市近郊区、经济实力较强的乡村、国有垦区、国家现代农业示范区以及已经被评为全国最美乡村的村庄，要进一步加快农业农村现代化水平的提升，到 2020 年这些地区要率先实现农业农村现代化，要充分发挥引领区示范先导作用，积累成功发展经验。

对于中小城市和小城镇周边、农产品主产区的乡村，这些是我国乡村振兴的主战场。这类地区应着力推动农业农村现代化提挡增速，充分借鉴已经实现现代化地区的农业农村发展经验，进一步理顺城乡发展关系，形成较为完善的城乡融合体制机制，确保在 2035 年实现农业农村现代化。

对于发展条件较差、发展资源贫乏、发展空间受限的革命老区、民族地区、边远山区、边疆边境地区、连片特困地区，要充分利用好当地的独特自然资源优势，要坚定地依靠好村集体组织这一平台，积极开展各项改革创新，增强自我发展能力。

（执笔单位：国家发展改革委城市和小城镇改革发展中心）